CONTE verlag

Ingrid Schmitz (Hrsg.)

Muscheln, Mousse *und* Messer

Eine kulinarische Krimi-Anthologie

CONTE *krimi*

Bibliografische Information der Deutschen Nationalbibliothek
Die Deutsche Nationalbibliothek verzeichnet diese Publikation in der Deutschen Nationalbibliografie; detaillierte bibliografische Daten sind im Internet über http://dnb.d-nb.de abrufbar.

ISBN 978-3-941657-22-9

Bei der Geschichte »Caillettes« von Anne Chaplet wurde auf Wunsch der Autorin die alte Rechtschreibung beibehalten.

Am Rech 14
66386 St. Ingbert
Tel: (0 68 94) 1 66 41 63
Fax: (0 68 94) 1 66 41 64
E-Mail: info@conte-verlag.de
Verlagsinformationen im Internet unter www.conte-verlag.de

Lektorat: Sabrina Schmitz
Umschlag und Satz: Markus Dawo
Druck und Bindung: Faber, Mandelbachtal

Inhalt

Anne Chaplet

Caillettes

»Ahhh, Bernard! Heute schon so früh?« Charlot goß einen Fingerbreit Ricard ins Glas und stellte es neben die Wasserkaraffe auf den Tresen. »Darfst dich wohl zu Hause gar nicht mehr blicken lassen, was?«

Bernard brummte, goß Wasser ins Glas und zwirbelte es zwischen den Fingern, bis der rotzweiße Pastis Blasen schlug.

»Läßt sie dich denn noch ins Schlafzimmer?« Charlot hielt ein Bierglas unter den Zapfhahn und ließ den Zahnstocher wippen, auf dem er kaute. »Ins Bad offenbar nicht, sonst hättest du dich mal rasiert, oder?«

Der Alte hob den Kopf und starrte auf Charlots Glatze. Man hatte einen ganz schönen Verbrauch an Zahnstochern, wenn man in der eigenen Kneipe nicht mehr rauchen durfte, dachte er.

»Aber mach dir nichts draus. Das gibt sich wieder.« Charlot stellte das Bier zu den drei anderen aufs Tablett, für Marie-Chantal, die draußen servierte. Draußen saßen die Touristen. Drinnen die Stammkunden. Alte Knacker, wie Bernard, bei denen der Feierabend immer früher begann, seit sie auf ihn nicht mehr warten mußten. Allerdings nicht schon nachmittags um vier. Heute war er der Erste.

Charlot wischte sich die Hände am Geschirrtuch ab, das er im Hosenbund stecken hatte. »Sie wird drüber hinwegkommen.«

Bernard deutete wortlos auf sein leeres Glas. Trinken war das einzige, was Charlots Geschwätz erträglich machte.

»Und du hast es ja nicht mit Absicht getan, wie?«

Nicht mit Absicht? Bernard hätte fast gegrinst. Ganz im Gegenteil. Mit *voller* Absicht. Mit *Hingabe.* Mit *Genugtuung* hatte er den fetten Köter überfahren, unten in der Ruelle des Camisards, kurz vor dem Haus. Mit Befriedigung hatte er den Schlag und das helle Jaulen und das Schmatzen gehört, als er den Rückwärtsgang eingelegt hatte, um ein weiteres Mal über das verfluchte Vieh hinwegzurollen. Er hätte noch stundenlang so weitermachen können, so lange, bis er den widerlichen Fleisch-Fett-Fell-und-Knochen-Haufen in den Asphalt gewichst hätte. Aber dann mußte eine wildgewordene Touristin zu kreischen beginnen.

»Und was zu Essen kriegst du wohl auch nicht mehr, was? So dünn wie du bist.« Charlot stellte ein frisches Glas auf den Tresen. Noch war der Pastis im Glas klar. Bernard gab tropfenweise Wasser aus der Karaffe hinzu. Jetzt wurde die Flüssigkeit undurchsichtig wie feiner Nebel. Er mochte das.

»Soll ich dir einen Happen machen?«

»Danke, geht schon«, murmelte der Alte. Schlimm genug, daß er neuerdings hier zu Mittag essen mußte. Da mußte er sich nicht auch noch abends den Magen verrenken. »Muß abnehmen. Hoher Blutdruck. Der Doktor. Du weißt.«

Endlich kamen die anderen.

Adeline beobachtete ihn. Sobald er hochschaute, blickte sie weg. Aber er wußte, daß sie heimlich nach ihm sah.

Bernard saß auf der Bank, die Ellenbogen auf den Küchentisch gestützt, und schlürfte den Kaffee, den er sich gemacht hatte. Heute schon ganz früh, noch bevor sie aufgestanden war. Duftende Bohnen, mit der Mühle gemahlen, schwarz und stark und ohne Milch. Kein Zucker. Und dann hatte er zwei frische Baguettes von der *Boulangerie* geholt, die noch in ihrem Papier auf dem Küchentisch lagen. Er riß ein Stück von der goldgelben Kruste ab und stopfte es sich in den Mund. Keine Butter. Keine Marmelade. Man weiß ja nie.

Jetzt wieselte sie durch die Küche und bereitete das Mittagessen vor. Klapperte mit Töpfen und Pfannen. Sagte kein Wort. Seit dem

Tod von Bijou sprach sie nicht mehr, jedenfalls nicht mit ihm. Sie weinte nicht. Sie schrie nicht. Aber sie beobachtete ihn.

»Es war ein Unfall«, hatte er gestottert, als er nach Hause gekommen war. Sie hatte das Vieh schon vermißt und nach ihm gerufen. Mit gerötetem Gesicht stand sie in der Haustür. Sah ihn an. Sagte nichts.

»Er ist mir ins Auto gelaufen.« Ihre Mundwinkel hatten gezuckt, kaum merklich. »Ich konnte nicht mehr bremsen.«

Sie hatte ihm den Rücken zugedreht. Und zwei Stunden später das Essen serviert. Das erste Mal, seit sie verheiratet waren, seit zweiundfünfzig Jahren also, hatte er keinen Bissen heruntergekriegt.

Er hörte das Stakkato des Küchenmessers auf dem Schneidebrett. Es begann, nach Zwiebeln, Knoblauch und Thymian zu riechen. Dann hörte er es zischen. Der Duft von angedünstetem Mangold stieg ihm in die Nase.

Hastig drückte er sich aus der Eckbank und stand auf. »Ich geh dann mal«, sagte er lahm. Sie antwortete nicht.

»Du siehst hungrig aus, *mon chou*«, sagte Marie-Chantal und tätschelte ihm den Arm. »Einen *pichet*? Was zu Essen?«

»Nummer drei«, sagte Bernard und ließ sich resigniert am Tisch neben dem Spielautomaten nieder. Die kackbraune Tischplatte fühlte sich klebrig an. Das wurde auch nicht besser, nachdem Marie-Chantal mit einem müffelnden Lappen darübergewischt hatte.

Er kam sich verloren vor. Niemand, der sich auskannte, aß im »Chez Charlot«. Nur die Touristen. Aber die saßen draußen, die liefen jedem Sonnenstrahl hinterher. Holländer oder Deutsche oder Belgier. Er verstand ihre Sprache nicht. Aber er war sich sicher, daß sie vom französischen *savoir vivre* schwärmten, von der tollen Küche, den guten Weinen, dem schönen Wetter.

Niemand von den Einheimischen käme deswegen ins Schwärmen. Bei Charlot traf man sich abends auf ein Glas und besprach die Dinge. Aber essen? Zum Essen geht ein französischer Mann nach Hause, jeden Tag, pünktlich zwischen eins und drei. Niemand kocht so gut wie *Maman*. Oder wie die Ehefrau.

Und niemand kochte so gut wie Adeline. Alle wußten das. Und alle zerrissen sich das Maul darüber, daß Bernard seit drei Wochen Stammgast bei Charlot war. Was hatte sich da wohl abgespielt, nachdem Bernard Adelines Hund überfahren hatte? Bijou, ihren Augapfel, ihr ein und alles? Essen durfte Bernard ganz offenkundig nicht mehr zu Hause. Vielleicht mußte er auch in der Badewanne schlafen? Vielleicht strafte sie ihn noch ganz anders, auf unbekannte, spannende Weise?

Bernard wußte, warum er nicht mehr zu Hause aß. Nicht, weil sie es befohlen hätte, sondern weil es für ihn das beste war. Er kannte seine Frau. Er wußte, daß sie sich rächen würde. Er wußte nur noch nicht, wann und wie.

Und deshalb kam er jeden Mittag hierher. Aß jeden Mittag eines von drei gleichermaßen abscheulichen Gerichten: Rumpsteak mit grünen Bohnen und Pommes. Omelette mit Dosenchampignons. Caillettes mit Salat. Litt stumm. Zahlte bar. Und begriff langsam, daß das, genau das, ihre Rache war.

Das Rumpsteak war zäh, die Bohnen schlapp gekocht, die Eier rochen nach Fischmehl, die Pilze schmeckten gummiartig und die Caillettes … Er schüttelte sich beim bloßen Gedanken daran. Nur einmal hatte er Charlots Fleischklöße probiert und dann nimmermehr. Wahrscheinlich bezog der alte Geizhals sie *en gros* vom Großhandel und lagerte sie schon seit Jahren in seiner vorsintflutlichen Tiefkühltruhe bei viel zu hohen Temperaturen.

Das war nichts für jemanden, der Adelines Küche gewohnt war. Wer ihre Caillettes gegessen hatte, würde nie wieder behaupten, das sei ein Armeleuteessen, eine aus der Not geborene Resteverwertung, weil man alles darin verwursten konnte, was sonst im Abfall gelandet wäre. Also typisch für die Ardèche, in der man nur wenige Jahrzehnte wohlhabend gewesen war – als die Seidenraupen und die Kastanienbäume noch nicht krank wurden und starben.

Alles Unsinn. Adelines Caillettes waren etwas für Könige.

»Danke, meine Liebe«, sagte er, als Marie-Chantal die Karaffe mit dem sauren Rosé vor ihn hinstellte. Dieses Essen! Dieser Wein! War das nicht langsam Buße genug für eine totgefahrene Töle?

Eine häßliche, faule, stinkende Promenadenmischung. Gott allein wußte, wieso Adeline ihre Liebe an so ein nutzloses Vieh verschwendet hatte. Bijou hier. Bijou dort. Mimimimimi und dudududududu. Häschen und Mäuschen und Liebchen und – Ferkelchen! Die Bezeichnung war noch am passendsten gewesen für den fetten Rollmops.

Und immer Häppchen. Immer vom Feinsten. Für das liebe Häschen. Schnuckelchen. Babylein. Hasimausimuckelchen.

Seine Schuld. Er hatte sich nichts dabei gedacht, als er ihr eines Abends das kleine Fellknäuel mitbrachte. Mutterlos, weil ein Traktor die Alte erwischt hatte. Sein Nachbar hatte ihn händeringend darum gebeten, ihm den letzten Welpen des Wurfs abzunehmen. Er hätte sich denken können, was daraus folgte: Adeline entwickelte Muttergefühle – und das in ihrem Alter! Das arme, mutterlose Tier! Da konnte man doch nicht … Da mußte man ja!

Genau. Und er hatte auch noch gedacht, das wäre gut für sie, so ein Schmusetier. Da hätte sie Gesellschaft, wenn er mal unterwegs war. Oder abends in die Kneipe ging. Damit sie nicht allein wäre, jetzt, wo die Kinder aus dem Haus waren.

Idiot. Blöder.

Schnuckilein bezog ein weich gepolstertes Kistchen direkt neben dem Ehebett. Wenn es nachts wimmerte, mußte man aufstehen und es zum Pipimachen rauslassen. Man? Er. Nicht etwa Adeline. Und morgens war er wieder dran. Weil ein bißchen Bewegung mit dem Hund ja gut für die Gesundheit war. Das gleiche Elend vor dem Schlafengehen.

Vielen Dank auch. Als ob das tägliche Holzhacken für den Küchenherd nicht reichte.

Sein Essen bekam das Aas in einem feinen Porzellanschüsselchen serviert. Hier ein Filetchen, da ein Fischchen. Zwischendrin ein Käsehäppchen. Oder ein Kekschen. Selbst beim Mittagessen saß das Vieh unter dem Tisch und schlabberte mit.

Eklig. Noch ekliger roch es im Bad, wenn Adeline die fusselnde Flohfalle in die Wanne gesteckt und shampooniert und parfümiert und trockengerubbelt hatte. Und wer mußte danach die Haare aus dem Abfluss räumen? Na wer wohl.

Und irgendwann – irgendwann schlief das räudige Tier nicht mehr neben dem Ehebett, sondern neben Adeline. Im Ehebett.

»Iß, dann geht's dir besser«, sagte Marie-Chantal, schob ihm den Teller mit den fischigen Eiern und den Gummipilzen vor die Nase und ließ sich seufzend auf den Stuhl neben ihn fallen.

»Wird das denn gar nicht besser mit der armen Adeline? Will sie überhaupt nicht mehr für dich kochen?«, fragte sie mit viel zu viel Anteilnahme im Blick.

Er schüttelte den Kopf und schaufelte mit dem Brot in der Linken einen Brocken Omelette auf seine Gabel.

»Klar war der Hund ihr ein und alles. Aber das Leben muß doch weitergehen! Und du konntest ja nichts dafür, oder?«

Warum fragte sie, wenn sie es wußte? Na, warum wohl. Zweifel hatten alle. Und vor allem die, die das Vieh genauso genervt hatte wie ihn. Die hätten ihm am liebsten auch den kleinen Hals umgedreht.

Der Hund hatte Adeline und ihn zur Lachnummer gemacht. Mit Adeline und dem Hund auf den Markt gehen, einkaufen? Das ging nicht ohne ohrenbetäubendes Gejaule ab. Das Vieh machte vor jedem Stand Männchen und war nicht zu bewegen, weiterzulaufen, bevor sich der Fischhändler nicht erbarmte und ein Stück Seelachsfilet opferte. Oder die Geflügelfrau ein Leberchen. Die Mädels vom Käsewagen. Der Metzger. Und er immer brav hinter den beiden her, einer mußte ja die Einkäufe tragen. Die Würste, den *chèvre*, das Gemüse, die Hühner, die Eier. Die Pilze, die Kastanien, den Kohl, die Tomaten. Die Steaks und *boudins*, die *pâtés* und den Schinken.

Ihm wurde ganz flau, wenn er daran dachte, was Adeline aus all den Köstlichkeiten zaubern konnte. Widerwillig schob er sich eine weitere Gabel von Charlots Fraß in den Mund. Bei ihr hatten auch die Caillettes eine besondere Note. Ins zarte Schweinenetz kam nur das Feinste vom Feinen. Und natürlich keine Schweineleber. Sondern Kaninchenleber.

Das hatte das Faß zum Überlaufen gebracht. Die Sache mit der Kaninchenleber. Er hatte es damals sofort herausgeschmeckt: Die Kaninchenleber fehlte!

Sie hatte so getan, als ob das nicht weiter schlimm wäre. Ja, sie hatte sogar alles zugegeben! »Weil er doch so lieb gebettelt hat.« Unvorstellbar.

Ja, sie hatte die frische Leber an den Hund verfüttert. Sie hatte die ganze, wunderbar feste Kaninchenleber kleingeschnitten, mit der Gabel zermanscht und der fetten, feisten, widerlichen Promenadenmischung vor die Nase gesetzt. Und Bijou hatte auch noch die Hälfte liegengelassen.

Bernard schob den Teller mit dem halbverzehrten Omelette angeekelt von sich.

Es war spät, als er nach Hause kam. Sie stand in der Küche am Herd, sah nicht auf, sagte nichts. Noch nicht einmal »Hallo!« oder »Guten Abend!«. Sagte einfach gar nichts.

Er fühlte sich fehl am Platz, was natürlich Unsinn war. Es war ja seine Küche, ebenso wie ihre, und wo sollte er sonst hin? Im Salon war nicht geheizt und heute war es frisch draußen. Da konnte er sich genausogut in die warme Küche setzen, oder?

Er hatte zwar schon einiges intus, war aber noch im Keller gewesen und hatte eine Flasche Merlot hochgeholt, die letzte gute Flasche, die sie eigentlich gemeinsam hatten trinken wollen, bei irgendeinem schönen Anlaß. Aber den würde es wohl so bald nicht geben.

Er stellte sie auf den Tisch, nahm den Korkenzieher vom Regal, setzte an und zog den Korken mit einem satten »Plopp« aus dem Flaschenhals. Ein Glas Wein in der warmen Küche stand ihm zu. Trotzig setzte er sich auf die Bank. Egal, ob sie seine Anwesenheit zur Kenntnis nahm oder nicht.

Er seufzte, hielt seine Nase über das Glas, sog das Bukett ein, schloß die Augen und nahm den ersten Schluck. Wohlbehagen. Und dazu der Duft in der Küche. Ein Duft, ganz frisch, ganz warm, der alles durchdrang, über allem schwebte. Ihm wurde ganz schwach bei diesem Geruch.

Sie bückte sich. Öffnete die Backofentür. Schnalzte. Machte die Backofentür wieder zu. Nahm das Handtuch vom Haken. Machte die Backofentür wieder auf. Holte etwas heraus. Richtete sich auf, drehte sich um und kam zum Tisch, eine dampfende Auflaufform in den Händen. Er mußte hinsehen, es ging gar nicht anders.

In der weißen Auflaufform lagen satt dunkelbraun glänzende Kugeln, gesprenkelt mit mattem Grün und saftigem Weiß. Er blähte die Nüstern, ganz unwillkürlich, und identifizierte jede Note des Geruchs, der ihm da entgegenschwoll. Es duftete nach Knoblauch und Zwiebeln. Thymian und Muskat. Darunter ein süßer Hauch von Portwein. Das war ihr Trick – dieser kleine Schuß Portwein, mit dem sie die Masse aus Fleisch und Gemüse würzte. Und die Thymianblättchen zupfte sie mit unendlicher Geduld von den Zweigen des wilden Krauts, das sie bei ihren Spaziergängen in der Garrigue pflückte.

Er liebte sie für ihre Kochkunst. Ach was, nicht nur dafür. Er hatte sie immer geliebt. Und sie hatte ihn geliebt. Bis dieses Vieh ins Haus kam.

Sie stellte ihm einen Teller hin, legte Besteck daneben. Setzte sich dann ihm gegenüber und aß langsam und bedächtig. Wischte sich mit dem Handrücken über den Mund, goß sich von seiner Flasche eine Handbreit Rotwein ins Glas. Trank. Blieb eine Weile stumm sitzen. Ging.

Bernard starrte auf die köstlich duftenden Caillettes, bis ihm die Augen tränten. Er goß sich das Glas voll, trank und verbat sich jeden weiteren Gedanken an Adeline und ihr gemeinsames Leben und ob sie noch eine gemeinsame Zukunft hatten. Oder ob er von nun an ewig vor den herrlichsten Genüssen sitzen mußte, ohne sie jemals kosten zu dürfen.

Denn ihn quälte ein furchtbarer Verdacht: Warum hatte Adeline die Dose weggeworfen, in dem sich das Mittel befand, das ihr der Arzt wegen ihres schwachen Herzens verschrieben hatte? Er hatte nachgeschaut: Die Dose war leer. Wenige Tage zuvor aber war sie noch voll gewesen. Eine Überdosierung könne gefährlich sein, hatte der Arzt gesagt. Gefährlich für sie? Oder gefährlich für ihren Mann, den Mörder ihres Hundes?

Als die Flasche fast leer war, fand er die Idee plötzlich komisch. Adeline, eine Giftmörderin? Niemals. Außerdem hatte sie selbst von dem gegessen, was da so lockend vor ihm stand. Und plötzlich hatte er eine Eingebung, die ihn ganz euphorisch machte. Vielleicht hatte sie ihm sein Lieblingsessen vor die Nase gesetzt, um ihm zu zeigen, daß sie ihm verziehen hatte?

Das mußte es sein! Er leerte erst die Flasche und dann das Glas. Ganz gewiß: Adeline wollte ihm sagen, daß alles wieder gut war.

Die Caillettes waren noch nicht ganz kalt. Die erste verschlang er, aus der Hand, was brauchte man dazu Messer und Gabel? Die zweite und dritte aß er kaum langsamer. Und dann konnte er nicht mehr aufhören. Erst, als kein Krümelchen mehr in der Auflaufform lag, atmete er tief durch.

Alles war gut. Sie hatte ihm verziehen. Das Leben konnte wieder beginnen. So gut wie, ach was, noch besser als in der Zeit vor Bijou. Er würde ihr morgen Blumen kaufen, würde vor ihr auf die Knie sinken, würde ihr seine Liebe gestehen und sie um Verzeihung bitten. Kurz leuchtete in seinem betrunkenen Kopf die Frage auf, wie er denn wieder hochkommen sollte aus dieser unbequemen Position. Nichts war ja wohl lächerlicher, als ein alter Mann, der sich nach einem Liebesschwur nicht mehr erheben konnte. Aber seine unendliche Dankbarkeit ertränkte die störende Frage in innigen Gefühlen.

Daß ihm ein bißchen schwindelig war und alles vor seinen Augen verschwamm, als er die Küchenuhr lesen wollte, schob er auf den Wein. Daß die Farben immer blasser wurden und das Licht in der Lampe über dem Küchentisch merklich schwächer, irritierte ihn schon mehr. Und dann wurde ihm schlecht. Er schaffte es gerade noch durch den dunklen Flur zu dem engen Kabinett, in dem der Lokus stand. Dann wurde es grau vor seinen Augen.

So fand ihn Adeline am nächsten Tag. Er kniete vor der weißen Kloschüssel, den Kopf im Becken, naß von Wasser und Erbrochenem.

»Sie hat ihm was ins Essen getan. Adeline kennt alle Tricks. Das ist kein Zufall, ich schwör's!«

»Bloß weil er ihren Köter auf dem Gewissen hat? Das glaubt doch niemand!«

»Glauben heißt nicht wissen. Sie hat mit einer Affenliebe an der hysterischen Töle gehangen.«

»Er hat doch gar nicht mehr bei ihr gegessen! Er war doch jeden Tag bei uns! Der arme Kerl!«

Marie-Chantal verteidigte Bernard, wenn sich wieder mal alle die Köpfe heiß diskutierten am Tresen von Charlot. Der plattgefahrene Hund? Ein Versehen. Adeline? Eine nachtragende Person. Bernard? Ein armes Opfer. Aber Gift im Essen? Niemals! So was tat eine gute französische Köchin einfach nicht.

Charlot vertrat eine ganz eigene Theorie. »Er hat es selbst getan. Bernard, meine ich. Der hat Adeline geliebt. Der wollte so nicht weiterleben.«

»Ah«, sagten die Adeline-Gegner, »sie hat ihn in den Tod getrieben!« Na, das war auch nicht netter, als ihm das Gift selbst zu verabreichen.

Nein, Adeline hatte keine Chance. Man sprach sie schuldig.

»Und das alles wegen eines dummen Viechs.«

Adeline selbst habe, so erzählte man sich mit glänzenden Augen, das dumme Viech vom Asphalt gekratzt und fürstlich bestattet: in ihrem Hof, am Fuße der prächtigen Bougainvillea, die sich bis hoch in den ersten Stock des Hauses rankte. Nun konnte man spekulieren, wie sie wohl Bernard bestatten würde. Und ob sie auch für ihn Tränen hatte.

Das ganze Dorf bekam mit, daß Adeline in die Stadt mußte. »Zum Verhör«, sagten die Älteren dumpf, die eine ziemlich präzise Vorstellung davon hatten. Die einen dachten dabei an SS- und Gestapo-Methoden, die anderen hatten das unrühmliche Verhalten der französischen Sicherheitspolizisten in Algerien vor Augen. Alle waren sich einig, daß das nichts Gutes bedeutete – für Adeline. Doch die war schon am Abend zurück. Sie sah nicht aus, als ob man sie gefoltert und geschlagen hätte, im Gegenteil, sie wirkte fast erleichtert.

»Sie lassen sie davonkommen«, flüsterten die Mißgünstigen. »Die Giftmischerin! Und dafür kriegt sie auch noch Witwenrente!«

Als man sie zwei Tage später auf dem Markt sah, hinter sich ein weißes Wollknäuel, das an der Leine zog und japste und kläffte, waren sich alle einig, daß sie herzlos war.

Erst, als die Sache endlich kein Tresengespräch mehr war, ließ sich Adeline bei Charlot blicken, am frühen Abend, das erste Mal seit mindestens zehn Jahren.

»Es war ein Kreislaufkollaps«, erklärte sie, obwohl niemand sie gefragt hatte. »Zuviel Alkohol. Zu hastig gegessen. Was anderes haben sie nicht gefunden.«

Niemand sagte etwas.

Sie sah in die Runde. Keiner blickte sie an. »Ich hab ihm nichts ins Essen getan«, erklärte sie schließlich trotzig.

»Natürlich hast du nicht, Liebes!« Marie-Chantal sprang ihr unverzüglich bei.

Auch Charlot wiegte halb zustimmend den Kopf. »Hat Bernard vielleicht selbst ...?«

»Nein, nein. Ich sagte doch: Sie haben nichts gefunden.«

Aus einigen Gesichtern wich der Zweifel. Aber nicht aus allen. Und als das Wollknäuel zu Adelines Füßen zu winseln begann, grinste der eine oder andere spöttisch. Es gibt eben Leute, schienen sie zu denken, die ihre Hunde den Menschen vorziehen.

»Still, Chouchou!« Adeline bückte sich und hob den kleinen Kerl auf, der ihr begeistert die Nasenspitze leckte.

»Und – Bijou?«, fragte schließlich einer. »Hast du Bernard denn jetzt verziehen?«

Adeline schluckte. Und dann sagte sie leise: »Wenn er nur ein Wort gesagt hätte. Ich dachte, wenn ich ihm sein Lieblingsgericht koche, würde er wenigstens ...« Sie war den Tränen nah.

»Was?«, hauchte Marie-Chantal.

»Ein paar Blumen kaufen. Auf die Knie gehen. Und mich um Verzeihung bitten.«

Caillettes »Adeline«

Zutaten *(für 6 Personen)*:

- 300 g *Mangoldblätter*
- 300 g *frischer Blattspinat*
- 400 g *Schweinekamm ohne Knochen (auch Braten- oder Schinkenreste)*
- 200 g *fetter Speck (auch Bauchspeck oder Dörrfleisch)*
- 400 g *Schweineleber (oder Kaninchenleber)*
- *1 Ei*
- 3 *Knoblauchzehen*
- 1 *Zwiebel*
- *1 TL Thymian*
- *Butter*
- *Pfeffer, Salz, Muskat*
- *Portwein, Weißwein*
- *Schweinenetz*

Zubereitung:

Spinat und Mangold von den Strünken befreien, blanchieren (oder andünsten), mit den Händen oder einer Gabel auspressen.
Fleisch, Leber, Speck, Gemüse, Knoblauch und Zwiebeln durch den Fleischwolf drehen (alternativ: nur das Fleisch durchdrehen, alles andere fein hacken). Mischen und würzen, gerne auch mit Portwein.
Schweinenetz fünf Minuten in kaltes Wasser legen, unter fließendem Wasser abspülen, ausdrücken. In Quadrate von ca. 14 cm Seitenlänge schneiden. Zwölf Kugeln aus der Masse formen und fest ins Schweinenetz wickeln.
In eine gebutterte Form legen (evtl. mit Weißwein angießen) und bei 180-200 Grad ca. 45 Minuten backen, bis die Caillettes schön braun sind.
Kann man auch kalt zu Salat servieren.

Ina Coelen

Perditas Tränen

»Hallo, Madame! Kommt denn bald mal jemand, der helfen kann, die Koffer aus dem Wagen zu holen?« Diese wenig melodische, hohe Stimme kam mir bekannt vor. Ich fuhr mit dem Handrücken über meine Stirn, um mir den Schweiß abzuwischen. Es war noch vor Mittag, doch die Sonne stach schon kräftig. In meiner Sommerküche war es zwar luftig, aber ich war beim Teigkneten ins Schwitzen geraten. Nun garten die ersten Brote bereits im Backofen. Auf dem Herd dampfte ein Topf mit kochendem Wasser und in der Pfanne schmorte gerade Gemüse an. Düfte von Gewürzen, Paprika, Zucchini und Auberginen lagen in der Luft, und Zwiebeln, nicht zu vergessen. Ich war spät dran und musste mich sputen mit der Küchenarbeit. Eine Unterbrechung kam mir höchst ungelegen.

»Sind Sie hier etwa alleine? Mein Mann und ich haben jetzt fast zwölf Stunden im Auto gesessen, wir brauchen erst mal was zu essen und zu trinken. Gibt es denn hier gar keinen Service?«

Ich setzte ein Lächeln auf mein Gesicht und drehte mich zu der Stimme um. Eine hagere, rothaarige Frau Ende fünfzig fächelte sich mit einem Stadtplan Luft zu und sah mich über ihre Brillengläser hinweg mit zusammengekniffenen Augen an.

Ich erkannte sie sofort. Mir war, als würde mein Herzschlag für Sekunden aussetzen. Meine Handflächen wurden feucht und das Schälmesser glitt mir aus der Hand. Irritiert legte ich die Zwiebel zurück und wischte mir die Hände an der Schürze ab. Ich schob eine Haarsträhne hinters Ohr, als könne ich dadurch Zeit gewinnen.

»Das riecht ja nicht schlecht! Wird das Zwiebelsuppe? Ich liebe Zwiebelsuppe. Kann ich bei Ihnen gleich etwas zu essen bestellen? Wir haben seit Stunden nichts zu uns genommen. Vielleicht zuerst einmal verschiedene Käsesorten und Brot mit Kräuterbutter? Aber nicht mit Knoblauch. Verstehen Sie mich überhaupt? *Parlez-vous allemand*?«

Mein Pulsschlag beruhigte sich, als ich begriff, dass sie keine Ahnung zu haben schien, wer ich war. Es mochte auch gut fünfzehn, zwanzig Jahre her sein, dass wir uns das letzte Mal begegnet waren. Damals, in Deutschland, war ich noch blass und dunkelhaarig gewesen. Inzwischen hatten Sonne und Meer meine Haare gebleicht und meine Haut gebräunt.

Die Wohnung, in der ich seinerzeit lebte, war winzig. Ich erinnere mich noch, wie ich sie zum ersten Mal betrat. »Ein gemütlicher Aufzug ist das«, sagte ich zu meiner Vormieterin, die ich flüchtig von der Uni kannte, »wirklich originell.«

»Das ist nicht der Aufzug, das ist die Bude«, hatte sie lachend geantwortet. Aber ich hatte mich sofort in dieses kleine Paradies verliebt. Daher war ich maßlos enttäuscht, als sie mir am nächsten Tag eröffnete, sie habe sich von ihrem Freund getrennt und wolle ihre Bude nun doch behalten. Meine alte Bleibe hatte ich fluchtartig verlassen. Das heißt, es war gar nicht meine Wohnung, doch das ist eine traurige Liebesgeschichte, über die ich nicht reden will.

Ich konnte also gar nicht zurück und brauchte dringend ein Dach über dem Kopf. Aber wie immer in meinem Leben fand ich eine Lösung, und so konnte ich kurzfristig in meine neue Traumwohnung einziehen. Im Nu hatte ich die Einrichtung meiner Vorgängerin gegen Möbel und Accessoires von Sperrmüll und Trödelmärkten ausgetauscht und mir ein behagliches Heim geschaffen. Hier konnte ich zur Ruhe kommen. Ich fühlte mich wohl in meinem eigenen Reich, wenngleich es in der vierten Etage lag, direkt unter dem Dach. Im Sommer war es glühend heiß und stickig. Im Winter zog es heftig durch das einzige Fenster und ich versuchte, mit Teelichtern und Kerzen die Raumtemperatur zu heben. Wenn es draußen fror, stellte ich einen Topf auf die Herdplatte und ließ Wasser kochen. Nicht, um mir eine wärmende Suppe zu bereiten, sondern um auf diese Weise zu heizen. Ich verkroch mich unter die Bettdecke und beobachtete, wie die Tröpfchen von der Zimmerdecke drieselten oder das Wasser wie Tränen an der Fensterscheibe hinunterkullerte.

Die Wohnung hatte nur einen Nachteil, den ich völlig unterschätzt hatte, und das war die Vermieterin. Seit meinem Einzug hatte ich das Gefühl, dass sie mich nicht mochte. Frau Fuchs, die vielleicht zehn Jahre älter war als ich, hatte das Mehrfamilienhaus geerbt und statt selbst arbeiten zu gehen, versuchte sie, so viel Geld wie möglich aus ihren Mietern zu pressen. Einen Mann hatte die rothaarige Hexe nicht, was mich nicht verwunderte.

Zu den anderen Mietern hatte ich kaum Kontakt. Man grüßte sich, wenn man sich im Treppenhaus begegnete, was selten vorkam. Mit Namen kannte ich nur Frau Bohn, eine Witwe, die in der ersten Etage wohnte. Sie schien auch die Einzige zu sein, die mit unserer Vermieterin freundliche Worte tauschte.

Mir begegnete Frau Fuchs mit unverhohlenem Misstrauen, und mehrfach fragte sie nach, ob ich etwas über den Verbleib meiner Vormieterin wüsste. Sie klingelte zu jeder Tageszeit bei mir, meckerte wegen jeder Nichtigkeit. Ich würde nicht gründlich lüften, ich hätte die Haustür über Nacht nicht abgeschlossen oder meine Musik zu laut aufgedreht. Sie lauerte mir ständig im Hausflur auf, um mich mit Vorwürfen zu bombardieren. Zuletzt wollte sie mir untersagen, Besuch und vor allem Herrenbesuch zu empfangen. Angeblich hätten sich Mitbewohner beschwert. In Wahrheit lebte ich sehr zurückgezogen. Ich hatte keine Familie, kannte niemanden meiner Kommilitonen näher und außer im Bistro, in dem ich arbeitete, hatte ich keine sozialen Kontakte. Ich war eher verschlossen anderen Menschen gegenüber, ich hatte zu viele schlechte Erfahrungen gemacht. Meine Vermieterin legte mir nahe, mich nach einer anderen Bleibe umzusehen. Aus meiner Wohnung kämen unangenehme Gerüche und sie habe den Verdacht, in meiner Behausung könne sich Ungeziefer ausbreiten. Das war eine bodenlose Frechheit und völlig aus der Luft gegriffen. Aber ich wollte auf gar keinen Fall ausziehen. Ich liebte meine originelle, gemütliche Bude, hier fühlte ich mich geborgen und sicher. Mein Leben hätte so harmonisch sein können, wenn Frau Fuchs nicht gewesen wäre. Kaum hatte ich nach Feierabend die Wohnungstür geschlossen und meine Lieblingsmusik eingeschaltet, schon hämmerte meine Vermieterin gegen die Tür. Sie ließ mich einfach nicht in Frieden. Nie habe ich einen Menschen mehr gehasst als sie.

Dann erhöhte sie eines Tages grundlos die Miete. Nicht viel, aber zu viel für eine mittellose Studentin, die sich mit Aushilfsjobs über Wasser halten musste. Für mich stand fest, dass sie mich loswerden wollte. Dabei hatte ich meinerseits schon überlegt, wie ich sie loswerden könnte: Ich würde sie von ihrem Balkon schubsen oder die Treppe hinunterstoßen oder, etwas unspektakulärer, einfach vergiften. Ich könnte sie niederschlagen und ihre Leiche in ihrer eigenen Tiefkühltruhe verstecken oder zerstückeln und ihre Einzelteile zu Gulasch verarbeiten. Das hatte ich mal in einem Film gesehen.

Ich konnte mich aber nicht entschließen.

Jean-Luc hat mich damals vor ihr gerettet.

Ich lernte ihn an einem Freitag im April kennen. Es war früher Nachmittag, die Sonne schickte erste wärmende Strahlen, und er war der einzige Gast in dem Bistro, in dem ich kellnerte. Kurz zuvor hatte ich beschlossen, mein Studium abzubrechen, denn um meinen Lebensunterhalt zu verdienen, musste ich so viel arbeiten, dass kaum Zeit zum Lernen blieb. Die Vorlesungen hatte ich so selten besucht, dass ich gar nicht mehr wusste, was ich eigentlich studierte. Außerdem waren die Hörsäle überfüllt und dunkel, in den Straßencafés aber wurde es jetzt licht und freundlich. Jedenfalls an den Tagen, an denen es nicht regnete. Obwohl ich besonders gerne in der Küche arbeitete, schickte mein Chef mich meistens zum Servieren. »Perdita, Sie sind zu hübsch für die Küche«, meinte er. Ich müsste raus zu den Gästen, sodass die Männer mit mir flirten könnten.

Jean-Luc kam aus der Vendée, die südlich der Bretagne liegt, von der *Côte de Lumière*, das heißt »Küste des Lichts«. Er sah genauso aus, wie ich mir einen Franzosen vorgestellt hatte: lockige, dunkle Haare, dunkelbraune Augen, gebräunter Teint, nur dass er kein Baguette unter dem Arm trug. Er schwärmte mir von seiner Heimatstadt vor: La Tanche-sur-mer, von weitem Himmel und blauem Meer, vom milden Klima und von mehr Sonnenstunden als an der Côte d'Azur. Er konnte so schön erzählen und hatte einen so bezaubernden französischen Akzent, dass ich mich sofort in ihn verliebte. »Ein Flirt ist wie eine Tablette, niemand kann die Nebenwirkungen genau vorhersagen«, soll Cathérine Deneuve gesagt haben.

An einem grauen Regentag lagen wir aneinandergekuschelt unter meiner Bettdecke und zählten abwechselnd die Tropfen, die Schlieren auf der Fensterscheibe hinterließen.

»Eins.«

»*Deux.*«

»Drei.«

»*Quatre.*«

»Fünf.«

»*Six.*« Jean-Luc hielt inne, drehte den Kopf zu mir und sah mich aus seinen tiefen braunen Augen nachdenklich an. »Perdita, *chérie*, isch muss zurück nach Fronkreisch.«

Ein Stich fuhr mir durchs Herz. Wir kannten uns gerade einmal vier Wochen und jetzt sollte alles schon wieder vorbei sein? Obwohl wir uns fast täglich gesehen hatten, wusste ich kaum etwas über ihn. Trotzdem hatte ich von einer gemeinsamen Zukunft geträumt. Hatte mir vorgestellt, dass wir zusammenziehen würden, in eine größere Wohnung am Stadtrand oder in ein Haus mit Blick auf den Rhein. Ich wollte mich um Haus und Garten kümmern, unsere gemeinsamen Kinder großziehen und ihm sein Lieblingsgericht kochen oder von mir aus auch die Buchhaltung für seine Firma machen, obwohl ich gar nicht wusste, ob er eine Firma hatte. Ich sah meine Zukunftsträume in sich zusammenfallen wie eine Blase an der Ferse, in die man eine Nadel bohrte.

Tränen stürzten aus meinen Augen, als würde ich säckeweise Zwiebeln schälen. Jean-Luc küsste mein Gesicht trocken und erklärte mir, dass seine Großtante unlängst verstorben sei und ihm ihr Château hinterlassen habe. Nicht groß, aber groß genug, und ein paar Zimmer könne man an Sommergäste vermieten. Ich hätte doch ein Händchen dafür, aus nichts etwas zu machen. Ob ich mitkommen wolle? Und ob ich wollte! Ich war Ende zwanzig und total verknallt in diesen charmanten Franzosen, der mir gerade den zweiten Heiratsantrag meines Lebens gemacht hatte. Jedenfalls hielt ich Jean-Lucs Angebot für einen solchen.

Bei meiner ersten Hochzeit war ich viel zu jung gewesen, gerade mit der Schule fertig, und ich hatte keine Ahnung vom Leben gehabt. Die Ehe war ein einziges Malheur und hielt knappe zwölf Monate. Mein erster Mann, ich kann mich an seinen Namen nicht erinnern – ich habe diese Gabe, unangenehme Dinge zu verdrängen – jedenfalls war mein erster Mann viel älter als ich und ein Despot. Sein sicheres Auftreten, seine Redegewandtheit und sein Geld hatten mich geblendet. Zu spät erkannte ich, dass er geizig war und herrisch und mich wie ein Kind bevormundete. Bei unserem letzten Streit war die Situation eskaliert. Nach dem Abendessen packte ich meine Sachen und alles, was ich für meine Sachen hielt, und machte mich aus dem Staub. Ich habe nie wieder etwas von ihm gehört.

Eine Hochzeit wäre mal wieder schön. Ein großes Fest mit Freunden und Bekannten und zum Schluss wären alle betrunken und glücklich.

Mein Geld war sowieso gerade mal wieder zur Neige gegangen und es gab Dauerstress mit Frau Fuchs, der Hexe, weil ich seit dem Winter meine Miete nicht mehr bezahlen konnte. Ich hatte vergeblich versucht, sie mit kleinen Präsenten aus dem Bistro bei Laune zu halten, doch sie machte mir mit ihren Vorwürfen und Beschimpfungen das Leben zur Hölle.

So kam es, dass ich wieder einmal meine Besitztümer packte. Mit einer letzten kulinarischen Aufmerksamkeit nach einer meiner eigenen Rezepturen verabschiedete ich mich von meiner Vermieterin. Ich wollte ihr den Triumph nicht gönnen, dass ich sang- und klanglos das Feld räumte.

Und nun stand Frau Fuchs hier in Frankreich, in diesem kleinen Urlaubsparadies, vor mir und bombardierte mich mit Fragen. Ich hatte nicht damit gerechnet, sie jemals im Leben wieder zu sehen.

Ich versuchte mich zu erinnern. Wie war das damals gewesen? Hatte ich ihr zum Abschied nicht einen Topf Zwiebelsuppe vor die Tür gestellt? Sie war zwanghaft sparsam und hatte bestimmt nichts verkommen lassen. Nur, wenn sie die Zwiebelsuppe mit meiner speziellen Würzmischung gegessen hätte, stünde sie jetzt nicht hier. Aber wenn sie die Suppe nicht gegessen hatte, wer dann?

Etwa die ältere Dame aus der ersten Etage, die seinerzeit als einzige mit Frau Fuchs auszukommen schien? Wie hatte sie gleich geheißen? Nach irgendeinem Gemüse, Erbse oder Bohne? Sie war eine reizende Dame gewesen, einsam, aber immer freundlich zu jedermann. Es täte mir heute noch Leid um sie.

Wenige Tage später war ich zusammen mit Jean-Luc in La-Tranche-sur-Mer eingetroffen. Im ersten Moment war ich enttäuscht. Das, was ich mir als mondäne Touristenhochburg ausgemalt hatte, war kaum mehr als ein pittoreskes Fischerdorf. Im Zentrum befanden sich eine Kirche und ein Marktplatz, der bedeutungsvoll »Place de la Liberté« hieß. Wohl weil er die meiste Zeit über als Parkplatz genutzt wurde und die Franzosen sich die Freiheit nahmen, zu parken, wie sie wollten. Immerhin, an der Straße zum Meer, die man zur Fußgängerzone erklärt hatte, reihten sich Lokale und Souvenirläden aneinander. Der Ort habe sechstausend Einwohner, hatte Jean-Luc mir erzählt. Aber das galt wohl nur, wenn die Campingplätze und Ferienhaussiedlungen bewohnt waren, die sich an den Ort anschlossen, und die malerischen Hotels, direkt am Strand. In La Tranche, das so viel wie »Scheibe« oder »Schnitte« heißt, lebten knapp zweitausendfünfhundert Einheimische, aber das erfuhr ich erst viel später.

Der ausgedehnte, feinsandige Strand, der *Plage Centrale*, ließ meine erste Enttäuschung sofort verfliegen. Hier im *Petit Californie français* tummelten sich Badegäste und Surfer. Und dann dieses besondere Licht. »*Côte de Lumière*« ist genau der richtige Ausdruck für diesen Abschnitt der Atlantikküste. Die satte, türkisblaue Farbe des Meeres hatte es mir direkt angetan, genau wie der Blick auf die Ile de Ré, die sich am Horizont erstreckte und von der in der Dämmerung abertausende Lichter glitzerten. Dieser vorgelagerten Insel verdankten die Festlandbewohner das milde, mediterrane Klima, hatte Jean-Luc mir erklärt. Außerdem sei dies die sonnenreichste Region der Atlantikküste mit zweitausendsechshundert statistischen Sonnenstunden.

Das, was Jean-Luc mir als Château seiner Tante angekündigt hatte, entpuppte sich allerdings nicht im Entferntesten als das, was man sich als deutscher Tourist gemeinhin unter dieser Bezeichnung vorstellt. Es war nicht viel mehr als ein malerisches Natursteinhaus, das recht verwinkelt gebaut war. Es bestand aus vielen kleinen Zimmern mit wenigen kleinen Fenstern, die es innen eher düster wirken ließen. Aber in den Sommermonaten würden sie die flirrende Sonne ausschließen und die Bewohner mit angenehmer Kühle verwöhnen. Der einzige Bereich, der mir auf Anhieb gefallen hatte, war die Wohnküche. In diesem gemütlichen Raum mit Steinboden und alten, dunklen Holzmöbeln fühlte ich mich direkt zu Hause. Außerdem gab es noch eine Sommerküche im Hof. Ich war hingerissen, so etwas war ich aus Deutschland nicht gewohnt.

Es dauerte fast ein Jahr, bis Jean-Luc und ich gemeinsam alle Zimmer renoviert und bewohnbar gemacht hatten. Neun Fremdenzimmer hatten wir eingerichtet und einen Aufenthaltsraum mit offenem Kamin.

In den Sommermonaten war unsere kleine Pension immer ausgebucht. Meist ging die Saison schon in den Osterferien los. Ich liebte es, mich in der Küche aufzuhalten und für Gäste zu kochen. Daher störte es mich nur minimal, dass sich Jean-Luc immer weniger um die Gäste in unserem »Château de Sable« kümmerte. Immer häufiger war er in den Bistros des Dorfes anzutreffen, wo er mit Touristinnen und Kellnerinnen flirtete.

Auf unserer Terrasse servierte ich das Frühstück, und wer einen kleinen Aufpreis zahlte, der bekam am Abend eine warme Mahlzeit aus der Sommerküche. Auch fürs Kochen hatte ich ein Händchen, das war das einzige, was ich von meiner Mutter geerbt hatte.

Meist gab es abends selbstgebackenes Brot mit Kräuterbutter und verschiedene Dips, eine Suppe und ein paar Kleinigkeiten, je nach Saison. Meine Zwiebelsuppe war schon nach kurzer Zeit kein

Geheimtipp mehr. Jean-Luc glaubte, es handelte sich um eine von mir variierte Kochanleitung seiner Tante, aber es war eins meiner eigenen Rezepte, das ich, je nach Bedarf, mit speziellen Zutaten verfeinerte.

Frau Fuchs, die inzwischen Frau Winter hieß, und ihr Mann wohnten nur eine knappe Woche bei uns im »Château de Sable« und ich wusste über ihre Beziehung Bescheid. Eine harmonische Ehe war das nicht. Sie gab den Ton an und er fügte sich, um seine Ruhe zu haben. Er war etwas jünger als sie, Steuerberater, ein gutmütiger Typ mit leichtem Bauchansatz und grauen Schläfen. Während seine Gattin ihre vertrocknete Figur am Strand von der Sonne ausdorren ließ, schaute er mir in der Sommerküche über die Schulter und versuchte, meine Küchengeheimnisse zu lüften. Ich fühlte mich wohl in Paul Winters Gesellschaft und war ausgesprochen empfänglich für seine Komplimente. Er war humorvoll, geistreich und hatte durchaus Charme. Ich fragte mich, wie betrunken er gewesen sein musste, um dieser streitsüchtigen Fregatte das Jawort zu geben.

»Ach, Perdita, wäre ich doch früher einer Frau wie dir begegnet.« Paul wischte mir zärtlich eine Haarsträhne aus dem Gesicht, während ich Gemüse putzte. »Nach dem Tod meiner ersten Frau wollte ich nicht alleine bleiben. Ich wusste mir keinen anderen Rat und gab eine Kontaktanzeige auf.« Die Fuchs hatte ihn mit einem retuschierten Foto und einem angeblich lukrativen Mehrfamilienhaus geködert. Paul legte wie selbstverständlich seine Hand um meine Hüfte. Er seufzte und mir fuhr ein wohliger Schauer durch den Körper.

Ich gestand, dass es mir mit Jean-Luc nicht viel anders ergangen sei. Er hatte mich mit diesem angeblichen Château gelockt, das kaum mehr als eine Ruine gewesen war, und sein Heiratsversprechen hatte er auch nicht eingelöst. Jedenfalls hatte ich es für einen Heiratsantrag gehalten, als er mich seinerzeit bat, ihm in seine Heimatstadt zu folgen. Wenn es sich an der *Côte de Lumière* nicht so traumhaft schön leben ließe, wäre ich bestimmt nicht mehr hier.

Paul und ich trösteten uns gegenseitig. Er war so charmant und zuvorkommend, so verständnisvoll und einfühlsam und ein so begnadeter Liebhaber, wie Jean-Luc es früher auch gewesen war.

Ganz allmählich reifte ein Plan in mir. Wenn Pauls Gattin das Zeitliche segnen würde, müsste er das Haus in Deutschland erben, in dem ich seinerzeit so friedlich hätte leben können, wenn sie mir das Leben nicht zur Hölle gemacht hätte. So würde es nach all den Jahren doch noch eine ausgleichende Gerechtigkeit geben. Der Gedanke gefiel mir sehr. Ja, und mir würde eines Tages das Château gehören, wenn Jean-Luc einmal nicht mehr wäre – darüber hatten wir eine Vereinbarung getroffen, denn ich hatte viel Zeit und Liebe in dieses Anwesen gesteckt …

»Jetzt weiß ich wieder, woher ich Sie kenne!« Es war früher Nachmittag, die Sonne brannte von einem strahlend blauen Himmel, an dem keine Wolke zu sehen war. Vom Strand wehte eine leichte Brise herüber, es roch nach salziger Meeresluft. Auf meiner Terrasse befanden sich keine Gäste mehr, die meisten hatten sich in ihre Zimmer zurückgezogen oder sich anderswo ein schattiges Plätzchen gesucht. Ich deckte gerade die Tische ab, als meine ehemalige Vermieterin unvermittelt hinter mir stand. Ich fuhr herum und blieb mit dem Absatz an einer der Natursteinplatten hängen, sodass ich das Gleichgewicht verlor.

»Habe ich Sie erschreckt?« Ihre unangenehm hohe Stimme schien dissonant von den Steinmauern widerzuhallen. Ich rappelte mich auf und stützte mich an einem Stuhl ab.

»Sie sind doch diese Schreibkraft, die vor Jahren für meinen Mann gearbeitet hat. Lassen Sie bloß die Finger von ihm, ich warne Sie!«, drohte sie und kam mir unangenehm nahe, so dass mir ihr säuerlicher Körpergeruch in die Nase stieg.

Ich lachte erleichtert auf. Aber schon kamen mir Bedenken, ob es klug war, sie davon zu überzeugen, dass ich nicht die war, für die sie mich hielt, sondern ihre ehemalige Mietprellerin, die schon einmal versucht hatte, sich ihrer zu entledigen. Ich konnte körperlich spüren, wie der alte Hass in mir aufstieg und sich in maßlose Wut verwandelte. Ich würde nicht zulassen, dass diese Frau sich in mein Leben einmischte. Ich würde sie aus meiner Erinnerung löschen. Spontan griff ich nach dem Stuhl und mit aller Kraft und ohne weiter nachzudenken schlug ich Frau Winter, geborene Fuchs und ehemalige Mietgeier, nieder.

Mein Herz raste, als ich sie regungslos am Boden liegen sah und sich ein blutiges Rinnsal aus ihrem Mundwinkel schlängelte. Ich zitterte vor Abscheu, und mir war sofort klar, dass sie nicht mehr lebte. Ich wusste, dass ich schnell handeln musste. Ich zerrte sie an den Beinen in die Nähe der Mauer und hoffte, dass Paul mich jetzt nicht überraschen würde. Wohin sollte ich sie bringen? Bei all meinen bisherigen Morden hatte sich dieses Problem von selbst gelöst. Mein bevorzugtes Mordinstrument war nämlich Gift. Das wirkt todsicher und weckt keine Zeugen auf. Meine Opfer entschlummerten sanft, wenn ich längst außer Reichweite war.

Schließlich schleppte ich die dürre Frau in den Vorratskeller. Sie wog nicht viel, vermutlich nicht einmal fünfzig Kilo. Ich bettete sie in meiner Tiefkühltruhe, die sowieso kaum benutzt wurde, da ich überwiegend frische Produkte verwendete. Jean-Luc kümmerte sich schon längst nicht mehr um häusliche Belange, es bestand keine Gefahr, dass die Leiche entdeckt werden könnte.

Dann verzog ich mich in die Sommerküche und begann, Zwiebeln zu schälen. Es war mal wieder an der Zeit, eine Zwiebelsuppe zuzubereiten.

Mein Herzschlag beruhigte sich langsam und ich wischte mir ein paar Tränen aus den Augenwinkeln. Trotz bestimmt hunderten Kilos an Zwiebeln, die ich in meinem bisherigen Leben geschält hatte, musste ich beim Zwiebelschälen doch immer wieder weinen. Ob ich mir nun eine Sonnenbrille dabei aufsetzte oder versuchte, die Zwiebeln unter fließendem Wasser zu häuten. Jean-Luc hatte behauptet, meine Tränen würden all jenen Menschen gelten, denen ich in meinem Leben begegnet sei und die dann spurlos daraus verschwunden wären. Ach ja, Jean-Luc, wann hatte ich ihn zuletzt gesehen?

Ich habe diese Gabe, unangenehme Dinge einfach zu verdrängen.

Soupe à l'oignon
(Zwiebelsuppe)

Zutaten *(für 4 Personen)*:

- *1 Bund Suppengrün*
- *500 g Rinderrippe*
- *500 g Kalbsknochen*
- *1 Bouquet Garni*
- *1 TL Pfefferkörner*
- *1 TL Salz*
- *600 g Zwiebeln*
- *1 Knoblauchzehe*
- *50g Butter*
- *4 EL Weißwein*
- *12 Scheiben Baguette, ca. 2 cm dick geschnitten*
- *100g geriebener Gryerzer*

Zubereitung:

Grundrezept Bouillon

Suppengrün putzen, waschen und grob zerkleinern. Fleisch und Knochen waschen, abtupfen und mit dem Suppengrün, dem Bouquet Garni, den Pfefferkörnern, etwas Salz und 2 ½ Litern Wasser ca. 2 ½ Stunden köcheln lassen. Die Bouillon abkühlen lassen. Fleisch, Knochen und Gemüse entfernen und die Suppe durch ein feines Sieb gießen. Erkalten lassen und anschließend entfetten.
Wem das alles zu lange dauert, der kocht einfach ca. zwei Liter fertige Rinder- oder Kräuterbouillon und lässt diese erkalten.

Zwiebelsuppe

Knoblauchzehe und Zwiebeln schälen und letztere in dünne Scheiben schneiden. Einen Topf mit der halbierten Knoblauchzehe ausreiben.
Die Butter darin zerlassen, die Zwiebeln hinzufügen und bei schwacher Hitze goldbraun schmoren. Mit der abgekühlten Bouillon aufgießen und eine Stunde köcheln lassen. Die Suppe mit Salz, Pfeffer und Weißwein abschmecken.
Vier feuerfeste Suppentassen mit Brot (ggf. vorher toasten) und Käse füllen, Suppe darübergießen und im vorgeheizten Backofen bei ca. 160 ° etwa zehn Minuten überbacken.

Astrid della Giustina

Das normannische Loch

»Warum sollte ich mit Ihnen Wein trinken?«

Die Frau im schwarzen Leder-Top hatte eine dunkle Stimme und wohnte auf derselben Etage. Ein Namensschild gab es nicht. Emma ließ sich nicht beirren. Sie war nun mal sehr spontan. In vielem. Und sie wollte reden. Heute Abend um acht Uhr – das hatte sie auch gerade ihrer Nachbarin gesagt.

»Weil ich Grund zum Feiern habe und sonst niemanden kenne.«

»Zwei Lügen in einem Satz«, dachte Emma. Noch hatte sie überhaupt nichts zu feiern und von »kennen« konnte bei der Nachbarin bis jetzt gar nicht die Rede sein. Es war der Frau anzusehen, dass sie ähnlich dachte, denn sie antwortete:

»Das ist schlecht. Um acht bin ich weg.«

Emma war augenblicklich gereizt. Auch dazu neigte sie.

»Ja, sicher«, hätte sie am liebsten gehöhnt, »wir haben November, gefühlte null Grad, hocken in einem winzigen Nest am Arsch des französischen Atlantiks – und du hast was Wichtiges vor!«

Das sagte sie aber nicht, sondern:

»Vielleicht vorher? So gegen 17 Uhr? Ich würde mich wirklich sehr freuen.«

Die Frau musterte Emma abschätzig, zuckte mit den Schultern und schloss die Tür.

Emma blieb nicht viel Zeit, um über die Schmallippigkeit ihrer Nachbarin nachzudenken. Sie musste sich zügig auf den Weg nach Deauville machen, weil ein Geschäftspartner sie persönlich treffen wollte, bevor er ihr den Auftrag für eine umfangreiche Übersetzung erteilte. Hoffentlich. Wenn das wieder nicht klappte, würde sie Honfleur verlassen und nach Düsseldorf zurückkehren müssen. Kein schöner Gedanke. Esra dürfte immer noch unglaublich wütend sein. Nicht zuletzt, weil sie überreagiert hatte und dann auch noch verschwunden war. Wie oft hatte er sie in gespielter Verzweiflung schon »ein böses Mädchen« genannt? Sie befürchtete, dass er nun allerdings echte Maßnahmen ergreifen würde. Vorausgesetzt, er könnte überhaupt mit ihr kommunizieren – aber dazu musste er sie erst einmal finden. Emma schüttelte die unangenehmen Gedanken ab und stieg in ihren Leihwagen. Fakt war, dass ihr allmählich das Geld ausging. Dabei mochte sie den bizarren Ort an der normannischen Küste sehr. Die morbide, frühwinterliche Atmosphäre passte hervorragend zu ihrer eigenen Verfassung. Sogar dann, wenn sie gut gelaunt war. Bevor sie losfuhr, warf sie noch einen Blick auf das trübe Wasser im alten Hafenbecken. Kaum vorstellbar, dass sich hier rundherum im Sommer die Tische der beliebten Restaurants dicht an dicht drängten und ein Stimmengewirr aus Französisch, Englisch und Holländisch die Luft erfüllte. Deutsche waren seltener zu vernehmen. Ausnahmsweise. Musste wohl an der unrühmlichen Geschichte liegen. Es gab sowieso viel zu viele unrühmliche Geschichten.

Drei Stunden später hatte Emma einen interessanten Auftrag an Land gezogen und fühlte sich großartig. Ihr neuer Kunde, ein Deutscher wie Emma, baute gerade eine Niederlassung in der Normandie auf und Emmas Initiativbewerbung als Übersetzerin kam ihm gerade recht. Zuerst sollte sie die Homepage des Unternehmens ins Französische übersetzen und im Anschluss daran sämtliche Prospekte. In den nächsten Tagen würde man ihr noch jede Menge Unterlagen bringen lassen, damit sie sich intensiv in die Materie einlesen konnte, und dann stand der Arbeit und einem baldigen Geldsegen nichts mehr im Wege. Zurück in Honfleur, als Emma das stille Treppenhaus ihres Wohnhauses betrat, stieg erneut der Wunsch nach Gesellschaft und einem guten Glas Wein in ihr auf.

Entschlossen, sich durch nichts aufhalten zu lassen, klingelte sie wieder an der Tür ohne Namensschild. Sie musste noch einmal klingeln, bevor sich energische Schritte näherten und die Tür geöffnet wurde. Das Outfit der Frau war immer noch dasselbe.

»Tadaaah!«, machte Emma, zog eine Flasche Rotwein aus ihrer Tasche und hielt sie triumphierend hoch. »Kommen Sie mit rüber und die Bar wird eröffnet!«

»Geht nicht. Ich koche«, antwortete die Frau und verschwand in ihrer Wohnung.

Immerhin hatte sie die Tür offen gelassen. Emma betrachtete das als Einladung und ging durch einen dunklen Flur, der in eine geräumige Küche mündete. Der Dampf aus mehreren Kochtöpfen verband sich, dank fehlender Abzugshaube, zu einer unsichtbaren Wolke aromatischer Düfte, die Emma bald komplett einhüllte. Die Französin stand am Herd und rührte mit einem riesigen Holzlöffel in einer *casserole* herum. Als sie den Löffel beiseite legte und den Topf geräuschvoll mit einem Deckel schloss, gab Emma ihr lächelnd den Wein. Die Frau nahm ihn, schaute auf das Etikett und ließ eine schwarze Augenbraue beinahe im Haaransatz verschwinden. Sie stellte die Flasche auf eine Anrichte, drehte sich wieder zum Herd und sagte: »Rotwein macht mich krank.«

Okay … Emma bereute ihr Verlangen nach Gesellschaft dennoch keineswegs und streckte schwungvoll die Hand aus:

»Ich heiße Emma. Und Sie?«

Die Frau machte eine schnelle Bewegung und stand plötzlich dicht vor Emma, die einen halben Kopf kleiner und weniger drahtig war.

»Hör zu, was willst du von mir?«

Emma war überrascht, aber nicht entmutigt. Trotzdem kamen ihr die Tränen. Das war so bei ihrer Nervengeschichte. Ihr Gegenüber verdrehte für einen Augenblick die Augen, deutete dann aber mit der Hand auf die hölzerne Eckbank hinter dem riesigen Küchentisch.

»Ich heiße Madeleine. Und ich hasse Nervensägen. Also, was willst du?«

Emma konnte und wollte nicht aufhören zu weinen. Alles sprudelte schluchzend aus ihr hervor: Dass sie bei Nacht und Nebel aus Deutschland weg und Esra bestimmt tierisch sauer sei und dass sie nun endlich einen tollen Auftrag an Land gezogen, aber niemanden zum Feiern habe.

»Deine Probleme möchte ich haben«, konstatierte Madeleine ohne erkennbare Regung. Sie ging wieder zum Herd, nahm den Deckel vom Topf und rührte energisch. Emma schloss die Augen und atmete tief ein. Knoblauch. Tomatiger Knoblauch. Und ein Hauch Fisch mit Kräutern. Köstlich. Ihre Tränen versiegten. Als sie die Augen wieder öffnete, stand Madeleine mit einer bauchigen Flasche und zwei kleinen Steingutbechern vor ihr.

»Probleme sind dazu da, um sie zu ertränken.«

Sie füllte die Becher und schob einen zu Emma hinüber.

»Kennst du schon das berühmte ›Normannische Loch‹ oder *trou normand*, wie wir sagen?«

»Nein.« Emma schnupperte an ihrem Glas. »Das hier riecht wie Calvados.«

Madeleine verzog das markante Gesicht.

»Ja, das ist es auch. Aber nicht irgendein Calvados, sondern ein richtig guter. *Santé*!«

Madeleine kippte die Spirituose in einem Zug hinunter und Emma tat es ihr nach. Sie wartete auf das Brennen in ihrer Kehle, aber es kam nicht. Der Calvados floss weich und würzig durch ihre Speiseröhre und wärmte den Magen.

»Alle Achtung, der ist aber mal richtig köstlich! Und so sanft. Den sollte man eigentlich ganz langsam genießen. Von was für einem Loch hast du da eben gesprochen?«

»Vom *trou normand*. So nennen wir den Calvados. Weil er Probleme in einem tiefen Loch versenkt und außerdem Platz für weitere Speisen schafft.«

»Oh ja, das stimmt. Ich könnte einen Ochsen vertilgen!«, rief Emma impulsiv.

»Aber nicht hier«, entgegnete Madeleine.

Emma schwieg und ihr erschreckter Blick aus bereits wieder feuchten Augen bewegte Madeleine zum Einlenken.

»Bei mir gibt es Fisch, keinen Ochsen. Mein Bruder kommt gleich zum Essen.«

In dem Moment schellte es zweimal hintereinander. Madeleine knurrte: »Deck den Tisch!«, und ging hinaus.

Während Emma gehorsam die Besteckschublade suchte, hörte sie in der Diele die für Franzosen übliche Art der Begrüßung, die unkundige Ohren gut für einen heftigen Streit halten können. Natürlich verstand Emma alles, was gesprochen wurde. Auch, dass Madeleine sie als »Tussi von nebenan« bezeichnete. Dann kamen sie zurück in die Küche. Madeleines Bruder war für einen Franzosen ungewöhnlich hoch gewachsen, strahlte Emma begeistert an und stellte sich als »Armand« vor. Dann packte er sie herzhaft bei den Schultern und drückte ihr drei schallende Begrüßungsküsse abwechselnd auf die Wangen. Madeleine verzog den schönen Mund und widmete sich wieder ihren Töpfen, während Armand eine Flasche auswickelte und entkorkte. Er roch genießerisch an ihr, füllte drei Gläser mit dunkelrotem Wein und reichte den beiden Frauen je eines davon. Madeleine trank ihres in einem Zug halb leer. Emma starrte sie an.

»Ich denke, Rotwein macht dich krank?«

»Der hier nicht.«

Armand lächelte amüsiert und sagte zu Emma:

»Mach dir nichts draus. Meine Schwester ist ein wenig … kapriziös. Aber es nützt ihr mehr, als dass es ihr schadet.«

»Armand! Bist du zum Essen oder zum Quatschen hier?«

Der Zurechtgewiesene trank seinen Rotwein und beobachtete, wie seine Schwester drei riesige tiefe Teller füllte.

»Was gibt es denn Leckeres?«, versuchte Emma die Stimmung aufzulockern. Madeleine schwieg und klapperte mit Geschirr. Es war Armand, der antwortete.

»Es gibt *Soup de poisson à la Pays d'auge*. Das ist eine pürierte Fischsuppe, die zusammen mit *Rouille*, geriebenem Käse und gerösteten Croutons gegessen wird. Wenn du wissen willst, was eine *Rouille* ist, dann schau her.«

Er hielt ihr eine Schüssel mit einer hellen Creme hin, die verführerisch nach Knoblauch duftete. Während sie noch schnupperte, knallte ihr Madeleine einen Teller vor die Nase, dessen sämig-roter Inhalt bedenklich hin- und herschwappte und mit einem kleinen Spritzer Emmas Daumen versengte. Die ließ sich nichts anmerken, als Madeleine erneut vor ihr stand. Nun mit einer kleinen gusseisernen Pfanne, in der goldgelbe Brotwürfel in heißem Fett brutzelten. Madeleine schüttete einen Schwung Croutons in jeden Teller und drehte sich zurück zum Herd. Dabei streifte sie mit der Pfanne leicht Emmas Oberarm und lächelte zufrieden, als sie deren schmerzverzerrtes Gesicht bemerkte. Armand betrachtete seine Schwester kopfschüttelnd und wandte sich dann Emma zu:

»Was treibt dich nach Honfleur?«

»Ihr Kerl hat sie rausgeworfen, weil sie Mist gebaut hat!«, antwortete Madeleine an Emmas Stelle. Armand hatte tausend Fragezeichen im Blick und Emma kam sich wie eine Idiotin vor. Ihr kamen wieder die Tränen, dieses Mal vor Wut. Das durfte nicht passieren; erst recht nicht, weil Armand so nett war.

»Esra hat mich nicht rausgeworfen! Er würde mich niemals gehen lassen! Ich hatte einfach schreckliche Angst …«, hörte sie sich sagen. Sie spürte ihren eigenen Worten nach. Warum sagte sie das? »Egal«, dachte sie, denn sie sah die mitfühlende Wärme in Armands Augen und das tat verdammt gut. Jetzt legte er auch noch eine Hand auf Emmas Arm. Kleine, wohlige Schauer krochen über ihre Haut. Armand deutete ihre Gänsehaut anders.

»Er weiß aber hoffentlich nicht, wo du bist, oder?«

»Nein«, schniefte Emma mit Kleinmädchenstimme. »Nur meine Mutter weiß ungefähr, wo ich bin, und die hält dicht.«

Etwas piepte zweimal hintereinander. Madeleine und Armand löffelten Rouille und Käse in ihre Fischsuppe. Emma fummelte das Handy aus ihrer Jackentasche und starrte auf das Display.

Ihre Hände begannen zu zittern, so gefangen war sie von ihrer Vorstellungskraft. Gequält blickte sie auf, direkt in Madeleines schmale Katzenaugen, die von pechschwarzen Haaren eingerahmt waren.

»*Mon dieu*, sie hat eine SMS bekommen, wie furchtbar! Gib schon her!«

Sie riss Emma das Handy unsanft aus der Hand.

»Emma, du bist weg. Das ist nicht gut«, las Madeleine laut vor und fügte boshaft hinzu: »So viel zur Verschwiegenheit deiner Mutter.«

»Ist *er* das?«, fragte Armand und nahm Emmas Hand in seine.

Emma nickte und spürte dankbar den Druck seiner Hand.

»Ja, die SMS ist von Esra. Er unterdrückt seine Nummer immer, aber ich weiß, dass er es ist. Wenn er mich findet, wird er furchtbar wütend sein«, flüsterte sie und blinzelte durch einen Vorhang feuchter Wimpern hinüber zu Armand.

Der straffte entschlossen die Schultern.

»Wir werden auf dich aufpassen, mach dir keine Sorgen!«

Madeleines Lippen entwich ein verächtlicher Laut:

»*Du* wirst auf sie aufpassen – und zwar drüben in ihrer Wohnung. Jetzt. Ich muss gleich weg und will vorher noch lüften. Zu viel Gestank hier drin.«

»Warum tust du das?«, fragte Emma und schob sich eine blonde Haarsträhne hinter ihr Ohr. Sie strahlte eine naive Unschuld aus und war sich dessen durchaus bewusst. Armand saß neben ihr auf der Couch. Draußen war es bereits stockdunkel.

»Weil ich nicht möchte, dass du Angst hast.«

»Aber das ist keine Lösung. Du wirst nicht für immer hier in meinem Wohnzimmer sitzen können. Von ›wollen‹ ganz zu schweigen.«

»Nein. Aber du gefällst mir. Erzähl mir von Esra. Was ist er für ein Mensch?«

Emma zog eine Schnute. Sie hatte überhaupt keine Lust, jetzt über Esra zu reden. Armand legte ihr Verhalten anders aus und fragte behutsam:

»Schlägt er dich? Trinkt er?«

»Nein.« Die Spielerin in Emma erwachte ein weiteres Mal. »Aber er ist … unerbittlich. Ich muss ihm gehorchen.«

Das genügte Armand. Sein Blut begann zu köcheln.

»Ich sage dir, was wir machen, Emma.«

Sie schaute ihn an und war fasziniert von dem Spiel seiner Muskeln, als er mit den Armen gestikulierte. Esra war eher feingliedrig und durchgeistigt, hatte aber andere Qualitäten. Einen unglaublichen Spürsinn zum Beispiel. Er besaß eine feine Nase für ihre roten Wellen, wie sie es nannte. Er schaffte es immer, sie zu beruhigen, kurz bevor die erste Welle vor ihren Augen auftauchte und die Wut in einem Sog nach sich zog. Sie konzentrierte sich wieder auf Armands Worte.

»Ich werde heute Nacht hier schlafen, auch wenn ich nicht glaube, dass du ernsthaft in Gefahr bist. Morgen bei Tageslicht wirst du auch wieder zuversichtlicher sein – vor allem, wenn nichts passiert ist – und dann sehen wir weiter.«

»Nichts passiert ist relativ«, dachte Emma wohlig und betrachtete das zweite Kopfkissen, auf dem Armand gelegen hatte. Als er jetzt frisch geduscht und komplett angezogen das Schlafzimmer betrat, hörten sie es beide: das Piepen von Emmas Handy. Ein schneller Blick und Armand nahm es von der Schlafzimmerkommode. Er wollte es Emma reichen, aber sie schüttelte mit großen Augen den Kopf. Armand aktivierte das Display und runzelte die Stirn.

»Ich weiß, wo du steckst. Wir müssen dringend reden«, las er vor.

Emma stutzte innerlich. Hatte sie Esra je von ihrem Lieblingsort in Frankreich erzählt? Sie wusste es nicht mehr.

»Mach sofort das Handy aus!«, kreischte sie und verzerrte ihr Puppengesicht zu einer Grimasse. »Bestimmt hat er mich längst orten lassen, das Schwein!«

Armand war etwas irritiert, drückte aber sofort auf das Zeichen mit dem roten Hörer. Dann überlegte er und sagte:

»Zieh dich an, Emma. Wir gehen rüber zu Madeleine.«

Nach den Erfahrungen des gestrigen Abends hätte Emma lieber in ein Becken mit Piranhas gefasst, aber sie gehorchte. Eine Viertelstunde später saßen sie wieder in der Nachbarwohnung am Küchentisch und Madeleine schien instinktiv zu spüren, was die beiden nachts getan hatten. Nachdem sie die neue SMS gelesen hatte, fragte sie ihren Bruder genervt:

»Was ist, wenn sie hier nur eine Riesenshow abzieht und nichts weiter dahintersteckt?«

Emma stand abrupt auf, aber Armand drückte sie zurück auf die Eckbank.

»Madeleine, Emma, bitte! Lasst uns Ruhe bewahren.«

»Pffft!«, machte Madeleine. »Du führst dich auf wie ein verliebter Gockel.«

Armand wedelte die Bemerkung mit einer Handbewegung weg.

»Hör zu, Schwester, ich brauche deine Hilfe. Bitte bleib bei Emma. Nur heute Vormittag. Danach lasse ich dich in Ruhe, versprochen.« Seine Stimme hatte etwas Hypnotisches, dem sich auch die spröde Französin nicht entziehen konnte.

»Warum kümmerst du dich nicht selbst?«

»Ich habe gleich um zehn Uhr einen Termin bei meiner Bank in Trouville. Dorthin kann ich Emma nicht mitnehmen.«

»Und ich muss nach La Plane, was vorbereiten. Dringend.«

»Dann hole ich sie mittags um zwölf bei dir im Studio ab, *d'accord*?«

»Keine Minute später«, knurrte Madeleine.

Armand war weg.

»Na, dann freu dich schon mal auf einen bunten Vormittag.«

Madeleine stand wieder dicht vor ihr, die Hände in die schmalen Hüften gestemmt.

»Ich werde dir zeigen, was dein Lover für eine tolle Schwester hat. Und helfen kannst du mir dann auch gleich.«

Emma spürte, wie sie sauer wurde, übernahm aber gleich selbst Esras Aufgabe und beherrschte sich. Sie tat es für Armand. Auch, wenn sie noch keine Ahnung hatte, was sie eigentlich genau von ihm wollte. Eine neue Beziehung? Gott, bewahre! Zu gern hätte sie dieser französischen Ziege mal die Meinung gegeigt. Stattdessen atmete sie flach aus und sagte:

»Von mir aus. Ich helfe dir gerne.«

Zehn Minuten später saßen sie in Madeleines Auto, einem flammneuen Daimler in funkelndem Schwarz, und fuhren in Richtung Pont-l'Évêque. Emma war überrascht von dem luxuriösen Auto. Madeleine beantwortete die unausgesprochene Frage:

»Sagen wir mal so: Ich habe hier in der Ecke eine Marktlücke entdeckt.«

»Erzähl!«

Statt einer Antwort zündete sich Madeleine eine filterlose Zigarette an und füllte den Innenraum mit dichtem Qualm. Emma hustete und fragte:

»Rauchst du schon lange?«

»Nur im Auto.«

Emma gab auf und lehnte sich in ihrem Sitz zurück. Schnell wurde es warm im Auto und sogar ihr Hintern fühlte sich an, als säße er auf einer wohltemperierten Wärmflasche. Ein paar Minuten fuhren sie dicht am Meer entlang, auf dem kleine Wellenkämme tanzten. Dann bogen sie ab in Richtung Pont-l'Évêque und brausten über eine triste Landstraße. Fast wäre Emma eingedöst, als Madeleine den schweren Wagen mitten in der Einöde zum Stehen brachte und sofort ausstieg. Emma folgte ihr, ohne weitere Fragen zu stellen, die sowieso nicht oder nur kryptisch beantwortet wurden. Emma stand vor einem alten Steinhaus, das von ein paar Büschen und Bäumen umgeben war und einen baufälligen Eindruck machte. Sie konnte die salzige Meeresluft riechen, obwohl das Meer selbst Kilometer entfernt war. Madeleine schloss bereits die schwere, hölzerne Tür auf. Im Hineingehen erhaschte Emma einen Blick auf das einzige Klingelschild: Madame LaJarre.

»Bist du Madame LaJarre?«

Schon wieder eine Frage, schon wieder keine Antwort. Emma lief durch einen dunklen, kalten Flur, der urplötzlich in Purpur getaucht wurde. Madeleine hatte Licht angemacht – und mit was für einem Effekt! Emma war noch nie in einem Gruselkabinett gewesen, aber so ähnlich stellte sie sich das Entree vor. Rechts sah sie eine Schaufensterpuppe, bekleidet mit einem geschnürten Lederbody, der zwei wohlgeformte Brüste aussparte. Über dem Kopf trug die Puppe eine Gasmaske mit leeren Augenhöhlen. Ihr gegenüber stand ein fast mannshoher Eisenkäfig. Auf seinem mit rotem Samt ausgeschlagenen Boden lag ein Paar Handschellen. Emma, die zunächst gedacht hatte, Madeleine würde vielleicht in einem Fotostudio arbeiten, kamen arge Bedenken. Trotzdem konnte sie nicht aufhören, das Ambiente gierig in sich aufzusaugen. An der Decke sah sie künstliche Spinnennetze, in denen Utensilien wie Perücken und Plastikrosen »gefangen« waren. Und überall Lichtquellen, die für den bizarren Rotstich sorgten. Gerne hätte sie gewusst, was sich hinter den weiteren Türen verbarg …

»Sag Bescheid, wenn du genug geglotzt hast.«

Madeleine hatte Emma beobachtet wie eine Katze, die man in der Wohnung zum ersten Mal aus dem Korb ließ, um zu schauen, wie sie sich in der neuen Umgebung verhielt. Nun stand sie plötzlich hinter ihr. Emma zuckte zusammen und Madeleine seufzte.

»Um das heitere Beruferaten abzukürzen: Ich bin Domina. Und Sadistin.«

»Du tust Menschen weh?«, flüsterte Emma entsetzt.

»Falsch. Ich tue Menschen weh, die wollen, dass man ihnen wehtut.«

»Wieso …?«

Emmas Gehirn verlangte nach Bewältigung, aber Madeleine hatte andere Pläne.

»Nerv mich nicht! Hilf mir lieber. Komm mit!«

Sie verschwand nach nebenan. Emma folgte ihr und fand sie neben einem aufgeklappten Sarg stehend. Der Sarg zog Emma an wie ein Magnet. Auch hier überall rotes Licht.

»Leg dich rein.«

Bei Emma setzte ein heftiger Fluchtreflex ein. Sie hatte jedoch keine Chance gegen Madeleines Kraft und Geschicklichkeit. Nach einem kurzen Gerangel lag sie im Sarg und spürte wieder einmal Ohnmacht und Wut. Eventuelle rote Wellen würden allerdings im Ambiente untergehen. Ein Gedanke, der sie beruhigte und von ihrer unerfreulichen Lage ablenkte. Madeleine tat ein Übriges.

»Mach kein Theater, Emma. Heute Abend kommt ein Kunde,

der ungefähr deine Statur hat. Ich will wissen, wo seine Hand- und Fußgelenke liegen, damit ich dort Haken für Fesseln anbringen kann. Je schneller du aufhörst zu zappeln, umso eher bin ich fertig. Außerdem hilft man sich innerhalb einer Familie, oder?«

Emma hasste Sarkasmus, blieb aber still liegen. Madeleine arbeitete ruhig und konzentriert. Wenig später saßen die Haken an den richtigen Stellen, Madeleine schlang schnell und geschickt Seile hindurch und Emma war zu völliger Bewegungslosigkeit verdammt. »Gefangen in den Händen einer Sadistin«, schoss es ihr durch den Kopf. Einer Sadistin, die ganz bestimmt nicht wollte, dass ihr Bruder sich ernsthaft in die dubiose »Tussi« aus Deutschland verliebte. Madeleines Kopf erschien über dem Rand des Sargs.

»Ich weiß nicht, was du von meinem Bruder willst. Ich weiß nicht, was du überhaupt bei uns willst. Ich weiß nur zwei Sachen. Erstens: Ich kann dich nicht leiden. Zweitens: Tust du meinem Bruder weh, tue ich dir weh. Sehr weh. Ist das klar?«

Emma nickte. So weit man in einem Sarg liegend nicken konnte. Madeleine löste daraufhin die Fesseln, sah auf ihre Uhr und sagte:

»Schon Viertel nach zwölf. Wo bleibt Armand? *Je n'ai plus d'humeur.*«

Je n'ai plus d'humeur – ich habe keinen Bock mehr. Auch Emma war die Lust auf Madeleines Gesellschaft nachhaltig vergangen und sie sehnte sich nach frischer Luft und Armands aufmerksamer Art. Sie sah, wie Madeleine versuchte, Armand telefonisch zu erreichen, dann aber unwillig den Kopf schüttelte und den Hörer wieder auflegte.

»Manchmal ist die ganze verdammte Normandie wie ein riesiges Funkloch. Bestimmt hockt Armand immer noch in der Bank. Los, dann bringe ich dich eben zu ihm!«

Je näher sie wieder zum Meer kamen, umso stärker wurde der Wind. Er fuhr durch die Kronen der Bäume und riss an den Markisen kleiner Geschäfte. Sie bogen links in eine schmale Küstenstraße ein, die steil nach unten abfiel. Über dem Meer war in der Zwischenzeit Nebel aufgezogen, den der Wind nun an die Küste trieb. Unvermittelt tauchte am Straßenrand eine überdimensionale Christusfigur am Kreuz auf. Plötzlich, dicht vor ihnen, flackerndes Licht von Polizeiautos und Krankenwagen. Es sah gespenstisch aus. Helfer rannten um ein qualmendes Autowrack herum, das auf dem Kopf lag und in der Leitplanke stecken geblieben war. War das mal ein Peugeot gewesen? Zwei Polizisten leiteten den spärlichen Verkehr an der Unfallstelle vorbei. Als sie auf gleicher Höhe mit dem Wrack waren, schrie Madeleine auf. Emma zuckte zusammen und spürte eine eiskalte Hand nach ihrem Herzen greifen. Was war passiert? Statt etwas zu sagen, stellte Madeleine einfach den Motor ab, stürzte weinend aus dem Auto und rannte auf das Wrack zu, neben dem etwas unter einer Decke lag. Als Emma ausstieg, sah sie, wie mehrere Männer ihre Nachbarin zur Seite drängten und auf sie einredeten. Sie lief ihnen entgegen und hörte Madeleine einen Namen in Endlosschleife wimmern: »Armandarmandarmand…«

Madeleine schlief endlich. Sie hatte das zerbeulte Etwas sofort als das Auto ihres Bruders erkannt. Die Rettungskräfte erzählten Emma, dass sie nichts mehr hatten tun können und Armand auf der Stelle tot gewesen sei. Die Unfallursache lag noch völlig im Dunkeln, ein zweiter Wagen war scheinbar nicht beteiligt. Genaueres könne man erst nach eingehender Untersuchung sagen. Ein Polizist fragte nach Madeleines Adresse, weil man sie am nächsten Morgen befragen müsse. Routine. Abwesend nannte Emma ihren Namen.

Jetzt saß sie unschlüssig in Madeleines Küche und fragte sich, was sie tun könnte. Sie hatte einen Arzt rufen müssen, weil Madeleine überhaupt nicht zu beruhigen gewesen war. Die am Boden zerstörte Nachbarin hatte nun erst recht keine Fragen mehr beantwortet – auch nicht die nach weiteren Familienmitgliedern, die unterrichtet werden mussten, oder ob sie jemanden zum Trost an ihrer Seite haben wollte. Emma war da bestimmt nicht ihre erste Wahl, so viel stand fest. Emma selbst war zwar schockiert – mein Gott, Armand, eben noch so voller Kraft und Energie! – aber andererseits gingen ihre Gefühle nicht tief genug, um ernsthaft zu trauern. Sie kannten sich ja kaum, hatten wenig, außer ihren nackten Körpern, preisgegeben. Gut, sie hatte von Esra gesprochen, da aber schon ein kleines bisschen übertrieben, glaubte sie sich zu erinnern, so dass das auch nicht wirklich zählte. Sie beschloss, in ihre eigene Wohnung zu gehen und später noch einmal nach Madeleine zu schauen. Sie wünschte, sie hätte bereits mit ihrem Auftrag beginnen können, aber dazu fehlten ihr noch die versprochenen Informationen. Also holte sie sich eine Flasche Weißwein aus dem Kühlschrank, setzte sich auf die Couch, auf der sie auch mit Armand gesessen hatte, und ließ sich vom Fernsehen berieseln, während sie trank.

Genau dort erwachte sie dadurch, dass an ihrer Tür Sturm geschellt wurde. Zwei uniformierte Beamte machten Emma klar, dass es bereits Morgen sei und sie dringend mit Madeleine sprechen müssten. Emma klopfte mehrfach laut an die gegenüberliegende Tür, bis sie endlich geöffnet wurde. Madeleine, die immer noch unter dem Einfluss eines starken Beruhigungsmittels stand, sah furchtbar aus, forderte jedoch alle auf, in ihre Küche zu kommen. Im Aschenbecher qualmte eine Zigarette. »Die Zeit für neue Gesetze ist angebrochen«, dachte Emma konfus.

Einer der beiden Beamten sprach mit stark normannischem Akzent und Emma hatte Mühe, ihn zu verstehen. Polizisten machten sie sowieso immer nervös. Hatte sie gerade richtig gehört? Madeleines entsetzte Reaktion räumte ihre Zweifel aus:

»Feinde? Wieso fragen Sie, ob mein Bruder Feinde hat … hatte?«

Der Beamte hob beschwichtigend die Hände.

»Nun, die Untersuchungen sind noch nicht abgeschlossen und nichts deutet bis dato auf Fremdeinwirkung hin, aber wir möchten alle Eventualitäten ausschließen.«

Polizeijargon. Madeleine rang nach Fassung und der andere Polizist fragte:

»Also … hatte er Feinde, Madame?«

Madeleine heftete ihre Augen kurz auf Emma, dann antwortete sie:

»Nein, ich kann mir nicht vorstellen, dass Armand Feinde hatte. Jeder mochte ihn.«

Nachdem die Polizisten gegangen waren, hatte Emma das Gefühl, der Boden schwanke unter ihren Füßen. Madeleine sprach mit eiskalter Stimme aus, was sie dachte: »Armand hat auf *dich* aufgepasst – jetzt ist er tot. *Du* bist sein Feind. Du und dein durchgeknallter Kerl aus Deutschland.«

Emma war entsetzt. Doch als sie Madeleine ansah, wusste sie, dass das Grauen gerade erst begonnen hatte. Wie konnte sie ihr nur erklären, dass Esra zu so etwas niemals fähig wäre? Manchmal verlor sie vielleicht die Kontrolle, aber niemals Esra. Sie würde weiter ausholen müssen, aber Madeleine ließ ihr keine Zeit.

»Wo ist dein Handy?«, fragte sie drohend.

»Drüben. Es ist immer noch ausgeschaltet.«

»Hol es! Jetzt! Bestimmt hast du wieder eine Nachricht von dem Schwein!«

Schwein … Hatte Emma ihn nicht auch schon mal so bezeichnet? Dann musste es ja wohl stimmen. Zwei Minuten später tippte Emma den PIN-Code ein. Madeleine riss ihr das Gerät aus den Händen und starrte darauf. Kein Laut war in der Küche zu hören. Dann piepte es zweimal und Madeleine hielt Emma das Display vor die Nase.

»Melde dich, bevor noch mehr passiert!«, lautete die SMS.

»Dieser verdammte Mistkerl!«, schrie Madeleine. »Damit droht er weitere Morde an, wenn du dich nicht meldest!«

Emma war nun total verunsichert.

»Vielleicht sollten wir mit der Polizei reden?«

Madeleine hatte sich eine weitere Gitane angezündet und lief im Wohnzimmer auf und ab. Dann fauchte sie:

»Ach ja? Und dann? Hast du Beweise? Das bringt doch nichts!«

»Aber …«

»Kein aber. Der Mann ist völlig irre und Irren kann man nur auf gleicher Ebene begegnen – ich weiß, wovon ich spreche.«

Madeleine strahlte plötzlich eine fatale Mischung aus Ruhe und kalter Wut aus. Keine Spur mehr von Beruhigungsmitteln. Ohne sich dagegen wehren zu können, stiegen in Emma Bilder von glänzendem schwarzen Leder und beißenden Peitschenschnüren auf.

»Um irgendetwas mit ihm anstellen zu können, musst du ihn erst mal haben«, erinnerte Emma sie vorsichtig.

»Kein Problem«, sagte Madeleine und ihr schönes Gesicht verhärtete sich. »Ich habe das, was er will – dich! – und damit kriege ich ihn.«

Erregung stieg in Emma hoch. Sie war der Lockvogel einer Sadistin. Das Komplott würde sie unweigerlich zusammenschweißen.

»Wir drehen den Spieß um«, fuhr Madeleine entschlossen fort. »Jetzt schreibst *du* ihm eine SMS. Er unterdrückt seine Nummer, wird aber wohl kaum eine neue haben.«

»Und was soll ich schreiben?«, fragte Emma zögerlich.

»Du schreibst: ›Bitte hol mich ab!‹ Und sicherheitshalber gibst du ihm noch deine Adresse.«

Emma tippte wie befohlen und drückte auf »Senden«. Madeleine schien fürs Erste zufrieden.

»*Bon*. Den mache ich fertig!«

Madeleine verdonnerte Emma zu striktem Hausarrest. Sie kaufte sogar für sie ein, weil sie wollte, dass Emma auf jeden Fall zu Hause war, wenn Esra schließlich den persönlichen Kontakt suchte. Emma fiel die Decke auf den Kopf und so musste sie unbedingt die Fischsuppe ausprobieren, die sie zuvor mit Armand bei Madeleine gegessen hatte. Also brachte Madeleine ihr murrend Fisch, Gemüse, Tomaten und Knoblauch. Zwei Tage lang geschah nichts. Es kamen auch keine weiteren Kurzmitteilungen, obwohl das Handy durchgehend eingeschaltet war. Madeleine wollte es so. Donnerstagnachmittag schellte es dann plötzlich an Emmas Tür, aber sie durfte auch nicht öffnen. Stattdessen rief sie Madeleine an.

»Es hat geklingelt«, flüsterte sie.

»Okay. Unten oder oben?«

»Ich glaube, unten.«

»Okay«, wiederholte Madeleine, »rühr dich nicht!« Dann legte sie auf.

Sie hörte noch, wie Madeleine leise ihre Wohnung verließ – dann nichts mehr. Leider war der Bereich vor Emmas Haustür von keinem ihrer Fenster aus einsehbar. Sie hoffte darauf, dass Madeleine jeden Moment wieder nach oben kam. Aber das tat sie nicht, auch nachmittags und abends nicht. Emma saß auf heißen Kohlen. War es wirklich Esra, der da geklingelt hatte? Wenn ja, so ahnte sie, wo die beiden jetzt waren. Was sie allerdings nicht wusste: Wie weit würde Madeleine in ihrer Wut und ihrer Trauer gehen?

Im Morgengrauen bekam sie die Gelegenheit, genau das herauszufinden. Emma wurde durch ein Klopfen geweckt, das sie an Filme erinnerte, die alle zur Zeit des Zweiten Weltkriegs spielten. Auf dem Weg zur Tür fiel die Müdigkeit von ihr ab und ein Prickeln kroch über ihren Körper.

»Los, komm! Ich will dir was zeigen«, sagte Madeleine und ihre Augen glitzerten im fahlen Flurlicht. »Es sind die Augen eines Reptils«, dachte Emma und schlüpfte in Schuhe, Mantel und Handschuhe. Unten im Treppenhaus stand eine Kiste unter den beiden Briefkästen, aber Madeleine zog sie energisch daran vorbei. Das Wasser im alten Hafenbecken schwappte kräftig gegen die Begrenzungsmauern, als sie daran vorbeigingen.

»Du fährst!«, zischte Madeleine. »Mein Auto habe ich zum Reinigen gegeben.«

»Zum Reinigen von was?«, dachte Emma schaudernd.

Wie erwartet ging die Fahrt hinaus aufs Land zu Madeleines Folterkammer. Wieder wurde Emma von dem Raum mit dem Sarg magisch angezogen. Ein Toter, ein Mörder, ein Sarg für beide. Sie war sich sicher, dass Esra darin lag, und trat langsam näher. Ein trockenes Schluchzen stieg aus Emmas Kehle auf. Der Sarg war leer. Sie drehte sich zu Madeleine um, die mit dem Kopf auf eine dunkel lackierte Tür zeigte. Eine der Türen, durch die Emma bei ihrem ersten Besuch im Studio mit Begeisterung spaziert wäre. Jetzt wünschte sie, dass sie diese Tür niemals öffnen müsste. Immer noch strahlte Madeleine kalte Ruhe aus und Emma drückte die Klinke nieder. Dahinter lag eine Steintreppe. Weißliches Licht glomm an der Decke. Gerade genug, um nicht zu fallen. Die Treppe wand sich wie das großzügige Innere eines Schneckenhauses tief unter das alte Haus. Die Luft war feucht und kühl. Obwohl sie keine Schritte hörte, wusste sie, dass Madeleine ihr folgte. Die letzte Stufe führte in einen Gang, dessen Ende nicht zu erkennen war. Madeleine boxte Emma in den Rücken und schob sie in den Gang hinein, der sich nach einigen Metern zu einem Kellerraum öffnete, in dem rundherum Regale mit altem Krempel standen. Emma sah sich irritiert um. Was sollte das? Hier war nichts. Madeleine kniete sich nieder und kramte ein paar alte Planen unter einem Regal hervor. Dann ruckelte sie einen Stein aus der Wand und langte in die Öffnung. Wie von Zauberhand bewegte sich plötzlich das Regal vor ihrem Kopf und gab den Blick in einen kleinen Raum mit niedriger Decke frei. Die beiden Frauen traten ein und standen vor einem steinernen Etwas mit … Deckel. Ungefähr auf Kniehöhe. Emma spürte die Kälte durch ihre Gliedmaßen kriechen. Was ging hier ab? Aus Madeleines Mund kam ein irres Kichern, als sie den Deckel von dem Gebilde herunterhievte.

»Das hier ist eine alte Zisterne …«, keuchte sie. »Ich will dir zeigen, was ich mit Leuten mache, die meiner Familie Böses antun …«

»Schon wieder so ein normannisches Loch«, durchzuckte es Emma, als sie widerwillig nach vorne trat.

»… so, wie dein Esra!«, triumphierte Madeleine und schob den Deckel endgültig beiseite.

Emma bückte sich atemlos und kniff die Augen zusammen, um besser sehen zu können. Die Zisterne war bis zirka drei Handbreit unter den Rand mit Wasser gefüllt. Über dem Wasserspiegel drehte sich ein Kopf mit spärlichem Haarwuchs träge von rechts nach links. Der Mund war mit einem Knebel verschlossen. Es war noch etwas Leben in dem Mann. Von der Dunkelheit und Schlimmerem geschwächte Augen versuchten, im Schein der spärlichen Beleuchtung irgendetwas zu erkennen. Emma robbte noch näher heran und starrte in diese Augen.

»Das ist nicht Esra«, sagte sie dann.

Madeleine explodierte in dieser Sekunde.

»Was willst du damit sagen: ›Das ist nicht Esra‹? Warum hat er dann wohl Deutsch geredet? Hast du plötzlich Mitleid mit diesem brutalen Mörder, du bescheuerte Tussi?«

Da reichte es Emma.

»Was bildest du dir eigentlich ein, du blöde Schnepfe? Ich wollte nur einen Wein mit dir trinken und da baust du so eine Scheiße?«, brüllte sie Madeleine an.

Rote Wellen tanzten plötzlich vor ihren Augen auf und ab, und als sie allmählich verschwanden, saß der Deckel bereits wieder fest auf der Zisterne und – Madeleine stand nicht mehr neben ihr.

»Das ist sie doch selbst schuld. Was muss sie mich auch *so* reizen?«, murmelte Emma trotzig, bevor sie das Regal wieder in seine alte Position zurückgleiten ließ. Als sie langsam die Stufen nach oben erklomm, fragte sie sich, warum Madeleines Opfer wohl Deutsch gesprochen hatte? Wer war der Mann, der nicht Esra war? Und wo war Esra? Sie schloss die Tür zum Keller und sah, dass sie immer noch Handschuhe trug. Das war gut! Schnell wischte sie mit ihnen über ein paar Dinge, die sie Tage zuvor ohne berührt hatte.

Zurück in Honfleur wurde ihre Stimmung immer niedergeschlagener. Eine Art mentales schwarzes Loch kündigte sich an. Dabei konnten ihr Löcher aller Art nun wirklich gestohlen bleiben, dachte sie erzürnt und öffnete die Haustür. Da stand die Kiste. Mit einem Firmenaufkleber von Emmas neuem Kunden an der Seite. Wann war die wohl gebracht worden? Und von wem?

»Oh nein!!!«

Emma brach in hysterisches Gelächter aus, das in haltloses Schluchzen überging. Deutscher Kunde, deutscher Bote! Das war der Mann, der neben Madeleine im Wasser saß und mit ihr zusammen sterben musste! Emma lehnte sich weinend mit dem Kopf an einen Briefkasten, als es direkt neben ihr schellte. Draußen wieder die beiden Polizisten. Für Emma brach eine Welt zusammen. Das ging aber schnell. Dieses Mal kam sie offensichtlich nicht davon. Sie wischte ihre Tränen ab und sah die Beamten gefasst an.

»Wir möchten zu Ihrer Freundin, ist sie da?«, fragte der mit dem starken regionalen Dialekt.

Emma schüttelte abwartend den Kopf.

»Wir dürfen so etwas normalerweise nicht«, sagte der andere.

»aber sie waren ja immer mit dabei. Also: Bitte richten Sie ihrer Freundin aus, dass es sich bei dem Unfall ihres Bruders nicht um Fremdeinwirkung handelte. Der Bremszug seines Autos ist aufgrund von Materialermüdung gerissen. Das ändert natürlich nichts an seinem Tod ...«

Emma antwortete Belangloses und sah den Polizisten nach, wie sie zurück zu ihrem Fahrzeug gingen. Mittlerweile war die Sonne aufgegangen und beschien den Hafen und die wenigen kleinen Boote, die dort vertäut lagen. Emma konnte den Gedanken an ihre Wohnung nicht ertragen und steuerte mechanisch das einzige Café an, das um diese Zeit schon geöffnet hatte. Ein Bistrotisch und zwei Stühle standen neben dem Eingang und Emma ließ sich kraftlos auf einen davon fallen. Fassungslos legte sie den Kopf in ihre Hände. Drei Menschen waren tot – oder jedenfalls bald – und das alles nur wegen der roten Wellen. Irgendwie. Das war ja noch hundert Mal schlimmer als das, was ihr damals in Düsseldorf passiert war.

Zwei Hände legten sich schwer auf ihre Schultern und Emma wusste plötzlich, dass nun alles gut werden würde. Eine ruhige Stimme fragte:

»Warst du wieder ein böses Mädchen, Emma? Hast du etwas angestellt? Dann musst du es mir jetzt sagen, bevor es zu spät ist.«

Erleichtert schaute Emma in die Augen von Dr. Esra Weismann, den sie heute zum ersten Mal außerhalb der Psychiatrie Düsseldorfs sah.

Soupe au poisson du pays d'auge
(Pürierte normannische Fischsuppe)

Zutaten *(für 4 Personen)*:

Fischsuppe:

- *500 g Fischfilet (preiswerten Rotbarsch oder teuren Seeteufel)*
- *1 Gemüsezwiebel*
- *1 Bund Suppengrün*
- *3 Tomaten*
- *2 Knoblauchzehen*
- *1 Lorbeerblatt*
- *1 kleine rote Chilischote*
- *frischen oder getrockneten Thymian*
- *1 Tetrapack passierte Tomaten*
- *Olivenöl*
- *0,5 l trockener Weißwein (vorzugsweise Muscadet)*
- *1 l Fischfond oder Brühe*
- *1 EL Limettensaft*
- *1 Schnapsglas Pernod*
- *Salz, frisch gemahlener Pfeffer*
- *Evtl. Speisestärke*
- *250 g geriebener Käse*

Rouille:

- *2 Eigelbe*
- *2-3 Knoblauchzehen*
- *1 kleine rote Chilischote*
- *200 ml Olivenöl*
- *Salz, frisch gemahlener Pfeffer*
- *4 Scheiben Weißbrot ohne Rinde*
- *Wasser oder Milch*

Croutons:

- *2 Scheiben Weißbrot oder 4 Scheiben Baguette*
- *Olivenöl*

Zubereitung:
Für die Suppe den Fisch grob würfeln und mit einer großen Gemüsezwiebel, dem Suppengrün und drei frischen Tomaten, alles ebenfalls grob gewürfelt, in Olivenöl andünsten. Nach fünf Minuten nacheinander zwei gehackte Knoblauchzehen, die ganze Chilischote, das Lorbeerblatt und den Wein dazugeben. Nach weiteren fünf Minuten und ständigem Umrühren einen Liter selbst gekochten oder selbst gekauften Fischfond oder Brühe hinzufügen und die passierten Tomaten unterrühren. Mit Salz und Pfeffer würzen, etwas frischen oder getrockneten Thymian hinzugeben. Alles zirka 40 Minuten köcheln lassen, bis der Fisch zerfällt. Dann den Pürierstab hineinhalten, bis die Suppe schön sämig ist. Wenn notwendig, mit Speisestärke binden. Noch einmal aufkochen lassen, Pernod und Limettensaft zugeben und abschmecken.
Während die Fischsuppe noch kocht, wird die Rouille zubereitet. Dafür das Weißbrot ein paar Minuten in Wasser oder Milch einweichen, gut ausdrücken und zusammen mit Eigelb, Knoblauch und der Chilischote in den Mixer geben. Das Öl allmählich dazugeben, bis eine cremige Masse entsteht. Mit Salz und Pfeffer abschmecken.
Das Weißbrot oder die Baguettescheiben für die Croutons in Würfel schneiden und in Olivenöl knusprig braun braten.
Die Fischsuppe in tiefe Teller geben. Geriebenen Käse, Croutons und Rouille auf den Tisch stellen, so dass sich jeder bedienen kann. Die klassische normannische Reihenfolge: Croutons, Rouille, Käse.

Alexandra Guggenheim

Voyage à trois

Gare de Tours, Freitag, 16.30 Uhr. Die beiden Mittvierzigerinnen an Gleis eins sind sorgfältig geschminkt und frisiert, ihre Kleidung vereint modisches Understatement mit Pariser Chic. Die eine in einem silbergrauen, schmal geschnittenen Hosenanzug, die andere in einem auberginefarbenen Kostüm, die Taille durch einen breiten Flechtgürtel betont. Unter den bewundernden Blicken der männlichen Mitreisenden steigen sie in den blau-weißen Regionalzug »ter« und suchen sich zwei freie Plätze am Fenster.

Chantal greift in ihre Jackentasche und zieht ein zusammengefaltetes Blatt Papier heraus. »Hier, *ma chère*, wie versprochen, das Familienrezept von Tante Sophie. Ein Clafoutis, der auf der Zunge zergeht. Und noch dazu in Windeseile fertig. Den letzten habe ich erst gestern gebacken – und offensichtlich eine Portion zu viel davon gegessen.« Schmunzelnd lockert sie ihren Hosengürtel.

»*Merci.* Mir scheint allerdings, dass die Zubereitung nicht ganz ungefährlich ist«, meint Amélie und deutet auf einen roten Fleck am linken, oberen Blattrand.

»Nicht doch, das ist kein Blut, sondern ein Spritzer Kirschsaft«, lacht Chantal. »Ich hätte das Rezept wohl besser nicht auf dem Küchentisch schreiben sollen.«

Amélie lehnt ihren Kopf gegen die Rückenlehne und seufzt leise. »Entschuldige, *chérie*, aber ich fühle mich heute wie gerädert. Letzte Nacht habe ich kaum ein Auge zugetan. Und alles nur wegen Gérard …« Sie lässt das Rezept in ihrer schwarzen, lackledernen Handtasche verschwinden und durchsucht das Seitenfach. »Wie ärgerlich, jetzt habe ich meine Sonnenbrille zu Hause vergessen. Mit solchen Ringen unter den Augen kann ich mich doch gar nicht in die Öffentlichkeit wagen.«

Chantal beugt sich vor und legt ihrer Freundin beruhigend die Hand auf den Arm. »Mach dir keine Gedanken, du siehst blendend aus. Wie immer. Aber ich kann deinen Kummer verstehen ... Ein Immobilienhai, der den Firmenanteil seiner Frau verspekuliert, die Familie vernachlässigt und die Mitarbeiter in den Wahnsinn treibt ... So ein Kerl muss von der Bildfläche verschwinden, bevor er noch mehr Unheil anrichtet.«

»Du sagst es! Aber diesmal weiß ich einfach nicht, wie ich es anstellen soll. Mir fehlt die zündende Idee.«

Chantal legt die Stirn in Falten und wirft einen Blick aus dem Fenster auf die vorbeieilenden Wiesen und Felder am Ufer der Loire. »Wie hübsch, die Rehe neben dem Wäldchen ... Sag einmal, *ma chère* ... hat dieser Filou vielleicht einen Jagdschein? Du könntest sein Gewehr so präparieren, dass der Schuss nach hinten losgeht. Oder was hältst du von einem Autounfall? Bremsschlauch durchschneiden vor der Fahrt zum Golfplatz ...«

»Du weißt, wie sehr ich mit Technik auf Kriegsfuß stehe. Ich müsste erst einmal im Internet recherchieren oder in meiner Werkstatt nachfragen. Schließlich darf ich mir nicht den geringsten Fehler erlauben.«

»Wem sagst du das ... ? Aber wie wäre es stattdessen mit dem altbewährten Fingerhutextrakt? Ein paar Tropfen in den Gute-Nacht-Calvados ... und der Fall Gérard ist erledigt. Wird mit Sicherheit als Herzinfarkt durchgehen.«

»Großartig! Gift ist bei mir seit Jahren nicht mehr zum Einsatz gekommen. Und die Finger bleiben auch sauber«, stellt Amélie mit Genugtuung fest und spreizt ihre perfekt manikürten Hände. »Und, wie läuft es so bei dir, *chérie*?«

»Offen gestanden, ich habe auch ein Problem: Pierre-Robert. Zweiter Paukist beim ›Orchestre Symphonique Marseille‹. Du weißt, wie sehr ich gute Küche schätze. Aber dieser Typ isst kein Fleisch, keinen Fisch, kein Gemüse, sondern stopft sich von morgens bis abends voll mit Madeleines und Schokoladenbiskuits. Überall hinterlässt er Krümel, sogar im Bett. Außerdem will er seine Mutter in den Urlaub mitnehmen!«

»Chantal, das musst du verhindern!«, beschließt Amélie energisch. »Schick ihm eine Einladung zum Souper und misch ihm zerriebenes Glas unter das Dessert. Und als Hintergrundmusik legst du Haydens Abschiedssymphonie auf … Sieh nur, die vielen Kirschbäume. In diesem Jahr soll die Ernte besonders reichlich ausgefallen sein, habe ich heute in der Zeitung gelesen.«

»Amélie, du bist ein Schatz! Dass ich nicht schon eher darauf gekommen bin … Ich serviere dem Burschen einen Kirschauflauf. *Clafoutis* ist nämlich nicht nur mein, sondern auch sein Leibgericht. Und Tante Sophies Rezept kommt zu ganz besonderen Ehren«, freut sich Chantal und summt vergnügt die Anfangstakte der Symphonie.

»Verzeihung, Mesdames, wenn ich störe.« Ein mittelgroßer, schlanker Mann mit schwarzem Schnäuzer und in einem hellen Trenchcoat tritt auf sie zu. »Ich sitze direkt hinter Ihnen und hörte zufällig Ihre Unterhaltung. Sie scheinen sich gut auszukennen mit der … Entsorgung unliebsamer Zeitgenossen.«

»Mord ist unser Geschäft«, erklärt Chantal vergnügt, schlägt die Beine übereinander und wippt mit der Spitze ihrer hochhackigen Wildleder-Pumps. »Bitte, nehmen Sie doch Platz.«

»Danke. Soll das etwa heißen, Sie haben schon mehrfach …«

»Allerdings! Ertränken, erschießen, erdolchen, vom Hochhaus stoßen, Arsen, Strichnin, E605… wir kennen sämtliche Methoden«, entgegnet Amélie, nicht ohne Stolz.

»*Parbleu*! Obwohl … eigentlich sehen Sie gar nicht aus, wie … «

»Soll das ein Kompliment sein?«, fragt Chantal und fährt sich mit der Hand durch das kupferrot getönte Langhaar.

»Äh, ich wollte sagen … ich möchte Ihnen ein Geschäft vorschlagen. Es geht um … um meine Frau. Ich will sie loswerden. Und ich dachte, dass Sie mir dabei helfen können.«

Die beiden Freundinnen sehen sich irritiert an.

»Helfen, ach so …« Amélie setzt eine geschäftsmäßige Miene auf. »Was genau haben Sie sich denn vorgestellt?«

»Ist mir egal. Sie sind die Profis. Ich zahle Ihnen zehntausend.«

»Für jede von uns?«, fragt Chantal mit kokettem Augenaufschlag.

»Bedaure, leider nur für beide. Wissen Sie, ich bin etwas knapp bei Kasse. Hatte in letzter Zeit 'ne Menge Unkosten. Reisen, Pelze, Schmuck … was man für eine zwanzig Jahre jüngere Freundin so braucht.«

»Verstehe …« Amélie nickt und wirft Chantal einen verschwörerischen Blick zu. »Dann werde ich jetzt alles notieren.«

Sie zieht ihr nagelneues iPhone aus der Handtasche und streift die mit Strass verzierte Hülle ab. »Also, wir brauchen von Ihnen Name, Telefon, Fax … Halt, nicht so schnell, ich habe die falsche PIN-Nummer eingegeben. Bitte alles noch einmal von vorne …«

Während Amélies Finger über den Touchscreen gleiten, lässt Chantal sich eine genaue Personenbeschreibung der Ehefrau geben, einschließlich ihrer Vorlieben bezüglich Restaurants, Modedesigner und Parfums.

»Wir müssen aussteigen! Die nächste Station ist Amboise«, ruft Amélie plötzlich.

Die beiden Frauen springen von ihren Sitzen. Kaum, dass der Zug anhält, reißen sie die Wagentür auf.

»Hierher, das ist er!«, rufen sie gleichzeitig und winken zwei Polizisten heran, die die Treppe zum Ausgang bewachen. Doch diese laufen keineswegs auf den Mann im Trenchcoat zu, sondern zerren die beiden Freundinnen auf den Bahnsteig. Im selben Augenblick fühlen Chantal und Amélie, wie sich etwas Kaltes, Metallenes um ihre Handgelenke legt.

»Das ist ein Missverständnis! Diesen Mann hier sollen Sie verhaften!«

»Um den kümmern wir uns später. Darf ich zunächst einmal wissen, wer Sie sind?«, will einer der *flics* wissen.

»Was erlauben Sie sich, Monsieur! Ich bin Chantal Dumas, und das ist meine Freundin Amélie Verlaine. Wir sind Krimiautorinnen und auf dem Weg zu einer Lesung im Schloss Amboise. Wie Sie vielleicht wissen, findet dort zurzeit das jährliche Krimifestival statt.«

»Stellen Sie sich vor, als wir vorhin über unsere neuen Romane diskutierten, da tauchte auf einmal dieser Mann auf und schlug uns vor, seine Ehefrau umzubringen«, erklärt Amélie entrüstet und schnappt nach Luft. »Deswegen habe ich heimlich eine SMS an die Polizei geschrieben. Ein Glück, dass ich wenigstens mit dieser Technik einigermaßen umgehen kann.«

»Und ich hatte kurz zuvor ebenfalls eine Meldung an die Dienststelle gesendet … Vielen Dank für Ihre Hilfe, Kollegen. Ich glaube, wir dürfen den Fall als gelöst betrachten.«

Während die Polizisten nur mit Mühe ein Grinsen unterdrücken können und dem Ausgang zustreben, strafft der Mann mit dem Schnauzbart die Schultern. »Gestatten, Clouseau, *haut commissaire*. Bitte entschuldigen Sie, Mesdames, ich konnte ja nicht ahnen, mit welchen Berühmtheiten ich es zu tun habe. Wenn ich Sie nun von Ihren Handschellen befreien darf …«

Amélie und Chantal sind für einen Moment sprachlos. »Clouseau … etwa der große Jacques Clouseau?«, stottert Chantal.

Der Oberkommissar schüttelt den Kopf. »Leider nein. Ich bin Paul-Edouard Clouseau, der Großneffe.«

Die beiden Frauen strecken die Arme vor und schauen amüsiert auf ihren Retter. »Jedenfalls wissen wir jetzt aus eigener Erfahrung, dass Polizisten einen überaus fesselnden Beruf haben.«

Clouseau lächelt geschmeichelt und geleitet die beiden Freundinnen Richtung Bahnhofsvorplatz. »Ach ja, sollten die Damen vor der Lesung noch ein wenig Zeit haben, würde ich Sie gerne persönlich durch unser Kommissariat an der Place de la Croix Bénard führen. Und falls Sie danach eine kleine Stärkung benötigen, empfehle ich Ihnen direkt gegenüber das Bistro ›La belle Fontaine‹. Die Spezialität des Hauses ist *Clafoutis*.«

Clafoutis
(Kirschkuchen)

Zutaten *(für 4 Personen)***:**

- *3 EL Weizenmehl (Typ 405)*
- *2 EL Rohrzucker*
- *200 ml Milch*
- *4 Eier (Größe M)*
- *1 Päckchen Bourbon-Vanillezucker*
- *450 g frische Sauerkirschen oder 1 Glas Sauerkirschen (400 g)*
- *etwas geriebene Zitronenschale*
- *2 EL Puderzucker*

Zubereitung:

Den Ofen auf 180 Grad Ober-/Unterhitze vorheizen, eine Tarte-Form von 28 cm Durchmesser einfetten. Die frischen Sauerkirschen entkernen bzw. in einem Sieb abtropfen lassen.

Mehl mit Zucker in eine Schüssel sieben, mit Milch und Eiern verquirlen, Vanillezucker und abgeriebene Zitronenschale hinzufügen. In die Tarte-Form füllen. Die Kirschen gleichmäßig auf dem Teig verteilen.

Im vorgeheizten Ofen auf mittlerer Schiene ca. 35 Minuten backen, bis der Auflauf goldgelb ist. Mit Puderzucker bestreuen und lauwarm servieren.

Carsten Sebastian Henn

Das Sükrüt seiner Mutter

Er wusste es, wie ein Elefant, der sich auf den Weg zu einem Dickhäuter-Friedhof in den Weiten Afrikas machte. Der Tod wartete, und er wurde ungeduldig, weil Gustave Kreydenbach sich Zeit gelassen hatte. Viel zu viel Zeit.

Eingesunken wie ein alter Ball fuhr Gustave Kreydenbach in seinem verbeulten Citroën nach Innenheim, seiner Heimat aus Kindertagen. Der kleine Ort befand sich im Elsass, am Fuß der Vogesen und in Hörweite der A 35. Es war Advent und der Schnee lag hoch in den Weinbergen. Die Rebstöcke waren nur Gerippe, von dem seit Langem das Fruchtfleisch gelöst war. Gustave Kreydenbachs sehnige Arme hielten das Lenkrad krampfhaft fest. Er hatte Angst vor jeder Kurve. Angst, es nicht noch einmal essen zu dürfen, bevor er für immer gehen musste.

Er nahm sich ein kleines Zimmer in einer Pension mit defekter Leuchtreklame, ganz oben unter dem Dach, wo es am wenigsten kostete. Er packte seinen Koffer nicht aus, legte ihn nur aufs Bett, und ging direkt hinaus, den dicken Wollmantel gegen die tief jagenden Winde fest um sich geschlungen.

Er nahm die erste Tür, aus der es duftete. Ihn interessierten weder die Preise auf den draußen aushängenden Menüs noch, ob die Gaststätte von einem Restaurantführer empfohlen wurde oder welche Kreditkarten sie akzeptierte. Nur eines war wichtig: Es roch nach Sükrüt – *Choucroute alsacienne* –, dem Sauerkraut, das seine Heimat zu durchziehen schien wie Pilzfäden die Waldböden.

Gustave Kreydenbach wehrte die Speisekarte ab, als sie ihm gereicht wurde. Er wusste, was er wollte und dass sie es hatten.

»Keine Vorspeise«, sagte er. Nein, auch kein Foie Gras. Nur Sükrüt mit Schweinebauch, Eisbein und Würstchen. Und einen einfachen Wein. Einen AC aus Chasselas, Goldriesling, Knipperlé und Müller-Thurgau.

Ruhig etwas süßer. Und alles schnell, denn seine Zeit lief ab. Nein, er wollte nicht darüber reden.

Die Servierdame mit dem Oberlippenbart erinnerte Gustave Kreydenbach an seine Mutter. Ein gutes Zeichen. Es ging schließlich um das Sauerkraut seiner Mutter, den Geschmack der Kindheit, welchen er nun noch einmal zu sich nehmen wollte. Sie war früh gestorben, überfahren worden, womit seine Jugend geendet und sein verfrühtes Erwachsenendasein im Kinderheim begonnen hatte. Niemand hatte das Sükrüt wie sie gekocht.

In der Wartezeit horchte Gustave Kreydenbach auf sein Herz. Wie viele Schläge würde es ihm noch gewähren, wie viele Atemzüge, wie viele Mahlzeiten?

Das Essen kam schnell, und es dampfte. Der Teller quoll über vor Kraut und großen Fleischstücken. Gustave Kreydenbach probierte zuerst Schweinebauch, gefolgt von Eisbein und Würstchen. Alles war in Ordnung, genau so hatte es die Mutter immer gemacht. Und er sah erste Erinnerungen an seine Jugend aufleuchten. Doch sie waren schwach, nicht mehr als Schemen. Die entscheidende Zutat, die Farben satt wie Technicolor über allem ausschüttete, fehlte noch. Sükrüt. Sauerkraut. Gustave Kreydenbach wusste genau, wie es zubereitet werden musste, denn er hatte seiner Mutter oft dabei zugesehen. Das rohe, bereits geschnittene Kraut wurde zuerst gewässert und wanderte danach in einen Topf, welcher bereits in Öl erhitzte Zwiebeln und Knoblauch enthielt. Die Krautballen wurden auseinandergezogen und gleichmäßig verteilt. Das hatte er immer machen dürfen. Dann musste Riesling hinzugegeben werden, bis das Kraut bedeckt war – den Rest der Flasche hatte stets sein Vater bekommen, der nie die Küche betrat. Nur wenn eine gesalzene und eine geräucherte Speckschwarte mitgekocht und in einem

Leinensäckchen Lorbeerblätter, Nelken und Wacholder dazugegeben wurden, schmeckte das Sauerkraut richtig. Seine Mutter hatte nie abschmecken müssen, ihr Handgelenk wusste stets, wie viel Salz und Pfeffer noch notwendig waren.

Gustave Kreydenbach nahm eine große Gabel voll. Kleine Portionen Sauerkraut machten seiner Meinung nach keinen Sinn, der Mund sollte gefüllt sein und die Zähne mussten einen ordentlichen Weg zueinander zurücklegen, um das Gefühl zu erhalten, die erfrischende Kraft der Köstlichkeit vollends in sich aufzunehmen.

Er probierte.

Das Bild in seinem Kopf, seine Kindheit, wurde farbig. Lorbeerblätter, Nelken und Wacholder, jede Geschmacksnuance gab einen neuen Ton hinzu. Das Fotoalbum blätterte auf.

Doch es wirkte nicht echt.

Zwar konnte er die Bilder erkennen, aber etwas fehlte, das die Erinnerungen lebendig werden ließ. Sie waren wie eingemottet, in ihrer Form klar erkennbar, doch ohne Kraft.

Dieses Sükrüt schmeckte nicht wie das seiner Mutter! Es war nur ein fader Abklatsch. Gustave Kreydenbach sprach die Serviererin darauf an, fragte, was der Koch falsch gemacht haben könnte, erzählte von seiner Familie, die vor so vielen Jahren hier gelebt hatte, und erkundigte sich, ob sie jemanden wüsste, der seine Mutter noch gekannt haben könnte – und ihr Rezept, ihr einzigartiges Rezept, das ihm die Jugend wiederbringen würde, wenigstens für einige Bisse.

Nein, sagte sie, von einer Familie Kreydenbach habe sie nie gehört, und Innenheimer dieses Alters kenne sie keine, es gebe sie auch kaum noch, sie seien längst irgendwo anders untergebracht. Ob er trotzdem noch etwas wolle, vielleicht Tarte aux pommes oder Zwatschgawaia zum Nachtisch? Es seien auch noch Bredele da.

»Nein«, sagte Gustave Kreydenbach. Er zahlte, verließ das Gasthaus und ging in das nächste hinein, an dem ihn sein Weg entlangführte. Fünf schaffte er an diesem Abend, und obwohl er immer nur wenige Bissen nahm, bevor er die Gabel enttäuscht sinken ließ, war er am Ende vollkommen gesättigt und die Winde suchten ihn in dieser Nacht stürmisch heim. Der Tod, verriet ihm ein Traum, war trotz des gesunden Sauerkrauts mit seinem vielen Vitamin C wieder einen Schritt näher gekommen; Gustave Kreydenbach konnte dessen Gesicht nun klarer denn je erkennen. Der Tod hielt ein Stundenglas in der knöchernen Hand, und in der oberen Hälfte war nicht mehr viel Sand.

In den nächsten Tagen ernährte sich Gustave Kreydenbach ausschließlich von Sükrüt, doch stets bekam er seine Kindheit nur in Standbildern zu sehen – wenn überhaupt. In manchen Fällen schlug sich das Buch der Zeit nicht einmal auf, da ihm neumodische Sauerkraut-Kreationen wie Sauerkraut mit Gans, Sauerkraut mit Fisch, Stopfleber und Sauerkraut oder Junges Rebhuhn und flambiertes Sauerkraut mit Rosinen serviert wurden. Er hatte zweifellos oft gut gegessen, vielleicht sogar besser, raffinierter als bei seiner Mutter, die gekocht hatte, wie arme Leute kochen mussten. Doch es ging ihm nicht darum, das beste Sükrüt zu essen, sondern jenes seiner Kindheit. Seiner viel zu kurzen Kindheit, der ein viel zu langes Alter gefolgt war.

Ganz Innenheim hatte er bald nach dem Sükrüt seiner Mutter abgegessen. Bei Nacht erkannte er im Schädel des Sensenmannes nun bereits die Furchen, an denen die Knochen einst zusammengewachsen waren. Der Tod schien zu lächeln.

Ob dies ein gutes Zeichen war?

Nur rund einen Kilometer südwestlich von Innenheim lag Krautergersheim, »*La Capitale de la choucroute*«, die Hauptstadt des Sauerkrauts. Es war einen Versuch wert, fand Gustave Kreydenbach, vielleicht den letzten. Das Geld würde bald genauso knapp werden wie die verbliebene Lebenszeit.

Er fuhr durch den matschigen Schnee nach Krautergersheim, das im Gegensatz zu früher nun eine Touristenattraktion war. Bei den schiefen Fachwerkhäuschen hatte Gustave Kreydenbach das Gefühl, man habe sie extra, pittoresker Gründe halber, aus der Senkrechten befördert. Zusammen mit den wie Zuckerguss wirkenden Schneehauben erschien ihm die Idylle unerträglich.

Er fraß sich trotzdem durch. Und da er es nicht mehr schaffte, ausschließlich Sauerkraut zu verzehren, bestellte er sich einmal auch eine kleine Portion Baeckeoffe und ein andermal Flammekuech, bevor er sich an die stets riesenhafte Erscheinung des heimischen Krautes begab.

Am Ende des Abends begann Gustave Kreydenbachs Körper, einen säuerlichen Geruch anzunehmen. Die gewaltige Säure des Krautes bahnte sich von innen unaufhaltsam ihren Weg hinaus, sodass er wie eine gewaltige Portion Sükrüt duftete.

In Gustave Kreydenbachs Portemonnaie war nur noch wenig Geld, und er ahnte, dass ihm höchstens ein, zwei Tage blieben, bis ihn die Armut oder der Tod ereilten.

Ohne einen Blick in die Kindheit.

Schon fast wieder aus Krautergersheim hinaus, auf dem Rückweg durch den Schnee zu seinem am Ortsrand abgestellten Wagen, entschloss er sich, in einer schäbigen Touristenfalle von Restaurant einzukehren, in der niemand saß und dessen Bedienung vom asiatischen Kontinent stammte.

Gustave Kreydenbach bestellte nur eine kleine Portion. Und darüber war er froh, denn schon beim ersten Bissen merkte er, wie versalzen sein Kraut war.

Maßlos versalzen.

Doch mit einem Mal erschienen die Bilder seiner Erinnerung.

Sie begannen zu leben.

Das Sükrüt war versalzen, wie seine Mutter es immer versalzen haben musste! Er war wieder fünf Jahre alt und sprang Seil, verbrannte sich die Finger am heißen Ofen, sah das Lächeln seiner Mutter, nur für ihn. Sie gab ihm einen Kuss.

Gustave Kreydenbach bestellte noch eine Portion. Und noch eine. Er fraß sich fast zu Tode, sah sich satt an den Filmen seiner Jugend, die doch so viel mehr waren. Das Sükrüt ließ ihn alles noch einmal erleben. Gustave Kreydenbach begann vor Glück zu weinen, die Tränen rannen über seine Wangen, tropften ins Sükrüt, salzten es weiter nach und ließen es so immer mehr zum Geschmack der goldenen Tage werden. Als er merkte, dass er satt wurde, ließ er die Bissen immer länger im Mund, bis sie schließlich erkalteten, was schrecklich ernüchternd war, weil nur warm die Erinnerung kam, nur warm hatte er das Sauerkraut seiner Mutter damals gegessen. Immer eine große Portion.

Als nichts mehr ging, als der Ranzen spannte und der Magen schmerzte, beschloss er, am nächsten Tag wiederzukommen, wenn der Tod ihn ließe, und von früh bis spät hier zu bleiben, als kleiner Junge, mit seiner Mutter.

Auf dem Rückweg, schon in Innenheim, nur wenige hundert Meter von seiner Pension entfernt, sah er einen alten Mann mit Baskenmütze auf einen Stock gestützt die Straße überqueren. Er erkannte ihn sofort und begriff, dass sein Glück nun perfekt war. Dass ihm der Tod nicht nur einige Stunden in der Kindheit gestattet hatte, sondern auch seinen sehnlichsten Wunsch wahr werden ließ.

Gustave Kreydenbach stieg auf das Gaspedal und drückte es durch. Er erwischte den Mann, der noch um einiges älter war als er selbst, mit voller Wucht. Zitternd vor Freude stieg er aus und legte zwei Finger an die Halsschlagader des Greises, der vor über sechzig Jahren seine Mutter überfahren hatte und niemals dafür belangt worden war, da er sein Amt als Bürgermeister und seine Beziehungen weidlich genutzt hatte.

Kein Puls.

Gustave Kreydenbach nahm einen langen, kalten Atemzug.

Es war sein letzter.

Der Tod machte reiche Beute in dieser Nacht.

Choucroute
(Sauerkraut)

Zutaten *(für 4 Personen)*:

- *750 g Sauerkraut*
- *1 Lorbeerblatt*
- *4 Wacholderbeeren (zerstoßen – dann muss man sie nachher nicht raussuchen)*
- *1 Apfel*
- *1 Zwiebel*
- *Essig*
- *1 Schuss Weißwein*
- *Salz (Gustave Kreydenbachs Mutter nimmt extra viel)*
- *Schwarzer Pfeffer*
- *Zucker*

Zubereitung:

Apfel und die Zwiebel klein schneiden und zusammen mit Wasser (manche nehmen auch Apfelsaft), Essig, Salz, Pfeffer und Zucker in einen Topf geben. Das Sauerkraut mit Lorbeere, Wacholderbeeren und einem Schuss Weißwein hinzufügen.

Alles zusammen muss 45 Minuten kochen.

Wunderbar passt Kartoffelbrei dazu und im Elsass gibt es zum Sükrüt immer noch allerlei Würste und gesalzenes Fleisch. Kross gebratene Zwiebelringe schaden auch nicht.

Beatrix Kramlovsky

Wild

Marie Leblanc verließ resolut das Zimmer. »Klick, Klack«, klangen ihre Absätze; hin, her tanzten die Hüften, rechts, links, eine hinreißende Kurve, die über viel zu schmalen Fesseln auslief, sodass die Beine wie für einen verspielten Rokokoflügel gedrechselt wirkten.

Marcel Courbet schob träumerisch die Unterlippe vor. Schade, dass diese Kurven zu diesem Körper gehörten, denn Mme Leblanc war erstens viel zu alt, zweitens von vorne nicht so hübsch und drittens seine Vorgesetzte. Kein Vergleich mit seiner Isabelle, brünett, blöd, geschmückt mit einem Lippenstift, der nach Himbeere schmeckte und gesegnet mit einem Mund, der sagenhaft war und ganz sicher ein selbstständig agierender Kosmos.

»Marcel, du schaust schon wieder aus wie ein Kamel!«

Marcel schob die Unterlippe zurück, schloss die Falltür zu seinen Tagträumen und blickte seiner zurückgekehrten Chefin ins Gesicht.

»Schalt dein Denken ein«, sagte sie gerade.

Zum wiederholten Mal streifte ihn kurz die Überlegung, wie ihr Zuhause wohl aussah und ob er den Mann, der angeblich manchmal bei ihr übernachtete, kannte. Aber der Rest seines Hirns reagierte gut trainiert, fand in die Arbeit, in den Fall, zurück.

»Wir haben eine Tote, die unappetitlich aussieht«, nuschelte er.

Marie blätterte einen Stapel Fotos auf den Tisch. Ein Frauenkörper, ein Weg, Sand in den Rillen der flachen Schuhe, Sand im Haar, Sand auf der Kleidung, Sand unter den Fingernägeln, Sand in der schlimmen Wunde. Das Gesicht von der Anstrengung gezeichnet, die Augen geschlossen. Erschöpft – kein Wunder bei dem

Blutverlust. Eine Aufnahme vom Dünenkamm aus, über die gelben Wellen, die Salzgrasbüschel, den Hang hinunter, auf die Schleifspur, den zerwühlten Grund, die dunklen Flecken. Wie weit sie doch gekrochen war! Gerobbt wohl eher, das zerrissene Bein hing ja noch an Fetzenfleisch, der zersplitterte Knochen lag frei, fein paniert mit blassem Sand. Die Frau hatte sich mit einem Seidenschal den Stumpf abgebunden, ein lächerlicher Versuch, das Leben zurückzuhalten. »Verbluten«, dachte Marcel, »verbluten tat zum Schluss wenigstens nicht mehr weh, weil man nichts spürte.« Trost war das natürlich keiner.

»Ich hab mit ihr als Kind gespielt und die erste Party als Erwachsene gefeiert«, sagte Marie plötzlich und nun verstand Marcel ihre Anspannung, die so gar nicht zu ihrer üblichen, distanzierten Professionalität passte.

»Das ist aber blöd«, fiel ihm nur ein und einmal mehr bedauerte er sein fehlendes Fingerspitzengefühl und den unsensiblen Wortschatz.

»Madeleine Pervault war die Enkelin der Maréchals.«

Das wusste er schon, warum wiederholte sie es?

Die Maréchals waren nicht irgendwer. Ihr Haus hatte zu den ersten in den Dünen gehört. Marcel erinnerte sich an Philippe Maréchal, einen uralten Herrn mit knarrender Prothese, der zweimal pro Woche auf dem Markt anzutreffen war, wo er mit den Bauern scherzte, beim Imker einkaufte, die ebenfalls vergreisten Zeugen der *Résistance* besuchte. In den fünfziger Jahren hatte er oben auf dem ersten bewaldeten Hügel hinter den Dünen sein Haus gebaut, ein Pariser direkt von der »Place des Invalides«, um dessen Aktivitäten sich bereits Legenden woben. Damals führte eine Schotterstraße aus Hossegor heraus, umgeben von schütteren Pinienreihen, benutzt von Fischern und Schwimmsüchtigen. Mittlerweile war sie einer breiten Asphaltstraße gewichen, einem schwarzen Band, das von Stichgassen zerfranst wurde, die zu teuren Zweitwohnsitzen führten. Die Dünen bildeten keine verlassene Honigsichel am Rande des Atlantiks mehr, ein Geheimtipp für verrückte Pariser, die die Biskaya der Provence vorzogen, wohl wissend um die verschwenderisch blauen Sommer. Es hatte sich herumgesprochen, dass nicht nur der Frühling früh begann, mit gelb aufgeplusterten Mimosenbällchen, wenn die Pyrenäen noch weiß strahlende Winterzacken an den Horizont zauberten.

Philippe Maréchal hatte mit seiner Frau Germaine jeden Sommer hier verbracht. Jedes zweite Jahr kam mit erfreulicher Regelmäßigkeit ein weiteres Kind und das ehemals unscheinbare Häuschen wurde von einem begnadeten Architekten aus Biarritz in ein Würfelsammelsurium verwandelt, einen kühnen Bau, der an Mirós Zeichnungen erinnerte. In diesem Haus also war Madeleine als eine der verwöhnten Enkelinnen groß geworden. Und seine Chefin war dort ein und aus gegangen!

Pascal, der Maries Herkunft kannte, wunderte sich. Wie hatten die zwei Mädchen einander überhaupt kennen gelernt?

»Wir spielten am Strand und später gingen wir gemeinsam in die Disco. Sie wuchs sehr behütet auf. Mit mir durfte sie ein wenig mehr.«

Pascal versuchte, sich das ausgeblutete Frauengesicht jung und vergnügt vorzustellen. Aber seine Phantasie versagte auch darin.

Marie pochte mit ihrem fleischigen Zeigefinger auf eine Nahaufnahme des zerfetzten Beines. »Hast du heute Abend Zeit?«

Er nickte. Isabelle war mit einer Freundin nach Bayonne gefahren.

»Komm zum Essen!«

In genießerischer Vorfreude lächelte er. Er hatte schon gehört, dass Marie im Kochen Zerstreuung fand und es eine Auszeichnung bedeutete, eingeladen zu werden. Mit leichtem Missfallen registrierte er, dass sie auch den dicken Louis Belloun aufforderte, der für mindestens zwei essen und trinken konnte.

Abends läutete Marcel zur vereinbarten Stunde am Marie Leblancs Tür. Als sie öffnete, hielt er ihr zwei Rotweinflaschen wie Waffen entgegen, bemüht locker, um weltmännisch erfahren und nicht wie ein verunsicherter Untergebener zu wirken. Belloun stand schon in dem winzigen Salon, trug ein lächerliches Karohemd, das ihn in das Klischee eines kanadischen Holzfällers verwandelte, und stöberte stoisch in Maries CD-Sammlung.

»Auf dem Sofa liegen alte Fotos«, sagte Marie, bevor sie wieder in der Küche verschwand. Belloun, im Revier wegen seiner ungebärdig hochstehenden roten Haare nur *Coq*, der Hahn, gerufen, legte Musik auf, schenkte dann zwei großzügig bemessene Gläser Pernod ein, fügte Wasser hinzu, drückte Marcel eines davon in die Hand und bewegte sich zur Couch.

»Vor dem Essen mag sie keinen in der Küche sehen«, sagte er und schnippte durch die Bilder, zog grinsend eines hoch.

Marcel sah zwei Mädchen, die ihn direkt anstrahlten. In Kinnhöhe hielten sie in verkrampften Händen mehrere Sardinen, man sah nur die mickrigen Schwänze und oben aus den Fäusten wuchsen Fischgesichter mit offenen Mäulern.

»Marie«, sagte Belloun und tippte auf den linken Mädchenkopf.

»Dann muss das rechts Madeleine Pervault sein.«

»Unschuldig noch und quicklebendig.«

Einen Moment blieben beide Männer stumm, dann tranken sie, stellten die Gläser ab und vertieften sich in den Fotostapel.

Als Marie sie zum Essen rief, hatten sie die Bilder zeitlich geordnet und das jüngste Foto obenauf gelegt: Madeleine als Braut am Arm eines gut aussehenden Mannes. Auf der Rückseite das Datum und eine Widmung für die Freundin. Es war elf Jahre her. »So geht's«, dachte Marcel. Man verliebt sich, man heiratet, macht Kinder und stirbt. Wozu das Ganze? Damit die Götter ihr Theater hatten? Dann fiel ihm die letzte Nacht mit Isabelle ein und wie gut es sich doch anfühlte, wenn das Hirn zu denken aufhörte und der Körper die Kontrolle übernahm. Sollten andere über den Sinn des Lebens grübeln, sich den Kopf darüber zerbrechen, warum so viel Gewalt über Idyllen hereinbrach. Es roch einfach zu gut, um an das Ende zu denken. Wie schaffte es die Chefin bloß, nach der Arbeit noch einzukaufen und zu kochen?

Die Vorspeise bestand aus einem köstlichen Mix von Sardinen und Pinienkernen mit Lauch in einer fruchtigen Vinaigrette. Marcel tunkte jede Spur davon mit Weißbrot auf. Langsam dämmerte ihm, warum Marie trotz ihrer vielen Verpflichtungen nicht zu den wirklich Schlanken zählte.

»Heute schmeckt es mir nicht«, sagte sie gerade und schob ihren Teller zurück, lächelte aber, als der Hahn über den Tisch griff und sich kurzerhand ihre Portion auch noch einverleibte.

»Willst du den Fall wegen Befangenheit abgeben?«, nuschelte er nebenher.

»Kommt nicht in Frage!«

»Willst du darüber reden?«

»Deshalb seid ihr ja hier.«

»Ich dachte, du wolltest uns verwöhnen.«

»Da hast du falsch gedacht.«

Marcel räusperte sich. »Weiß man denn schon irgendwas?« Gott, wie unprofessionell das klang! Sie mussten ihn für einen kompletten Trottel halten, grün hinter den Ohren und mit großem Appetit.

»Der Arzt hat Bissspuren festgestellt.«

»Was?«

»Ja, einwandfrei gebissen.« Sie stand auf und beschäftigte sich vor dem Ofen, während der dicke Belloun die Fischteller abräumte.

Marcel schluckte. Er hatte sich doch für so abgebrüht gehalten. Was war denn das für eine Welt, wo man beim Essen saß und über das mörderische Fressen an anderen Menschen redete. Beutetiere! Und die Chefin kannte das Opfer noch dazu. Kein Wunder, dass sie nicht hungrig war. Aber Coq, dem verschlug wohl nichts den Gusto.

»Leichter Rotwein«, sagte der gerade und schenkte ihnen allen ein. »Ein exzellenter, junger Bordeaux von meinem Onkel, passt ausgezeichnet zu dem, was jetzt kommt.«

»Wie kannst du nur?«

»Marie, unser Kollege ist blass um die Nase.«

»Kopf zwischen die Beine, sofort, und danach schnupperst du an der Terrine und dann sollte alles wieder gut sein. Es tut mir leid, Marcel, wir sind nicht so ruppig kalt, wie es scheint, und du schlägst dich ohnedies tapfer.« Marie lächelte ihn an, aber das Strahlen erreichte ihre Augen nicht.

»Heute früh«, fuhr sie fort, »habe ich am Markt Fasane eingekauft. Da wusste ich schon, dass ich euch einladen wollte. Außerdem tat es mir gut, dort herumzugehen und den Leuten zuzuhören, das erdet ungemein. Und es tröstet mich. Denn Kochen habe ich von Madeleines Großvater gelernt. Philippe brachte mir alles bei, was ich wissen musste, um das Richtige bei den Richtigen zu kaufen. Jahrelang bin ich jeden Sommer mit ihm auf dem Markt gewesen. Madeleine interessierte es nicht, aber mich. Er war so ein süßer *grand-papa*! Und die Geschichten, die er mir erzählte! Ich zehre heute noch davon, dass ich von so vielen Familien Hintergründe und Geheimnisse kenne. Dann entschied ich mich für die Akademie, machte meine Tour durch verschiedene Provinzen und Madeleine heiratete und ging nach Paris. Wir lebten uns einfach auseinander. Auf Philippes Begräbnis trafen wir uns wieder, danach besuchte ich einmal Germaine, die noch einen letzten Sommer hier verbrachte, bevor sie auch starb. Eine Mumie in ihrem Blumengarten auf den Dünen. Ihr könnt euch nicht vorstellen, wie sie Jahr um Jahr die Erde dort oben verbessert hat, um den Sand wegzubekommen.«

»Also kriegen wir wirklich Fasan?«

»Ja, mein Hahn.«

Marie stellte die Terrine auf den Tisch, die Schüsseln mit den Beilagen. Es duftete umwerfend. Marcel spürte, wie seine Lebensgeister zurückkehrten. »Ein Mann ist ein Mann ist ein Mann«, dachte er, und, dass er sich vielleicht an Belloun ein Beispiel nehmen sollte. Nie so dick werden, aber so überlegen praktisch, vernünftig und genussorientiert. Er sah zu, wie geschickt der Kollege die Vögel tranchierte, spürte den Speichel im Mund, das freudige Grummeln des Magens, der doch eigentlich mit den Sardinen beschäftigt genug sein musste. Ob Isabelle kochen konnte?

»Bedient euch!« Marie nippte vom Wein.

»Madeleine hat zwei kleine Töchter«, fuhr sie fort. »Sie verbringen jeden Sommer hier mit den Cousins und Cousinen. Im Winter steht das Haus leer. Allerdings treffen sich manche Familienmitglieder während der Jagdsaison, ihr Bruder Charles hat eine Pacht hinter Biarritz und kennt einige Jäger hier. Dass Madeleine sich dafür interessierte, wundert mich etwas. Aber ich wüsste nicht, warum sie sonst hierhergekommen sein sollte. Es ist November! Wer fährt da freiwillig an die See?«

»Wir wissen also, dass sie einen guten Grund gehabt haben muss, um von Paris herzufahren, und, dass sie alleine in den Dünen war, denn auch im Haus war niemand.«

»Damit fällt das Jagen weg. Du hast doch gesagt, dass das eher für ihren Bruder wichtig sei.«

»Und der ist gerade mit einem Erbprozess beschäftigt. Ein Anwalt, wohnt mit seiner Familie in Bayonne.«

»Wo ist der Ehemann?«

»Nicht hier. Die Kollegen trafen ihn in einem Hotel in Poitiers, wo er beruflich zu tun hatte. Das Aupairmädchen in Paris hat uns den Tipp gegeben.«

»Poitiers liegt auf der Strecke von hier nach Paris.«

»Ja und?«

»Ich sag's ja nur.«

»Wieso hatte sie eigentlich so blöde Schuhe für die Dünen an?«, fragte Belloun.

»Wieso blöd?«

»Flache Dinger, gut für die Stadt oder für den Sommer. Aber wir haben Spätherbst, der Sand ist feucht und schwer. Und wieso geht sie damit Richtung Capbreton spazieren? Da ist doch nichts.«

»Außer Natur.«

»Eben.«

»Wie kam sie hin?«

»Mit diesen Schuhen, nicht zu Fuß.«

»Ihr Wagen steht in der Garage.«

»Also hat sie sich mit jemandem getroffen.«

»Oder ist von jemandem abgeholt worden.«

»Sie hatte praktische, warme Sachen an. Damit hätte sie überall hingehen können, in die Stadt, zum Einkaufen, in ein Restaurant, zu einer Freundin. Dazu passen die Schuhe.«

»Aber sie passen nicht in die Dünen.«

»Und die Beißerei?« Belloun nagte an einem Knochen.

Marie zuckte mit den Schultern und rührte im Gemüse herum. »Es war kein Mensch, der gebissen hat.«

Erleichtert holte sich Marcel ein weiteres Stück vom wilden Vogel. Wenigstens kein Kannibalismus. Aber dann fiel ihm ein, wie das Bein ausgesehen hatte, und er legte die Gabel weg.

»Das gibt's doch nicht! Wir sind hier nicht im Dschungel, es laufen keine Tiger herum. Das hier ist Kurortgegend, schon imme. Absolut zivilisiert.«

»Was man halt so zivilisiert nennt. Immerhin hat die Kripo auch hier genügend zu tun.«

»Ja, aber wir hängen doch sogar unseren Stieren in der Arena bloß Blumenkränze um! Das ist Touristenland ohne die Begleiterscheinungen der Massenströme. Und seid ehrlich: Wir haben nicht viele Morde hier.«

»So ist das mit den Idyllen.« Belloun saugte an einem Flügel. »Alles nur schöner Schein. Marie, du hast dich wieder einmal selbst übertroffen.«

Marie hörte die Schmeichelei ganz offensichtlich nicht. Sie zeichnete auf ihrer Serviette einen Plan: Da gab es den Kreis für Hossegor, Capbreton, und dazwischen das Haus, die Küstenstraße und die Wege, die zwischen den Dünen an den Strand führten. Ein Gekritzel, dem sie das Meer hinzufügte, mit Wellen und Fischen, einem Boot, über dem ein Sichelmond schwebte.

»Was wird das? Picassos Erbe?«

»Louis«, seufzte sie plötzlich und Marcel wurde endlich klar, dass die beiden einander besser kannten, als ihr Umgangston im Büro vermuten ließ. »Louis, sie muss jemanden getroffen haben, dem sie vertraute, genug vertraute, um bei diesem Wetter in die Dünen zu gehen. Und wir wissen ja, dass das nicht geplant war. Madeleine war keine spontane Person, eine gewisse Leichtigkeit ja, aber nie verwegen oder überraschend für ihr Umfeld.«

»Was hat ihr Mann gesagt?«

»Der heulte. Ich kenne Georges nicht besonders gut, aber als er heute früh aus Poitiers herkam, um sie zu sehen, war er so geschüttelt von Leid, das war nicht gespielt. Er wusste gar nicht, dass sie hierhergefahren war, zumindest schien er erstaunt.«

»Ist er noch hier?«

»Ja, er wohnt im Hotel Beljour. Er hat es verstanden, dass wir das Haus versiegeln mussten.«

»Und die Kinder?«

»Sind in Paris. Sie wissen es noch nicht.«

»Hast du in der Villa was gefunden?«

Marie schüttelte den Kopf. Noch standen Schachteln mit Papieren aus Madeleines Schreibtisch bei ihnen im Büro. Aber was konnte schon in alten Kalendern und Notizbüchern stehen, dachte Marcel, der sie bereits durchblättert hatte. Geburtstage, Einschreibtermine für Schulen, geschäftliche Treffen. Madeleine hatte als Freelancer gearbeitet, unregelmäßig. Aber es musste einen Grund geben, warum sie im November noch einmal hierher gefahren war, und warum es ihren Mann überrascht hatte. Sie hingegen hatte in ihrem Kalender seine Reise nach Poitiers stehen, Montag bis Mittwoch. Sie musste sich sofort nach seiner Abfahrt selbst ins Auto gesetzt haben. Dem Aupair hatte sie nur verkündet, ein unerwarteter Auftrag hätte sich ergeben. Das Mädchen, eine deutsche Studentin, hatte es nicht ausgesprochen ungewöhnlich gefunden. Aber Georges wirkte etwas irritiert.

Belloun schob seinen Teller zurück, ein feines Rülpsen war zu hören.

»Morgen, Marie, morgen rede ich mit ihm. Du fragst den Arzt, ob er schon Genaueres weiß, denn, wie unser Jungspund ganz richtig meinte, ist die Tigerdichte hier nicht aufregend und wir sollten wissen, was sich da verbissen hat. Und dann sehen wir weiter. Schaffst du das?«

Sie nickte und hob die Tafel auf. Als Marcel schon zur Tür hinaus war, rief sie ihn nochmals leise zurück. »Gefällt es dir bei uns im Revier?«

»Ja, klar.«

»Ich frage deshalb, weil es der erste Mord ist, seitdem du angefangen hast.«

»Nein, das passt schon!« Wieder daneben, dachte er, wie konnte er so etwas sagen! Aber ihr Gesicht blieb ganz ruhig.

»Ich hätte gerne, dass du morgen alle Bäckereien abklapperst, nicht nur hier, sondern auch in Bayonne und Biarritz. Sie war eine Süße. Sie konnte nicht genug kriegen, es schlug ihr nicht an. Sie verdrückte Unmengen von Eclairs und nahm nicht zu. So eine tolle Veranlagung. Nimm ein Foto mit, ich habe ihr Führerscheinbild vervielfältigen lassen. Zeig es herum. Vielleicht hat sie jemand gesehen und sie war nicht alleine.«

Marcel nickte. Endlich eine richtige Aufgabe. Erst als er schon fast daheim im Bett lag, fiel ihm auf, dass der Hahn bei Marie Leblanc geblieben war.

Madeleine Pervault brachte jede Menge Unruhe in den Bezirk. Lebend war sie selten aufgefallen, aber als Tote beschäftigte sie die Gemüter, schlich sich in Gedanken und Gespräche. Es hatte nicht nur damit zu tun, dass alle ihren Großvater gekannt hatten; es lag ganz sicherlich auch daran, dass Morde hier tatsächlich nicht häufig waren. Außerdem spekulierte man, ob sie gerettet hätte werden können, wäre jemand auf die Idee gekommen, einen Novemberspaziergang am Meer zu machen oder an der Küste entlangzufahren. Als ruchbar wurde, dass ein Hund sie so zugerichtet hatte, brodelte die Gerüchteküche schon unangenehm. Jeder Besitzer eines Köters wurde schräg angeschaut, selbst Pudel und Dackel ernteten schiefe Blicke. Jagdzeit. Bracken und Vorstehhunde hatten Hochsaison.

Marcel betonte daher auf seiner Tour durch die süßen Geschäfte die eklatante Größe des Tieres, das ein auffallend starkes Gebiss haben musste. Er fand es pervers, sich die Tratschereien zu Madeleines Sterben anhören zu müssen, während man ihm Kostproben von wahren Zuckergedichten in den Mund schob. Erleichtert bemerkte er auch, dass Isabelle keine Fragen stellte, ihn in Ruhe ließ, ja, sich überhaupt nicht interessierte für die blutigen Details. Sie schuf eine Insel, die nichts mit seiner Arbeit zu tun hatte, eine Nische, in der es möglich war, das Böse zu vergessen. Vielleicht, dachte Marcel, war sie gar nicht so blöd wie er zu Beginn gedacht hatte. Vielleicht war sie viel, viel gescheiter als sie alle zusammen. Jedenfalls verliebte er sich heftiger als je geplant in diesen Tagen nach dem Mord.

Und dann passierten zwei Dinge auf einmal:

Marcel fand einen Zeugen und Georges verplapperte sich. Er war von einer derart naiven Aufrichtigkeit, dass Marcel sich fragte, wie er als Geschäftsmann so erfolgreich sein konnte. Aber Belloun fand es nicht ungewöhnlich, nur traurig, denn Madeleine war geliebt worden und es war ihr nicht bewusst oder bewusst genug gewesen.

»Ich werde wieder kochen!«, kündigte Marie an, nachdem sie alle Rätsel gelöst und eine dicke Akte geschrieben hatten. »Wir haben es uns wirklich verdient. Und diesmal lade ich nicht nur euch, sondern alle ein.« »Sieben«, dachte Marcel, und, dass sie sehr eng in Maries Küche sitzen würden.

»Was haltet ihr von Wildterrine und einer frischen Kräuterschaumsuppe. Und danach etwas Fisch?«

»Hauptsache nichts Süßes«, warf Marcel ein, dem die Recherche zwei Kilo eingebracht hatte.

»Ich möchte«, sagte Marie, »ein Essen, bei dem wir alle von Madeleine Abschied nehmen, es abschließen, damit ich in Frieden übermorgen zum Begräbnis gehen kann. Das ist mir wichtig. Und es wird kein Dessert geben, dieser Gang soll fehlen. So, wie Madeleine der Welt fehlt, ein Diner mit einer spürbaren Lücke. Ja, diese Idee gefällt mir. Was sagt ihr dazu?«

Marcel erzählte Isabelle alles. Und er fragte sich, ob er jemals spüren würde, wenn seine Geliebte sich einem anderen Mann zuwandte. Ob er es rechtzeitig bemerken würde, um Schiefes gerade zu rücken. Er fragte sich auch, ob er die Größe besaß, die Georges besessen hatte. Der einfach warten wollte, bis sie zu ihm zurückkehrte, in geduldiger Liebe. Georges hatte nur einen kleinen Verdacht gehabt, er hatte weder gefragt noch spioniert. Er hatte gehofft, dass er sich irrte. Er hatte ganz sicherlich nicht damit gerechnet, dass der andere Mann besitzergreifend war. Marcel fragte sich auch, warum weder Marie noch Georges noch sonst jemand der toten Frau eine unvernünftige Liaison zugetraut hatten, warum sie alle so überrascht davon waren. Als wären Menschen tatsächlich berechenbar. Marie mit ihrem Beruf musste doch wissen, dass es nie so war.

Er dachte daran, wie ihm dieser alte Bäcker aufgeregt davon erzählt hatte: Von diesem Paar, das im Sommer öfters vorbeigeschaut habe; ein schönes Paar, wie er fand. Nur den Hund mochte er nicht, ein großer Mischling, der dem Mann aufs Wort folgte, wie ein festgewachsener Schatten an seinem Bein.

Marcel erzählte Isabelle von der Angst, die er hatte, als sie den Mann festnahmen und der Hund knurrend sprang und Belloun ihn mitten im Sprung erschoss. Er erzählte ihr, dass er sich vor Furcht fast in die Hose gemacht hätte und dass er im Nachhinein noch beinahe zu weinen anfing, wenn ihm die Ermordete einfiel, wie sie da im Sand lag, mit diesem offenen Bein, und der Mann, der sie zu lieben vorgegeben hatte, den Hund zurückzerrte und einfach wegging. Zornig, weil sie ihm den Laufpass gegeben hatte, wütend, oh, so wütend! Er hatte den Hund erst auf sie gehetzt, und dann, als er sicher sein konnte, dass Madeleine daran zugrunde gehen würde, zurückgepfiffen. Er hatte ihr, und Marcel stotterte fast vor lauter Schreck über diese Kälte, zugesehen, wie sie versucht hatte, wegzukriechen, in Richtung Straße, wo sie vielleicht Hilfe gefunden hätte. Er hatte ihr zugesehen bis sie nicht mehr konnte und liegenblieb. Dann war er gegangen. Was für eine Art von kranker Leidenschaft war das?

Isabelle hörte sich alles an und versuchte, den Schrecken wegzustreicheln. Dann küsste sie ihn und schickte ihn zu Marie und den anderen, zu Coq und der warmen Küche. Bald würde Weihnachten kommen, dachte Marcel, und, dass Isabelle vermutlich die Richtige für ihn war.

Er läutete an Maries Tür. Der dicke Louis öffnete lächelnd. Marcel nahm sich vor, Marie um Rezepte zu bitten und endlich kochen zu lernen.

Gefüllter Fasan

(Faisan farci aux noix)

Zutaten *(für 2 Personen)*:

- *1 Fasan (mindestens 1,2 kg). Falls die Vögel nur um die 800g wiegen, müssen Sie mit zwei Vögeln für 4 Personen rechnen, weil Fasane wirklich nicht sehr fleischig sind.*

Pro Vogel:

- *50 g Rosinen*
- *2 Schnapsgläser Cognac (also auf jeden Fall 4 cl, und bitte den Guten!)*
- *50 g altes Weißbrot, im Ganzen*
- *½ Tasse Milch*
- *250 g ausgelöste Walnüsse*
- *1 TL Salz*
- *2 Messerspitzen weißer Pfeffer*
- *1 Ei*
- *100 g fetter Speck in sehr dünnen Scheiben*
- *1 Karotte*
- *1 Zwiebel*
- *1 Zweig frischer Thymian*
- *1 Büschel Petersilie*
- *2 Lorbeerblätter*
- *50 g Butter*

Zubereitung:

Den Fasan waschen und abtrocknen. Dabei können Sie gleich nachschauen, ob der Fasan sehr viele Schrotkugeln abbekommen hat oder der Jäger Ihnen einen Vogel mit wenig Munition überlassen hat. Wenn das Tier aus der Tiefkühltruhe des Supermarktes kommt, lassen Sie ihn langsam auftauen. Falls Herz und Leber vor dem Einfrieren entfernt wurden, ist das sehr schade, aber behelfen Sie sich dann mit einer kleinen Packung Hühnerinnereien.

Herz und Leber fein hacken. Die Rosinen im Cognac einweichen. Das in Würfel geschnittene Brot in der Milch einweichen. Die frischen Walnüsse klein hacken.

Innereien mit den Nüssen, dem ausgedrückten Brot und den abgetropften Rosinen, ½ TL Salz, einer Messerspitze Pfeffer und dem ganzen Ei gut vermischen. Damit füllen Sie nun den Vogel, nähen ihn zu, salzen und pfeffern seine Haut. Nun nehmen Sie die Speckscheiben und wickeln den Fasan damit ein. Das hält natürlich nur mit einem Küchenfaden. Zum Schluss sieht das Ganze wie ein sehr kompakt geschnürtes Paket für die Post aus.

Heizen Sie den Backofen auf 200 Grad vor. Die Karotten und Zwiebel einigermaßen fein schneiden, Kräuter und Lorbeerblatt zu einem Büschel binden. Die Butter wird in einer Bratform, die von der Größe her gut zum Fasan passt, geschmolzen. Fasan, Gemüse und Kräuterbündel kommen hinein. Zehn Minuten braten lassen, dann kommt der Deckel darauf. Eine Stunde im Ofen schmurgeln lassen.

Holen Sie den Topf heraus, heben Sie vorsichtig den Vogel heraus und schneiden Sie die Fäden ab, die den Speck festgehalten haben. Den Speck entfernen. Er hat seine Schuldigkeit getan und das recht trockene Fasanenfleisch mit Fett versorgt. Stellen Sie den Vogel warm. Den Bratenfond nun mit dem Cognac, in dem die Rosinen eingeweicht wurden, mischen und über den Fasan gießen.

Dazu passen als Beilagen ganz wunderbar Kroketten und in Thymian gedünstete Karotten. Wenn Sie keine Lust auf Kroketten haben, dann machen Sie Kartoffelpüree, gewürzt mit etwas Muskat. Aber vermeiden Sie geröstete Zwiebeln, da diese den feinen Geschmack des Vogels und der Farce übertünchen würden.

Ralf Kramp

Weißes Gold

Das grelle Licht zwang Mathis, die getönte Brille aufzusetzen. Wenn der Sonntag schon in der Frühe so sonnig begann, wurde es schmerzhaft. Er wurde immer lichtempfindlicher. Patrice hatte ihm geraten, zum Arzt zu gehen. Wahrscheinlich würde es sich nicht ewig aufschieben lassen.

Zwischen der Avenue Michelet, der Rue Charles Schmidt und der Périphérique kochte die Sonne schon die Gerüche der Stadt zu einem unbeschreiblichen Mief zusammen. Der Flohmarkt war bereits in vollem Gange. In der Rue Marceau hatte es beim Aufbau eine Schlägerei zwischen den Kanaken gegeben und vor dem Laden von Lucie war ein Idiot aus der »Creuse« mit seinem Lieferwagen in ein paar teure Glasvasen hineingerollt.

Er trank im »Paul Bert« einen Café Express im Stehen und machte sich auf den Weg. In drei Stunden spätestens würde er seinen Rundgang für eine kurze Mittagspause unterbrechen und würde sein *Hachis Parmentier* essen, so wie jeden Sonntag. Sie hielten ihm einen kleinen Platz an der Säule frei, denn sonst würde er eine Ewigkeit warten müssen: Um die Mittagszeit platzte das Viertel aus allen Nähten und alle hatten gleichzeitig Hunger. Die Dauer seiner Reservierung betrug exakt zehn Minuten, das war die Abmachung. Würde er eine Minute zu spät kommen, würde er warten müssen. Oder hungern.

»Ah, Mathis«, rief der alte Alexis. Es klang weder besonders freundlich noch besonders übellaunig. »Wie lange wird das noch dauern?«

»Am fünfzehnten bestimmt, Alexis.«

»Fünfzehnten was?«

»Am fünfzehnten Juni.«

»Am fünfzehnten, scheiße! Das war das letzte Mal, verstehst du.« Alexis schien zu träge, um sich richtig aufzuregen. Die Hitze vermutlich.

Mathis machte eine wegwerfende Handbewegung und widmete sich der Auslage des gegenüberliegenden Ladens. Er war nicht der einzige, der bei Alexis in der Kreide stand. Und er war bestimmt einer der pünktlichsten Zahler. Und wenn er am fünfzehnten zahlte, würde Alexis gleich fragen, ob ein neuer kleiner Kredit gebraucht würde. In diesem Viertel arbeiteten hunderte von Halsabschneidern. Große, kleine, sympathische, unsympathische. Sie beschissen Einheimische und zogen Touristen ab, sie handelten mit edlen Antiquitäten und vertickten auf alt getrimmten Ramsch. Sie begaunerten sich gegenseitig und schanzten sich doch hin und wieder die lukrativsten Geschäfte zu. Die Welt des *marché aux puces* in Saint-Ouen war ein buntes, verstaubtes, übel riechendes Karussell, das sich jeden Sonntag von morgens bis abends träge und quietschend drehte. Und er war jedes Mal dabei.

Die alte Sandrine zupfte ihn am Ärmel, als er sich anschickte, rechterhand in die Rue Jules Vallès einzubiegen. »Morgen, mein Schöner.«

»Morgen, mein Augenstern.«

»Ich kriege nächste Woche ein paar Teppiche, die könnten dir gefallen.«

»Wieder türkische?«

»Nepal, mein Schätzchen, Nepal. Ich kriege sie aus Marseille, und der Typ, der mir die Fotos gezeigt hat, hat ganz glasige Augen gehabt, so war er verliebt in die Dinger.«

»Warum verkauft er sie dir dann?«

»Weil er in mich noch viel mehr verliebt ist, mein kleiner Affe.« Sie grinste ihn an und ihr borstiges Kinn schob sich frech nach vorne. »Was ist, willst du sie dir angucken?«

Er hatte zweimal Pech mit Teppichen gehabt. Bei dem letzten

Deal hatte er beinahe draufgezahlt. Das kam alle paar Jahre einmal vor. So was durfte nicht einreißen.

»Ich gucke sie mir mal an«, versprach er ihr trotzdem. »Und wenn ich keinen nehme, dann schieben wir wenigstens eine schnelle Nummer darauf«, sagte er und kniff sie in den breiten Hintern. Sie lachte schrill auf und versetzte ihm eine kaum ernst gemeinte Ohrfeige.

Als er um die Ecke bog, pfiff er leise vor sich hin. In Gedanken ging er die Liste derer durch, die er für einen schönen Nepalesen interessieren konnte. Fast wäre er mit Hamilton zusammengestoßen. Sie nickten einander kurz zu und bemühten sich beide, schnell weiter zu kommen. Mit Hamilton vermied man besser jeden Umgang. Der Jamaikaner machte dreckige Sachen mit kleinen Jungs, das wusste jeder. Er hatte sich auf Erotika spezialisiert, mit denen er seine Bude in der Rue Farcot bis unters Dach vollgestopft hatte. Mathis hatte ihn einmal K.O. geschlagen, nachdem er ihn dabei überrascht hatte, wie er einen kleinen Türken auf dem Klo vom »Les deux frères« befummelte.

Pascal hatte neue Postkarten. Mit flinken Fingern fächerte Mathis sie durch. Ein paar schöne Sachen. Zwei aus Brest, Zwanziger Jahre. Da wusste er gleich, wer die brauchte.

»Zwei Euro«, sagte er.

Pascals Mundwinkel krochen nach oben und die Zigarette richtete sich steil auf.

»Mehr als zwei Euro kriegst du sowieso nicht.«

»Zehn das Stück.«

»Zehn? Du spinnst! Sechs Euro zusammen.«

»Das ist Vannes im Jahr 1918. Und der Hafen von Quimper, etwa dieselbe Zeit. Sehr rar.«

»Zehn zusammen. Mehr geb ich nicht.«

»Zwölf.«

Mit einem Seufzer kramte Mathis in seiner Hosentasche und fummelte zwölf Euro in Münzen zusammen. »Hier, du Verbrecher.«

Als er die Karten in der Innentasche seiner Jacke verschwinden ließ, versuchte er sich an den Vornamen des Belgiers zu erinnern, der die Bretagne sammelte. Da waren sicher dreißig Euro für ihn drin. Ein kleiner Fang zum Warmwerden. Immerhin hatte er sich schon sein *Hachis Parmentier* verdient. Und gleich bekam er auch schon Hunger. Eine merkwürdige Verkettung, aber so war das fast immer.

Er beschloss, zu dem schwitzenden Glatzkopf zu gehen, dessen Namen keiner kannte. In seinem Hinterhof fand er immer was. Vornehmlich türmten sich dort unglaubliche Mengen an Gerümpel, aber zwischen den rostigen Gartenstühlen, den aufquellenden Kommoden und den gesplitterten Garderobenspiegeln hatte es bislang immer etwas gegeben, das er mit Gewinn hatte weiterverkaufen können. Sein größter Coup war es gewesen, als er dem Kahlköpfigen vor zwei Jahren eine kleine, bronzene Statuette mit marmornem Sockel aus einer Kiste voll Gerümpel für einen Zwanziger abgeschwatzt hatte. Ein Sammler hatte ihm schließlich zweihundert dafür bezahlt, und Mathis hatte an seinem Lächeln erkennen können, dass er locker auch das Doppelte hätte verlangen können. Am darauf folgenden Wochenende war Mathis dann frech wieder beim Glatzkopf aufgetaucht und hatte behauptet, er wolle die Statuette abholen, die er beim letzten Mal habe zurückstellen lassen.

Der fette Kahlkopf hatte in seinem Unrat herumgekramt, hatte selbstverständlich keine Statuette gefunden und hatte lautstark protestiert, als Mathis seine zwanzig Euro zurückverlangte. Als sein Handlanger, der geistig zurückgebliebene Pignolle, bestätigte, er habe gesehen, wie in der Vorwoche ein Geldschein von Mathis' in die Hand des Glatzkopfs gewandert sei, gab das schwitzende Ungetüm schließlich nach und rückte das Geld wieder raus. Seither hatte sich Mathis nicht mehr getraut, die Nummer noch einmal durchzuziehen.

Neben dem »Relais des Broc's« saß auf einem Campingstuhl, angelehnt an einen der Blumenkübel, eine dicke, alte Frau und hatte auf einer grauen Decke zu ihren Füßen ihren Ramsch ausgebreitet. Ein paar Tässchen, zwei Kerzenhalter aus Kristall, billiger Schmuck und …

Mathis blieb stehen und betrachtete das Angebot intensiver. Seine Technik war in Jahrzehnten erprobt. Kein Interesse zeigen. Er zog das Handy heraus und tat so, als nehme er ein Gespräch an.

»Ja, Patrice? Was gibt's?«

Er hatte etwas entdeckt, das ihn interessierte. Sehr interessierte.

Die Alte hätte mit ihrem Dutt und den dicken Brillengläsern, mit ihren im Schoß ruhenden knotigen Händen, vor der Kulisse der grellbunt mit Graffiti vollgesprühten Wand, ein famoses Objekt für fotografierende Touristen abgegeben.

»Ich bin noch ein, zwei Stündchen hier, und dann mach ich die Fliege. Heute finde ich nichts. Nur Schrott hier heute.« Während er mit seinem imaginären Gesprächspartner plauderte, tippte er geringschätzig mit der Spitze seiner abgetragenen Camel Boots gegen das Objekt seiner Begierde.

Eine kleine Figur, vielleicht zwölf, dreizehn Zentimeter lang, völlig unscheinbar. Ein langgestreckter Tierkörper. Ein Löwe im Sprung. Aus dieser Entfernung war er sich nicht ganz sicher. Es konnte sich als etwas völlig Wertloses entpuppen. Etwas aus Plastik. Der Griff eines Korkenziehers womöglich, keine zehn Cent wert. Und doch sah es für ihn nach echter Schnitzerei aus. Horn? Elfenbein? War es afrikanisch?

»Okay, Patrice. Ich werde gleich noch mein Hachis essen, und dann komm ich rüber. *Salut*!«

Er ließ das Handy wieder in seiner Hosentasche verschwinden und beugte sich betont desinteressiert vor.

Es war Elfenbein. Und zwar kein Mammutelfenbein, soweit er das aus dieser Entfernung erkennen konnte. Nicht der Ersatz, sondern das Weiße Gold selbst!

Dafür hätte er gleich ein Dutzend Interessenten. Echtes Elfenbein war selten geworden, seit die Artenschutzauflagen so hoch waren. Immer wieder tauchte mal was auf, aber die Sammler kauften alles direkt weg.

Wie beiläufig nahm er einen der hässlichen Kristallleuchter in die Hand und legte ihn wieder weg. Sein Finger strich über den schartigen Rand einer hübschen aber wertlosen Mokkatasse. Dann die Schnitzerei.

Sie war kunstvoll ausgeführt, mit fein ziselierten Ornamenten in der Löwenmähne. Kein Gebrauchsgegenstand, sondern ein reines Schmuckstück. Ein kleines Kunstwerk.

Er grinste die Frau jungenhaft an. »Niedlich. Was soll das kosten?« Er hielt es zwischen Zeigefinger und Daumen. Die Alte sollte sehen, dass er nicht mehr als zehn oder zwanzig Euro dafür geben würde.

In ihrem Gesicht regte sich kaum etwas. Sie rückte langsam die Brille gerade und fragte: »Wie viel Sie geben?«

Ganz schlechter Anfang, Mütterchen, dachte Mathis. Die Nummer hatte er schon jetzt gewonnen. Sie hatte einen slawischen Akzent. Sie war keine Händlerin, sondern sie saß hier, weil sie ihre Habe zu Geld machte. Sie war darauf angewiesen, dass sie den Ramsch loswurde. Ein Glücksfall für jemanden wie ihn.

Er betrachtete die Figur von allen Seiten, schob nachdenklich die Unterlippe vor und sagte schließlich: »Fünf Euro?«

Sie schüttelte den Kopf. Langsam und gleichmäßig, wie ein Roboter.

Scheiße, Fehleinschätzung, dachte Mathis. Doch eine Ausgekochte.

Und dann sagte sie: »Müssen geben zehn.«

Bingo! Das Ding war gut und gerne einen Hunderter wert. Er beschloss, nicht weiter zu handeln und richtete sich auf. Das kleine Kunstwerk leuchtete gelblich in der Morgensonne.

Er kramte einen Zehner aus der Tasche und reichte ihn ihr hinüber. Als ihre Finger ihn an seinem äußersten Zipfel berührten, fragte sie: »Sie mögen?«

»Hübsch. Wirklich sehr hübsch. Ich werde es meiner Freundin schenken.«

Mathis dachte: »Von dem Hunderter, den ich dafür kriege, werde ich mir eine Freundin kaufen.«

Sie ließ den Schein wieder los und beugte sich zur Seite. Mathis beobachtete verunsichert, wie sie begann, in einer bauchigen Lederhandtasche zu kramen. Dann förderte sie etwas zutage, was seinen Pulsschlag beschleunigte. Die Plastik, die sie ihm jetzt reichte, war etwas kleiner als die, die er gerade erworben hatte, aber dafür viel filigraner gearbeitet. In feinstem Biedermeier-Stil griffen zwei feingliedrige Hände zum Gruß ineinander. Die Formen waren so glatt, so geschwungen, so perfekt, dass Mathis Mühe hatte, seine Aufregung zu unterdrücken.

Die Alte kramte weiter. »Oder das hier. Ich nicht gerne zeigen.« Sie barg jetzt aus der Handtasche ein weiteres kleines Kunstwerk. Zwei Japaner beim Liebesspiel. Zwei kopulierende, kleine Körper, die nackten Gliedmaßen in Perfektion ausgestaltet, die Zwischenräume aufs Sorgfältigste ausgehöhlt.

»Wollen lieber das für Freundin?« War da etwa der Anflug eines anzüglichen Lächelns auf ihren blauen Lippen?

Er würde es Hamilton anbieten. Der Drecksau würde er hundertfünfzig dafür abknöpfen. Oder mehr! Vorsichtig blickte er nach rechts und links. Beobachtete ihn niemand? Hier kannten ihn alle und sahen gleich, wenn er auf etwas Lohnenswertes gestoßen war.

»Ich nehme alle«, sagte er. »Alle drei … aber nur, wenn Sie mir einen guten Preis machen.« Er strahlte die Alte an. Sie glotzte ausdruckslos zurück und es störte ihn fast, dass sie es ihm so leicht machte. Kühn sagte er: »Zwanzig für alle.«

Sie schwieg und schien angestrengt nachzudenken. Woher mochte sie kommen? Polen? Tschechien? Ukraine?

Nun mach schon, Oma. Sag dreißig, und ich gebe dir fünfundzwanzig.

»Moment.«

Was jetzt?

Sie reckte den Hals, um an ihm vorbeizusehen und rief: »Jegor!«

Auf der anderen Straßenseite drehte sich ein kleines, verhutzeltes Männlein um und blinzelte zu ihnen herüber.

Sie rief etwas in einer fremden Sprache, und er setzte sich in Bewegung. Mit kleinen Trippelschritten überquerte er den Asphalt und nahm vor seiner Frau Aufstellung wie ein Soldat vor dem Feldherrn. Sie quakte ihm ein paar Sätze zu, während er sich immer wieder zu Mathis wandte und lächelnd nickte.

»Meine Frau sagt, sie finden Gefallen an Schnitzereien.« Sein Akzent war ebenfalls unüberhörbar, aber sein Satzbau war nicht annähernd so holprig wie der seiner Frau.

Mathis wiegte den Kopf hin und her. »Jaja, ganz nett sind sie. Ich nehme auch alle drei, aber nicht um jeden Preis, wissen Sie?«

Sicher lief es jetzt doch aufs Feilschen hinaus. Der Alte war vermutlich der Mann für die kniffligeren Verhandlungen.

Der kleine Mann nickte wieder. »Ich sage zwanzig.«

Beinahe wäre Mathis der Mund offen stehen geblieben. Er konnte sein Glück nicht fassen. Die beiden Greise hatten ja keine Ahnung, welche Schätze sie ihm mehr oder weniger hinterherwarfen.

»Wir müssen verkaufen. Haben zu viele, verstehen Sie?«

»Sie haben noch mehr?«

Beide nickten. »Zuviel«, brummte die Frau. »Zuviel Figuren, zu wenig Geld.«

Mathis' Blick wanderte über den Stand und die Handtasche. »Aber nicht hier …«

»Zuhause.« Die Alte begann, die drei Figuren in Zeitungspapier einzuwickeln. »Wollen sehen?«

Mathis zwang sich zur Ruhe. Er wusste, dass die Leute aus dem Osten häufig ihre Habe verscherbelten, um zu Geld zu kommen, das war nichts Neues. Vermutlich waren es Erbstücke; Dinge, die in Russland oder wo auch immer möglicherweise nur einen ideellen Wert hatten. Aber für ihn bedeutete es Kohle, satten Verdienst. Wenn sie noch mehr von dieser Qualität für ihn hatten, würde er gleich ein paar Sammler sehr, sehr glücklich machen können. Alexis würde sein Geld schon morgen zurückbekommen!

»Wohnen Sie weit weg? Ich habe kein Auto.«

»Rue Biron, Monsieur«, sagte der alte Mann. »Gar nicht weit.«

Das war tatsächlich gleich um die Ecke. Nördlich der kleinen Hallen an der Rue des Rosiers verlief die Straße, die nur linkerhand mit Wohnhäusern bebaut war. Eine traurige Gegend. Wer hier hauste, war nicht zu beneiden.

»Wie viele von den Dingern haben Sie denn?«

»Zu viele«, brummte die Frau erneut, und ihr Mann runzelte die Stirn. Er sagte: »Ich hänge daran. Sagt man so? Hänge daran? Meine Frau sagt, es sind zu viele.«

Mathis beschloss, die beiden zu erleichtern und nickte. »Gut. Ich will sie mir ansehen.« Dann reichte er der Frau einen Zwanziger. »Schon mal für die drei hier.«

Sie gab ihm das Knäuel aus Zeitungspapier, in dessen Inneren sich die drei Kostbarkeiten verbargen.

Der Mann trippelte gleich los. Trotz seiner gebeugten Gestalt war er ein wieselflinkes Männlein. Mathis ließ ihn zwei, drei Schritte vorausgehen, um möglichst nicht den Anschein zu erwecken, dass sie zusammen unterwegs waren. Von seiner Goldader sollte vorerst noch niemand erfahren. Damit der Alte nicht das Gefühl hatte, ihn unterhalten zu müssen, hatte er wieder sein Handy gezückt und telefonierte angeblich mit Patrice. Während er vor sich hin plapperte, überlegte er, ob die beiden wohl sonst noch irgendwelche Schätze horteten. Lohnte es sich vielleicht sogar, Claude aus Clichy anzurufen? Mit ihm gemeinsam könnte er bei nächster Gelegenheit die Wohnung ausräumen. Claude war ein verlässlicher Partner, wenn es um solche Sachen ging.

Erst einmal aber musste die Wohnung besichtigt werden. Sie kamen am »Paul Bert« vorbei. Er hatte Hunger, aber sein Hachis konnte ruhig warten. Ein Arme-Leute-Essen. Pah!

Wie ein langer Korridor führte die Rue Biron schnurgerade zwischen den Backsteinmauern der Halle linkerhand und den Wellblechrückseiten des Trödelviertels zur Rechten hindurch. Mathis hatte sein getürktes Telefonat beendet und das Handy weggesteckt. Hier war niemand unterwegs, der sie beobachten würde. Der Trubel des Flohmarkts lag hinter ihnen. Er hatte das Paketchen an einer Ecke aufgerupft und ließ die Finger über die glatte Oberfläche der japanischen Kamasutra-Darstellung gleiten. Das Material war einzigartig. Sein gelblicher Glanz strahlte warm und erhaben.

Mathis spürte, wie ein Glücksgefühl seinen Körper durchflutete.

An die langgestreckte Halle schlossen sich auf der linken Seite abbruchreife Häuser an. Vor einem Gebäude mit rissiger, grüner Sandputzfassade, dessen Erdgeschossfenster zugemauert waren, blieb der Alte stehen und holte einen Schlüsselbund hervor. Die Holztür, die er damit öffnete, hätte man vermutlich mit der bloßen Hand aufbrechen können.

Sie traten in einen muffigen Hausflur ein, und der Alte lächelte entschuldigend. »Ist kein Palast«, sagte er mit belegter Stimme. »Wir wohnen seit vier Monaten hier und hoffen, bald wieder zu können ausziehen.«

Er stieg vor Mathis die knarrende Holztreppe hinauf und fummelte an seinem Schlüsselbund herum. »Ist ein Loch«, sagte er bitter. »Ein richtiges Loch. In Trykratne wir hatten sogar Garten.«

»Und das ist wo?«

»Ukraine.«

Sie hatten den ersten Stock erreicht und der Alte öffnete eine weitere Tür.

Dahinter roch es anders als im Treppenhaus. Es duftete nach Sandelholz. Auf dem Boden lagen bunte Teppiche, in den Vasen steckten künstliche Rosen, an den hässlichen Wänden waren die Risse und Flecken halbwegs mit Fotografien, Wandkalendern und kleinen Bildern in kitschigen Goldrahmen verdeckt worden. Ein kleines, abgewetztes Sofa stand gleich beim Fenster, in einem Käfig zwitscherte ein gelber Kanarienvogel und auf einem zerkratzten Tisch stand frisches Obst. Die beiden Alten hatten es sich, so gut es ging, gemütlich gemacht. Aber Mathis hatte nichts übrig für das Idyll, denn seine Aufmerksamkeit galt etwas anderem.

Sie standen in einer kleinen Vitrine. Sie waren auf Regalbrettern aufgereiht und wurden auf einer kleinen Kommode zur Schau gestellt. Sie standen auf der Fensterbank und auf einem kleinen Beistelltisch. Es waren sicher hundert und mehr: Elefanten, winzige Madonnen, Schachfiguren und Brieföffner. Das Prachtstück war ein kleines Kästchen, zusammengesetzt aus vielen zierlichen Einzelteilen. Ein Kunstwerk von unglaublicher Schönheit.

Der Alte kniff den Mund mit verstohlenem Stolz zusammen und folgte Mathis' Blick, der über die Ausstellung wanderte.

»Woher zum Teufel haben Sie die nur alle?«

»Ich habe sie selbst hergestellen. Sagt man hergestellen? Nein, hergestellt.«

»Sie?« Mathis betrachtete ihn ungläubig mit weit geöffneten Augen.

»Ich bin Beinschnitzer. Das war mein Beruf in Heimat.«

»Sie wollen mir wirklich sagen, dass Sie all das hier ...«

Der alte Mann nickte und rückte eine Elefantenfigur in die richtige Position. »Aber meine Frau sagt, ich darf nicht mehr neue machen. Wir haben zu viel. Und das Material ...«

»Aber sie müssen!«, jubelte Mathis. »Sie müssen weitermachen!«

»Nein, ich darf nicht! Ich bin immer wieder versucht, aber darf nicht sein. Das Material, es ist so schwer zu bekommen...«

Mathis hatte eine Madonnenfigur ganz dicht vor sein Gesicht geführt und betrachtete sie begeistert. Er würde ein Vermögen mit dem Alten machen! Er würde ihn für sich arbeiten lassen, ganz im Geheimen!

»Haben Sie ihr Werkzeug noch? Ich meine, haben Sie es mitgebracht aus der Ukraine?«

Der Alte nickte. »Unten im Keller. Es ist alles eingerichtet. Ich muss von Zeit zu Zeit einfach machen ein paar neue Figuren. Verstehen Sie, es steckt in mir drin. Tief in meinem Herzen.«

»Das verstehe ich! Das verstehe ich gut!«

»Aber meine Frau sagt...«

»Unsinn! Sie sind ein Künstler!«

»Meine Sie?«

»Aber ja doch. Wie Sie dieses Material bearbeiten, das ist beispiellos. Ich habe noch nie solche Kunstfertigkeit gesehen!«

»Ich möchte ja auch...«

»Sie müssen!«

»Ich muss.« Die Stimme des Alten klang plötzlich rau und brüchig. »Ich muss ...«

»Unbedingt!« Mathis hatte sich unterdessen auf einen der bunten Teppiche gekniet und betrachtete mit glänzenden Augen das kleine Kästchen auf dem Beistelltisch. »Dieses Material! Wo kriegen sie es her?«

»Es ist schwer zu bekommen, sehr schwer.«

»Es ist kein Horn, keine Tagua-Nuss ... es sieht aus wie echtes Elfenbein.«

»Es ist sehr kostbar.« Der Alte war nach nebenan gegangen, offenbar in die Küche. Mathis vernahm undeutlich metallene Geräusche und das Klappen von Schränken. »Es wird mit Meißeln und Bohrern geformt. Ich noch poliere mit Bimsstein und Scheuerkraut, wie die Alten. Man muss die richtigen Stücke nehmen. Man muss sorgfältig auswählen. Es bleibt so viel übrig. Wie sagt man? Verschnitt.« Der Alte kam zurück. Der Dielenboden knarrte unter seinen Schritten.

Mathis kniete immer noch und öffnete das Kästchen. Da war etwas in seinem Inneren, das ihn stutzen ließ. Zuerst sah es aus wie winzige Kieselsteine, aber als er mit dem Finger hindurchpflügte, erkannte er, worum es sich tatsächlich handelte. Es waren Zähne. Eine ganze Handvoll Zähne.

»Sie haben recht, junger Mann. Meine Frau wird verstehen, dass ich muss«, hörte er die Stimme des Alten jetzt nahe über sich. »Es ist in mir drin. Ich muss.«

Mathis war der festen Überzeugung, dass dies sein Glückstag war. Hier hinter dieser schäbigen Hausfassade verbarg sich eines der wunderbarsten Geheimnisse von St. Ouen. Er drehte den Kopf und sah zu der hinter ihm stehenden, gebeugten Gestalt hinauf.

»Was für ein wunderbares Material!«, sagte er euphorisch.

Der Alte lächelte versonnen und nickte wieder. Erst dann entdeckte Mathis das Beil, das er mit beiden Händen umklammert hielt und im nächsten Moment mit unerwarteter Geschwindigkeit in die Höhe riss.

»Ich muss«, sagte der Alte ächzend.

Hachis Parmentier
(Hackfleisch-Kartoffel-Auflauf)

Zutaten *(für 4 Personen)*:

- *1 kg Kartoffeln*
- *400 g Rinderhackfleisch (auch Reste vom Rinderbraten oder vom Kochfleisch möglich, die dann durch den Wolf gedreht werden müssen)*
- *1 Zwiebel*
- *1 Knoblauchzehe*
- *½ Sträußchen Petersilie (je nach Geschmack)*
- *1 Ei*
- *110 g Butter*
- *30 cl Milch*
- *Muskatnuss*
- *Salz*
- *Pfeffer*

Zubereitung:

Kartoffeln schälen und in Salzwasser gar kochen. Gehackte Zwiebel mit Butter anschwitzen. Zwiebel, Ei, Petersilie und Hackfleisch vermengen. Die Masse salzen, pfeffern und zur Seite stellen.

Kartoffeln stampfen oder durch den Wolf drehen, dann mit aufgekochter Milch und Butter zu Püree verarbeiten. Mit Salz und Muskatnuss würzen.

Eine Auflaufform einbuttern und den Boden der Form mit einer Schicht Püree bedecken. Zuerst die Hackfleischmasse darüber verteilen, dann die zweite Hälfte des Pürees.

Man kann, je nach Geschmack, noch etwas geriebenen Käse darüberstreuen.

Anschließend bei 200 Grad goldbraun backen und sofort heiß servieren.

Tatjana Kruse

Das große Zittern der Chefköche Frankreichs

Gestern Abend

Ich hob den Wikingerhelm mit beiden Händen an. Der Mai Tai Cocktail darin schwappte mir entgegen. Augen zu und durch.

»Schmecken gut?«, wollte der freundliche Kellner wissen. Er war ein frisch importierter Polynesier, trug jedoch das schulterlange Haar platinblond gefärbt zu einem nordischen Lodenwams und einer Thorsberghose – lebendes Symbol für das »Mahi Mahi Walhalla« in Straßbourg, das angesagteste Fusion-Cooking-Restaurant in ganz Frankreich. Chef Jean Levebre war einer der handverlesenen französischen Meisterköche, die sich mit sage und schreibe vier Sternen schmücken durften.

»Danke«, sagte ich und lächelte unverbindlich.

Kaum war er entschwunden, zückte ich mein Notizbuch. Das blieb nicht unbemerkt. Die Kellner tuschelten.

Ich weiß, ich weiß, nicht jeder wäre so undankbar wie ich, wenn er nacheinander ein Vier-Sterne-Restaurant nach dem anderen besuchen und dort, ohne auf das Geld achten zu müssen, die Speisekarte rauf und runter essen dürfte. Aber es war mein Beruf, und was man auf Anweisung und unter Zeitdruck macht, ist irgendwann kein reines Vergnügen mehr, auch, wenn es das ursprünglich einmal war.

Und ganz ehrlich, wer ist schon wirklich ein Fan von Fusion Cooking? Mahi Mahi Walhalla, ich bitte Sie! Wenn Gott gewollt hätte, dass die norwegische und die polynesische Küche sich treffen, dann hätte er Norwegen und Polynesien nicht durch diverse Kontinente und Meere voneinander getrennt.

Als Vorspeise hatte es Knäckebrot mit Kokosmilchbutter und Bananenschiffchen an Dill-Senf-Soße gegeben. Das Hauptgericht hatte sich als eine in Salzlake eingelegte Taro-Wurzel in Stockfischgelee entpuppt. Und ich wollte gar nicht wissen, womit mich Levebre zum Dessert zu überraschen gedachte.

Bitte, beschimpfen Sie mich ruhig als Gourmetnationalistin, aber wenn ich in Frankreich bin, will ich französisch essen!

Da lobte ich mir doch Charles St. Jacques aus dem »Portaufin«. Mein erster Vier-Sterne-Koch auf meiner kulinarischen Rundreise durch Frankreich. Er kochte noch nach den güldenen Regeln von Brillat-Savarin. Bei ihm gab es echte, traditionelle Tafelfreuden. Sein exzellent geführtes Haus im Loire-Tal war ein Genuss für alle Sinne. Und seine Spezialität war ein schlichtes Omelette an Trüffelscheiben, gefüllt mit Würfeln von gebratenem Kapaun. Ein Gedicht, das einem auf der Zunge zerging! Dagegen war dieses Fusionszeugs hier die reinste Feinschmeckerfolter.

Ja, verurteilen Sie mich ruhig, aber ich bin nun einmal eine konservative Esserin. Sie denken doch jetzt bestimmt, ich sei noch eine von diesen Möchtegerns, die nach Abschluss eines Volkshochschulkurses mit dem Titel »Kochen wie Gott in Frankreich« glaubt, als Restaurantkritikerin arbeiten zu können, irgendeine dilettierende Amateuse, die von keiner Großküche auch nur zum Pilzeputzen angestellt werden würde, eine Besserwisserin, die mit manikürten Fingernägeln über hart arbeitende Menschen, die vom Salatputzen schwarze Schlieren unter den Nägeln haben, abfälliges Genörgel in ihr bonbonrosa MacBook Air hackt. Das denken Sie jetzt doch, oder?

Die Kellner von Levebre dachten es auf jeden Fall. Ihre ohnehin kühlen Blicke kühlten noch um zweistellige Celsiusgrade ab, wenn sie mich anschauten. Levebres vierter Stern wackelte seit einiger Zeit, eine neuerliche Überprüfung war überfällig. Und weil ich angesichts der Fusionsfolter etwas säuerlich guckte, hielten sie mich für die Guillotinistin, die ihnen mit einem sauberen Schnitt den vierten Stern und somit das exorbitante Trinkgeld zu rauben gedachte.

Bei Antoine Chamois war es ähnlich gewesen. Er galt ja lange als der neue Bocuse, als junger Vertreter der mittlerweile nicht mehr ganz jungen *Nouvelle Cuisine*. Sein Gemüsepüree war der Himmel auf Erden. Ungelogen. Das Essen war definitiv alle Sterne wert, die man vergeben konnte. Nur der Service und das Ambiente ließen zu wünschen übrig. Sein Restaurant »Pure« lag nur drei Querstraßen vom »Le Ciel« entfernt, dem Gourmettempel von Patrice LeGrand, einem Vertreter der Molekularküche, der nach einem abgebrochenen Physikstudium bei Ferran Adrià in Barcelona Koch gelernt, sich dann aber im Streit schlagzeilenträchtig von ihm getrennt hatte. Danach hatte Patrice LeGrand unter Beweis gestellt, dass jeder Kochtrend, egal woher er stammte, in Frankreich noch einen Tick besser gemacht werden konnte. Wer ihn jemals am Flammenwerfer bei der Zubereitung von *Crème brûlée* direkt am Tisch erlebt hatte, vergaß das nie wieder. Die verkokelten Augenbrauen galten in den besseren Kreisen als Adelsschlag für wahre Gourmets.

Noch am selben Abend, als ich mir in Charles St. Jacques' »Portaufin« auf die gute alte Art den Bauch vollgeschlagen hatte, wurde St. Jacques übrigens von seinem Lebensgefährten Giorgio tot in der Küche aufgefunden. Pikanterweise hatte man ihn nach Art seiner Spezialität ermordet: Statt Kapaunwürfel an Trüffelscheiben gab es nun St. Jacques, gewürfelt und scheibliert.

Keiner dachte sich damals etwas dabei. Kein einziger der Ex-Lover des guten Charles war nämlich gut auf den Spitzenkoch zu sprechen und die Tat roch zehn Meilen gegen den Wind nach einer leidenschaftlichen Beziehungstat. Liebe, die in Hass umgeschlagen war.

Doch dann hatte ich in Paris bei Antoine Chamois gegessen, dem Gemüsepüreegott. Dessen Todeszeit ließ sich später nicht mehr ganz genau bestimmen, weil er nämlich püriert worden war – in einem umgebauten Betonmischer. Da Chamois ein völlig unspektakuläres Privatleben geführt hatte und er vermutlich in seinem Leben nie jemandem auf den Zeh getreten war (und wenn, hätte der das kaum gespürt, Chamois war klein und leicht wie ein Floh), spekulierten die Medien prompt, dass es jemand auf die Spitzenköche Frankreichs abgesehen hätte.

Das große Zittern ging los.

Am meisten zitterten natürlich die, die es eigentlich nicht nötig gehabt hätten, weil sie nur einen oder zwei Sterne besaßen.

Aber als ich dann bei Patrice LeGrand die Molekularküche probieren wollte, fiel mir doch der schrankwandförmige Herr im dunklen Anzug mit dem Knopf im Ohr auf, der vor dem Durchgang zur Küche Wache schob. Das zusätzliche Prickeln der Gefahr sorgte für eine verhuschte Atmosphäre. Und immer, wenn der Meisterkoch mit seinem Flammenwerfer an einen der Tische trat, um seiner *Crème brûlée* den letzten, heißen Schliff zu verleihen, verstummten sämtliche Gespräche im »Le Ciel« und aller Augen wanderten zu dem Mann, dem man womöglich zum letzten Mal bei der Arbeit zusehen konnte. Was für ein Kick!

Als mich am nächsten Morgen der Radiowecker aus süßem Schlummer riss, überraschte es mich nur wenig, dass man Patrice LeGrand in die ewigen Kochgründe geschickt hatte. Und gar kein bisschen überraschte es mich, dass dies mit Hilfe eines Flammenwerfers geschehen war.

Nun zitterte auch ich ein wenig. Würde der letzte der großen französischen Vier-Sterne-Köche aus Angst um sein Leben dem Restaurantbetrieb den Rücken kehren, noch bevor ich Gelegenheit hatte, seine gewagte polynesisch-norwegische Fusionsküche zu testen? Im Grunde sollte er sich sicher fühlen: Seine toten Kollegen hatten sich alle durch eine besondere Spezialität ausgezeichnet – und diese Spezialität war dann auch zu ihrem Weg ins Jenseits geworden: gewürfelt, püriert und flambiert. Levebre dagegen hatte keine Spezialität. Nie gehabt. Er glaubte aus der Tiefe seines Herzens an immer neue Spontanrezepte. Und an die achte Muse, die Muse der Kochkunst, die bei ihm allerdings ein Mann war, denn natürlich konnten nur Männer geniale Spitzenköche werden.

»Madame, der Maître kommt nun zu Ihnen«, wisperte eine ätherische Elfe, die in der Rangordnung der Kellner irgendwo ganz unten dümpelte, mit Ehrfurcht in der Stimme.

Na gut, endlich Dessert. Wiewohl ich skeptisch war. Wahrscheinlich Sorbet aus gebeiztem Lachs an Yamswurzel. Oder blanchierte Heringspralinen an Maniokschaum.

Ich sah auf die Uhr.

Nicht auszuschließen, dass Levebre draußen in der Küche gerade einen rituellen polynesischen Dankbarkeitstanz aufführte, um Gott Thor gnädig zu stimmen.

»Hallo, schöne Frau«, sülzte plötzlich ein sehr haariger, sehr gedrungener Mittvierziger im weißen Kittel neben mir. »Mein Nachtisch heute, ganz speziell für Sie, ein Papaya-Stockfisch-Mango-Spieß.« Er stellte mir den Teller höchstselbst vor die Nase. Das hatte er bei den anderen Gästen nicht getan. Die anderen Gäste trugen unter dem aufgeknöpften Chanel-Jäckchen ja auch keine Spitzencorsage, die die Körbchengröße Doppel-D besonders deutlich unterstrich.

»Mit diesen meinen Händen gezaubert«, gurrte der Meister und hob seine haarigen Hände. »Sie werden es lieben. Es gab noch nie zuvor von einer Frau Beschwerden.«

»Ja klar«, dachte ich, »weil Sie es sonst immer nur mit aufblasbaren Frauen zu tun haben.«

Mit der Anmache hatte ich gerechnet. Levebre war als Frauenheld berüchtigt.

Ach ja, danke, dass es Spieß gab. Das machte es mir einfach. Er würde also aufgespießt werden.

Ich bin nämlich keine Restaurantkritikerin.

Ich bin Auftragsmörderin.

Jetzt könnte man denken, mein Auftraggeber wäre ein anderer Sternekoch, der sich der Konkurrenz entledigen wollte.

Falsch. Ganz kalt.

Es waren auch nicht die diversen Sterne, Kochlöffel und Kochmützen verteilenden Printmedien, die endlich mal für frischen

Wind sorgen wollten – von wegen gebt dem Nachwuchs eine Chance. Nein. Auch kalt.

Und es war auch kein Gourmetkritiker, der auf Anraten seines Arztes auf Diät gehen musste und durch Serienmord an den Spitzenköchen versuchte, jedwede Versuchung zu eliminieren. Das wäre ja meine Lieblingsvariante gewesen.

Nein, viel prosaischer. In aller Welt galt Frankreich als das Schlaraffenland schlechthin, was das Kochen angeht. Nicht umsonst hieß es »Essen wie Gott in Frankreich« und nicht »Essen wie Gott in Albanien«. Die französische Küche war das Maß aller Dinge. Das ärgerte manch ein anderes Land, vielleicht sogar ein angrenzendes Nachbarland, in dem auch fein gegessen wurde. Und zwar ein ganz bestimmtes Nachbarland. Ich nenne keine Namen, aber die dortige Vereinigung der Spitzenköche war mit einem Angebot an mich herangetreten, zu dem ich einfach nicht nein sagen konnte.

»Nur zu, kosten Sie!«, forderte mich Levebre auf.

Mit spitzen Fingern nahm ich den Spieß und zuzelte eine Mango herunter. Sie schmeckte nach salziger Fischmarinade. Ich lächelte trotzdem.

Levebre nickte stolz und küsste sich die aneinandergelegten Daumen- und Zeigefingerspitzen. »*Magnifique*, nicht wahr!«, konstatierte er selbstbewusst.

Ich hätte ihm die Salzmango gern vor die Füße gespuckt. Er hatte etwas ungeheuer Schmieriges. Bestimmt war er Bigamist oder Trigamist oder noch schlimmer. Und seine Mutter hatte er mumifiziert an einen Schaukelstuhl auf dem Dachboden gefesselt. Bei ihm würde mir das Töten leicht fallen. Ich würde ihn auf meinen Stockschirm spießen.

Es war meine ureigenste Idee gewesen, jeden der Köche im Stil ihrer Spezialität zu töten. Man hat als Profi ja gewisse Ansprüche und will seine ganz eigene Handschrift hinterlassen. Und ihm würde ich nicht einmal auflauern müssen, er würde mir in seinem Hormonrausch freiwillig in den Schirm springen.

»Wollen Sie mir zum Kaffee nachher noch Gesellschaft leisten?«, hauchte ich lasziv und beugte mich so vor, dass er mein Dekolleté in voller Schönheit genießen konnte.

Das verschlug ihm kurzzeitig den Atem.

Ich lächelte siegesgewiss.

Bis…

»Da ist Sie! Madame, keine Bewegung. Sie sind verhaftet!«

Mist.

Eine Kommissarin im Bibliothekarinnenlook schob den Chefkoch beiseite und trat an meinen Tisch. »Das Spiel ist aus!«

Wie theatralisch. Aber es hatte einen gewissen Hollywoodstil, und dem zollte ich mit einem Nicken meines Kopfes Respekt. »Noch nicht ganz«, sagte ich und katapultierte mit einer oft geübten Kickboxbewegung den kleinen, runden Tisch nach vorne. Mangos, Gläser und Gabeln flogen durch die Luft. Der Tisch traf die beiden *flics*, die die Kommissarin begleiteten, unvermutet und heftig und vornehmlich am Solarplexus. Sie gerieten ins Taumeln.

Ich sprang auf und schleuderte meine Birkin-Bag schwungvoll der Kommissarin, die gerade ihre Waffe zückte, an die Schläfe. Sie ging in die Knie.

Ich wirbelte herum, zerschlug den Stuhl, auf dem ich eben noch gesessen hatte, griff mir zwei Stuhlbeine und verpasste damit erst den *flics* warme Ohren und gleich darauf der Kommissarin eine dicke Beule am Hinterkopf. Alle drei lagen daraufhin bewusstlos am Boden.

Die Gäste, die Kellner, Levebre – alle verharrten verdutzt in völliger Reglosigkeit. Aber das würde nicht lange so bleiben. Ich musste schnell handeln.

Daran erkennt man den Profi: Kurzfristig umdisponieren. Es ging um eine Viertelmillion. Pro Koch, versteht sich. Ich überlegte kurz, ob ich Levebre mit einem Stuhlbein aufspießen sollte, aber dann entschied ich mich doch gegen mein Gesamtkunstwerk und für die Dienstwaffe der bewusstlosen Kommissarin. »Plopp«, machte die Walther PPK, und die Welt war um einen Fusionskoch ärmer.

Beim Sprint zur Hintertür warf ich noch zwei Scheine Trinkgeld in den leeren Mai Tai-Wikingerhelm.

Heute Abend

Endlich wieder zu Hause in Straßbourg. Ich habe mir meine übliche Belohnung verdient. Nach Hardcoreshopping in Perücke und Trenchcoat – bis man vom Tütentragen kein Blut mehr in den Fingern hat und nur noch quer zur Tür hereinkommt – ein gutes Essen. Und zwar endlich wieder so, wie es mir gefällt.

Bei Jean-Francois. Mit einlagigen Papierservietten. Und einer Papiertischdecke, auf die man tropfen und krümeln darf. Ja, muss!

Mit dem Hauswein, den sein Vetter dritten Grades als begnadeter Hobbywinzer produziert. Der absolut deliziös ist, obwohl man meint, die schwieligen Füße zu schmecken, mit denen der Vetter die Trauben zertreten hat.

Mit Blick auf das Münster. Wenn auch nur an einem einzigen Tisch und auch nur, wenn man sich ganz weit zurücklehnt und den Hals in den Nacken legt.

Mit Jean-Francois, dem Wirt in Netzhemd und angeschmuddelter Schürze über der Trainingshose, der in diesem Moment hinter der Theke steht und ein nichtbauchiges Rotweinglas mit einem Küchentuch trockenreibt, das aussieht, als hätte er zuvor damit seinen Wagen poliert.

Und mit dem Gericht, das Frankreich zu dem gemacht hat, was es ist. Zu der *grande nation*! Vergesst *Foie gras* und Trüffelpasteten, *Bouillabaisse* und Weinbergschnecken, *Quiche* und Austern, *Cassoulet* oder *Soufflé*.

Frankreichs Küche mag für andere Dinge berühmt sein, aber Frankreichs Mägen werden Tag für Tag durch eines beglückt und gestärkt: Sandwich au Jambon!

Sandwich jambon-crudités
(Schinkensandwich)

Zutaten:

- *1 frisches Baguette*
- *Gesalzene Butter oder Majonäse*
- *Pariser Schinken (kein Räucherschinken!)*
- *Salat*
- *1 Tomate*

Zubereitung:

Ein frisches Baguette der Länge nach halbieren. Eine Hälfte mit (gesalzener) Butter bestreichen. Wahlweise mit Majonäse. Ein paar Blatt Salat waschen, eine Tomate in Scheiben schneiden. Mit reichlich Pariser Schinken belegen. Die zweite Baguettehälfte auflegen und essen. Dazu ein Glas Rotwein. Oder zwei.

Ulla Lessmann

Der Fremde im Weinberg

Und das kam so.

Eines Tages, Ende September – so wird erzählt – kam am späten Nachmittag, als die Sonne schon fast hinter den drei Kreuzen auf dem Mont de Sêne versunken war, ein junges Paar, schwere Rucksäcke tragend, in den Ort und fragte im einzigen Café am Canal nach einer Übernachtungsmöglichkeit. Man verwies sie nach Santenay mit seinem Hotel, was sie auf einem nicht immer sanft hügeligen, aber für geübte Spaziergänger, erst recht für Wanderer, durchaus nicht anstrengenden Weg durch die Weinberge eine knappe halbe Stunde gekostet hätte, aber sie versicherten, sie seien zu müde dafür und wirkten tatsächlich erschöpft. Die Bürgermeisterin, die, wie jeden Tag gegen 18 Uhr, beim Aperitif im Café am Canal du Centre saß, bot ihnen daraufhin die *salle des fêtes* an. Veranstaltungen gab es in jenen Tagen nicht, denn man war kurz vor der Lese, und mit Isomatten und Schlafsäcken sei eine nicht unangenehme Nacht durchaus möglich, dazu sei sie kostenlos und Toiletten wären natürlich ohnehin vorhanden.

Das junge Paar nahm das Angebot augenscheinlich dankbar an und trank sogar noch ein Glas Crémant, zu dem es von der Bürgermeisterin, überraschend für die anderen Gäste, eingeladen wurde. Normalerweise zeichnete sich keiner der Ortsansässigen durch überschäumende Gastfreundschaft gegenüber gänzlich Fremden aus, zumal es ja keine Übernachtungsmöglichkeiten gab und nur einige Zugezogene in den großen, alten Herrenhäusern ihre ehemaligen, fein renovierten Kutscherhäuschen wochenweise vermieteten, die aber, wie die Bürgermeisterin und alle anderen im Dorf wussten, zu jener Zeit von deutschen Urlaubern belegt waren, die demnächst bei der Lese helfen wollten.

Das fremde Paar übernachtete also in der *salle des fêtes* und wurde von der Bürgermeisterin persönlich dorthin gebracht: Sie musste schließlich sowieso den Schlüssel aus der *mairie* holen. Sie zeigte dem Paar die Lichtschalter und die Toiletten, wünschte eine gute Nacht und verließ die beiden.

Das Paar brach am nächsten Morgen offenbar sehr zeitig auf, denn es wurde nicht mehr im Dorf gesehen, auch nicht von Paul Bernoit, der, wie immer, seitdem er das Weingut seinen Söhnen überschrieben hatte, samstags gegen sieben Uhr zum Angeln auf die Brücke ging und etwaige frühe Bewegungen im Dorf im Blick hatte.

Einige Wochen nach diesem Ereignis, das bis dahin nicht als Ereignis betrachtet wurde, erkannte die Bürgermeisterin jenes junge Paar zweifelsfrei auf einem im »Le Journal« veröffentlichten Fahndungsfoto wieder. Das Paar sei, so wurde in dem zugehörigen Artikel geschildert, nach langer Flucht unter dem dringenden Verdacht des Raubmordes verhaftet worden.

Die Bürgermeisterin hütete daraufhin drei Tage mit Unwohlsein das Bett.

Im Café war man sich einig, dass sie mit ihrem spontanen Übernachtungsangebot reichlich voreilig gehandelt hatte. Womöglich war das ein erneuter unnützer Versuch gewesen, mehr Touristen ins Dorf zu locken; eine Idee, von der niemand außer ihr viel hielt, denn man lebte bestens vom Weinbau und hatte genug damit zu tun, die wachsende Schar der Radfahrer, die in großen Gruppen auf den neuerdings komfortabel ausgebauten Radwegen am Canal du Centre entlangfuhren, vom Diebstahl der reifen Pinot-Trauben abzuhalten.

Paul Bernoit war es, der im übernächsten September den Fremden in der frühen Abenddämmerung zwischen den Reben im Weinberg von Philippe Bruzot entdeckte. Der magere, nicht mehr ganz junge Fremde, den ein Rucksack, kräftige Schuhe und ein grüner Popeline-Hut als Wanderer auswiesen, saß dort zwischen den Reben auf der Erde, hielt eine Traube in der Hand, pflückte die blauen Beeren ab und kaute sie mit offensichtlichem Vergnügen. Paul, wie jeden Dienstag mit seinem Hund unterwegs zum Canal, um nach Flusskrebsen zu suchen, mochte keine Fremden im Weinberg, auch, wenn sie keine Trauben stahlen. Wozu gab es diese bestens ausgeschilderten Fahr- und Wanderwege, wozu diese neuen Radwege, die – immerhin – großzügig ums Dorf herumführten? Mussten die Leute trotzdem auf privatem Grund herumtrampeln und die Ernte stehlen?

Der Fremde sah Paul und seinem Hund freundlich entgegen, nickte lächelnd einen Gruß und aß weiter. Paul und sein Hund blieben stehen und Paul erklärte dem Mann, ohne zu lächeln, dass der gerade ein Verbrechen begehe, denn diese Pinot-Trauben seien das Eigentum von Philippe Bruzot – übrigens, aber das nur nebenbei, seit fünf Generationen Eigentum der Familie Bruzot – und sie hingen hier nicht zur kostenlosen Verköstigung hungriger Wanderer, sondern zur baldigen Lese und infolgedessen beginge der junge Mann Diebstahl.

Paul sagte natürlich nicht, dass Philippe gerade ernsthaft erwog, sein berühmtes Traditionsgut an einen nach herausragendem Burgunder aus dem Süden der Côte de Beaune verrückten deutschen Politiker zu verkaufen, denn das ging den Fremden natürlich nichts an. Es war auch nur so, dass Paul viel darüber nachdenken musste, warum sein alter Freund Philippe diesen Plan hatte. Philippes einziger Sohn war weder fleißig noch traditionsbewusst noch an Weinbau interessiert und trieb sich mit wem auch immer meistens in Dijon oder Chalon-sur-Saône herum, bevor er alle paar Wochen nach Hause kam, um bei seinem Vater Geld zu holen. Paul wusste von seinem Altersgenossen Philippe, dass dieses »Herumtreiben« von Robert sehr teuer war und Robert Bruzot von seinem Vater nicht nur viel Geld bekam, sondern es sich auch einfach nahm, wenn er nichts von ihm bekam. Im Café wusste man übrigens auch längst davon, genauso, wie man natürlich wusste, was in Beaune und

Chalon so teuer war, aber Philippe sprach mit niemandem außer mit Paul darüber, obwohl dessen Söhne fleißig, geschickt und traditionsbewusst waren und nette Frauen und Kinder hatten.

Paul drückte sich gegenüber dem Traubendieb bewusst etwas geschraubt aus; mehr als einmal hatte er bei ähnlichen Begegnungen erlebt, dass die Wanderer ihn offensichtlich für einen dummen Bauern hielten und seine Vorwürfe mit Achselzucken und unhöflichen Bemerkungen abtaten. Herzlichkeit hob sich Paul für seine Enkel und die hübschen Lesehelferinnen auf. Dieser Fremde aber wirkte erschrocken, stand auf, klopfte sich Erde vom Hosenboden, nahm sogar das Popeline-Hütchen ab und versicherte gestenreich, in fließendem Französisch – wenn auch mit einem deutlichen deutschen Akzent –, er wisse das natürlich im Prinzip. Schließlich gäbe es auch in der Pfalz Weinbau, er habe sich nur, überwältigt von der stillen abendlichen Schönheit der Landschaft, der prächtigen Reife der Trauben und dem Wissen um ihre Weltberühmtheit, einen Moment hinreißen lassen. Und im Übrigen wäre es schön, dass man sich träfe, denn er hätte ohnehin gerade ins Dorf, das unten im Tal so einladend und freundlich von hier oben aus läge, hinuntergehen und nach einer preiswerten Übernachtungsmöglichkeit fragen wollen. Durch Santenay sei er durchgekommen, das Hotel dort aber sei ihm zu teuer.

Paul, der zwar nicht herzlich, aber wirklich hartleibig nur bei der Qualität seiner Weine und ihren Preisen war, fand den Mann nicht unsympathisch und dass er ohne Fahrrad war, nahm ihn zusätzlich für ihn ein. Nur: Unangemeldete Fremde irgendwo im Dorf übernachten zu lassen war seit dem Geschehen um das junge Paar in der *salle des fêtes* nahezu ausgeschlossen. Zwar sah der Mann völlig harmlos aus und sein Traubenraub war nicht besonders kriminell, aber das junge Paar, das Paul schließlich selbst gesehen hatte, war auch absolut unauffällig und harmlos dahergekommen.

Paul Bernoit überlegte. Er wollte nicht unhöflich sein, außerdem schätzte er Pfälzer Rieslinge. Er bot dem Fremden an, mit ins Café zu kommen, die Flusskrebse konnte er auch morgen noch finden. Vielleicht war jemand im Café, der einen seiner Schuppen zur

Verfügung stellte. Darin konnte nichts passieren, und dass zweimal innerhalb weniger Jahre wieder ein flüchtiger Verbrecher ausgerechnet hier im Dorf übernachten wollte, erschien ihm dann doch zu weit hergeholt. Man war doch nicht in Chalon oder Dijon, was immer Robert Bruzot dort treiben mochte. Vielleicht wäre sogar Philippe Bruzot froh, mal einen Abend Gesellschaft zu haben?

Nicht gerade einträchtig, aber in neutralem Schweigen, liefen der Fremde und Paul Bernoit mit dem Hund voran den Wirtschaftsweg hinunter ins Dorf, bogen hinter der Brücke links ab Richtung Canal und betraten das Café. Die Bürgermeisterin war zu einer Tagung weiblicher Bürgermeister nach Chagny gefahren, mit dem Fahrrad am Kanal entlang, was einige ihrer Mitbürger, die ihre Ablehnung gegen diese Betonpisten noch nicht überwunden hatten, als schlechtes Beispiel empfanden. Man sprach gerade über die sich ausbreitende Lust der Deutschen, in Hausbooten auf dem Canal du Centre Urlaub zu machen, auch eine Folge der guten Radwege, was sich schon negativ auf den Verdienst der Gîte-Vermieter auswirkte, als Paul mit seinem Begleiter das Café betrat. Er stieß zunächst auf das übliche freundschaftliche Desinteresse, bis Philippe Bruzot den Fremden wahrnahm und ihm zunickte.

»Nun, Freunde«, sagte Paul, setzte sich an den Holztisch zu Philippe und drei anderen Winzerkollegen, die Rotwein tranken, und zog einen leeren Stuhl heran, auf den sich der Fremde setzte.

»Er hier sucht eine Übernachtungsmöglichkeit, hast du nicht gerade den alten Schuppen leer geräumt?«, wandte er sich an Philippe. Er behielt für sich, dass der Fremde Trauben gegessen hatte.

Der Fremde nahm seinen Hut ab, lächelte und sagte: »Bernd Grossmann aus Landau in der Pfalz, ich wandere durch das Burgund, wollte heute noch bis Chalon, aber das ist doch ein bisschen weit.«

Die Winzer schwiegen, Philippe sah Paul ein wenig misstrauisch an. Man war sich unausgesprochen einig gewesen, Experimente mit fremden Übernachtern nicht noch einmal zu machen. Andererseits, Dinge sprachen sich herum. Sie bauten hier weltberühmte Weine an, und es stand zu befürchten, dass man ihr Dorf mit einem Image

– das sagte die Bürgermeisterin neuerdings ständig: »Image« – von Ungastlichkeit verbinden würde. Dass Besucher hier nicht gerne gesehen wurden, war zwar im Prinzip die Wahrheit, musste aber ja nicht weitergetragen werden. Philippe hatte ohnehin andere Sorgen. Seinen Sohn konnte er als Nachfolger abschreiben, das war klar. Er selbst würde bald nicht mehr genug Kraft haben, Investitionen in die Kellertechnik standen an, und wenn er weiterhin so viel Geld an den Versager von Sohn verschwendete, konnte er sich seine Spitzenposition im Anbaugebiet abschminken. Immerhin hatte er heute an eine Gruppe von Anwälten aus München, die mit einem Kleinbus unterwegs war und sich bei ihm angemeldet hatte, Weine für rund 4000 Euro verkauft. Zwar hatte er nun dieses Geld im Haus, denn die Anwälte hatten bar bezahlt, was Philippe gewundert hatte: Menschen, die mit so viel Bargeld unterwegs waren, machten ihn immer misstrauisch. Aber es war ihm egal, schließlich war das die Arbeit der deutschen Steuerfahndung. Da Robert erst in der vergangenen Woche zu Hause gewesen und 500 Euro bekommen hatte, rechnete er nicht mit ihm. Es vergingen normalerweise Monate, bis er wieder auftauchte.

Der Mann aus Deutschland wirkte denkbar harmlos und Philippe kannte die Pfalz als beachtliches deutsches Anbaugebiet. Bruzot dachte daran, dass bei ihm zu Hause ein Boeuf Bourguignon vor sich hin köchelte, das er vor zwei Stunden aufgesetzt hatte. Seitdem seine Frau gestorben war und Robert immer wieder wochenlang verschwand und, wenn er kam, wenig oder nichts aß, hatte Philippe sich angewöhnt, zweimal pro Woche für sich zu kochen, und zwar Gerichte, von denen er zwei- bis dreimal essen konnte. Er wurde zwar oft von den anderen Winzerfamilien zum Abendessen eingeladen, aber er wollte unabhängig bleiben. Die Aussicht, mit einem Menschen zu essen, der gut Französisch sprach und der vermutlich etwas von Wein verstand, schien ihm verlockend. Dieses Paar, das die Bürgermeisterin in der *salle des fêtes* hatte übernachten lassen, war ja auf der Flucht gewesen und hatte kein Verbrechen bei ihnen im Dorf begangen!

»Sie können bei mir im Schuppen schlafen«, sagte er mürrischer, als er sich fühlte, »und wenn Sie wollen, können Sie mit mir essen, ich habe ein Boeuf Bourguignon auf dem Herd.«

Grossmann bedankte sich höflich, wenn auch zurückhaltend. Man brach nach einigen Minuten auf.

Paul Bernoit ging mit seinem Hund über die Bahngleise und weiter über die Brücke ins nächste Dorf zum Abendessen bei seiner jüngsten Schwiegertochter. Er hatte das Gefühl, eine Art gute Tat vollbracht zu haben.

Philippe Bruzot wurde gesprächig, öffnete nach dem Premier Cru von 2005, in dem er auch das Boeuf gekocht hatte, noch einen von 2003. Das Boeuf war ausgezeichnet, der Wanderer lobte es überschwänglich. Der Mann aus der Pfalz konnte gut zuhören, er verstand wohl auch wirklich alles.

Kurz vor Mitternacht, Philippe hatte großzügig einen zweiten Marc ausgeschenkt, fragte Grossmann nach Familie und Kindern, und Philippe hörte sich zu seinem großen Erstaunen erzählen, dass er verwitwet sei und sein Sohn sich auf einer schiefen Bahn befände, von der niemand wisse, wohin sie ihn führe. Bruzot steigerte sich in eine, wie er spürte, wehleidige Stimmung, starrte minutenlang durch das Küchenfenster auf den beleuchteten Hof.

Plötzlich sah er seinen Sohn über den Hof huschen.

Philippe kniff die Augen zusammen, öffnete sie wieder.

Nein, da war nichts. Er hatte zu viel getrunken, er hatte von Robert gesprochen und ihn quasi heraufbeschworen.

Kurz darauf verabschiedete sich der Deutsche, er wolle früh aufstehen und seine Wanderung fortsetzen. Er bedankte sich höflich und fast herzlich für das ausgezeichnete Essen und den guten Wein.

Philippe ging mit ihm über den Hof und zeigte ihm den Schuppen.

Der Winzer trank wie alle Winzer nie sehr viel. Heute hatte er viel getrunken. Es war ein guter Abend gewesen, er hatte selten Besuch.

Er blieb eine Weile im Hof stehen und erinnerte sich an den Schatten, den er für seinen Sohn gehalten hatte.

Der Deutsche brach am nächsten Morgen offenbar tatsächlich sehr zeitig auf, denn er war schon weg, als Philippe Bruzot gegen halb sieben zum Schuppen ging, um nachzuschauen. Auch Paul Bernoit sah ihn nicht, als er, wie immer, seitdem er das Weingut seinen Söhnen überschrieben hatte, samstags gegen sieben Uhr zum Angeln auf die Brücke ging und etwaige frühe Bewegungen im Dorf im Blick hatte.

Als Philippe gegen neun Uhr das Geld der Anwälte aus der Kasse im Verkaufsraum holen wollte, um es zur Bank zu bringen, war es nicht mehr da.

Da wusste Philippe, dass er seinen Sohn wirklich gesehen hatte, und weinte.

Dann fuhr er nach Santenay und zeigte den Diebstahl von 4000 Euro an. Er konnte den Wanderer gut beschreiben. Auch Paul Bernoit wurde befragt und berichtete von der Begegnung im Weinberg. Die Bürgermeisterin bat dringlich alle Mitbürger, keine spontanen Übernachtungsmöglichkeiten mehr anzubieten, und plante den Bau eines kleinen Hotels, in dem Menschen nach Vorlage ihrer Papiere übernachten können.

Drei Jahre später wurden die sterblichen Überreste eines Mannes zwischen den Steinen der Keltengräber oben auf dem Mont de Sêne gefunden, als Kinder aus dem Dorf dort unterhalb der drei Kreuze spielten.

Sein Schädel war zertrümmert.

Er hatte keine Papiere bei sich.

Wohl aber fanden sich die Reste eines Popeline-Hütchens.

Im Café erzählt man sich und den wenigen Touristen, dies sei natürlich der Fremde aus der Pfalz, der wohl auf seiner Flucht mit dem Geld von Philippe Bruzot die 500 Meter zum Mont de Sêne hochgerannt, vor dem ihm unbekannten Steinhaufen im Dunkeln ins Stolpern geraten, kopfüber in ihn hineingestürzt sei und sich dabei den Schädel zerschlagen habe. Da selten jemand dort vorbeikäme, sei er elend verblutet.

Es wurden nur zehn Euro bei ihm gefunden.

Aber was weiß man schon?

Versuche der Polizei, den Deutschen mit Hilfe der deutschen Polizei zu identifizieren, blieben erfolglos.

Paul Bernoit vertritt die Meinung, der Fremde habe das geraubte Geld irgendwo versteckt, vielleicht unter dem Hünengrab. Anschließend habe er sich dann selbst auf dem Mont de Sêne verstecken wollen, bis sich die Aufregung gelegt habe, um sich dann nächtens mit dem Geld Richtung Dijon davonmachen zu können.

Von Robert Bruzot hörte man nie wieder etwas.

Manche glauben, dass Philippe froh über Roberts Verschwinden ist, und die Leute fragen sich selten, was wohl aus ihm geworden ist.

Philippe Bruzot ist nicht froh. Was er glaubt, weiß niemand. Eine Vermisstenanzeige hat er nicht aufgegeben. Er hat den Kaufvertrag mit dem deutschen Politiker unterschrieben. Ab und zu kocht er jetzt im Café Boeuf Bourguignon, was sich unter den Radfahrern schon herumgesprochen hat.

Die Bürgermeisterin hofft, dass der Tote gar nicht der Fremde ist. Sie befürchtet, dass ihr Dorf ein schlechtes Image bekommt: In diesem Dorf übernachten entweder Verbrecher auf der Flucht oder es werden Wanderer ermordet. Sie macht sich große Sorgen um das Image, auch, wenn niemand sagt, dass es überhaupt einen Mord gegeben hat und der Mont de Sêne außerhalb des Dorfes liegt.

Bernd Grossmann, der nicht Bernd Grossmann heißt und nicht aus Landau kommt, genoss eine Zeit lang die Erinnerung an die Genialität seines Planes, sich von Paul Bernoit auf dessen allseits bekanntem dienstäglichem Weg zu den Flusskrebsen beim Traubendiebstahl erwischen zu lassen und dann Roberts Vater, von dessen Bedürftigkeit nach Gesprächen und Nähe er überzeugt gewesen war, mit seinem linkischen Wanderercharme eingewickelt zu haben. So hatte er, wie kalkuliert, die Möglichkeit bekommen, sich persönlich das Geld zu holen, das Robert Bruzot ihm schuldete. Aber er ärgerte sich noch einige Wochen darüber, dass Robert plötzlich aufgetaucht war und versucht hatte, mit ihm zu handeln, so dass er ihn erschlagen musste, um die ganze Summe zu bekommen, die ihm zustand.

Aber bald hatte er ihn vergessen. Seine Geschäfte liefen nach der Ausschaltung dieses Dealers glänzend.

Boeuf Bourguignon
(Rinderbraten nach Burgunder Art)

Zutaten *(für 4 Personen)*:

- *1 kg durchwachsenes Rindfleisch in großen Stücken*
- *1 Hand voll Schalotten*
- *1 Hand voll frische Silberzwiebeln*
- *ca. 150 g durchwachsener, ungeräucherter Speck*
- *3-4 Zehen Knoblauch, nach Geschmack*
- *250 g Champignons*
- *2 bis 3 Möhren*
- *1 Bouquet Garni (Thymian/Petersilie/Lorbeer)*
- *1 Flasche roter Burgunder*
- *1 Gläschen Marc de Bourgogne*
- *evtl. ein wenig Mehlbutter zum Binden*
- *Olivenöl*
- *Butter*
- *Salz*
- *Pfeffer*

Zubereitung:

Das Fleisch in Öl und Butter kräftig anbraten, Speck, Knoblauch, Schalotten und Silberzwiebeln dazugeben und auch anbraten.
Den Rotwein hinzufügen (das Fleisch muss bedeckt sein), das Kräutersträußchen hineingeben und auf niedrigster Temperatur drei bis vier Stunden köcheln lassen. Weinmenge kontrollieren. Ca. eine halbe Stunde vor Ende der Kochzeit die geputzten Champignons und die in Scheiben geschnittenen Möhren hinzugeben. Mit Salz, Pfeffer und Marc würzen, Soße evtl. mit ein wenig Mehlbutter binden, Kräutersträußchen entfernen.
Dazu passen Tagliatelle oder Dampfkartoffeln.

Susanne Mischke

Seitenlinien

»*Chérie*, lass uns heute in die Katakomben gehen«, brach Moritz das zwölfstündige Schweigen.

»Muss das sein?«, stöhnte Christine.

»Es wäre schön.« Immerhin, dachte Moritz, haben wir schon alles abgeklappert, was sie sehen wollte: Sacré Coeur, Quartier Latin, Champs-Elysées, den Eiffelturm natürlich und die Mona Lisa. Er fand, dass nun zur Abwechslung einmal er an der Reihe war. Schließlich war es ihre gemeinsame Hochzeitsreise, nicht nur Christines. Wäre es nach ihm gegangen, befänden sie sich jetzt ohnehin in Rom, aber es war nicht nach ihm gegangen, das war es noch nie und würde es auch die nächsten vierzig Jahre nicht, das war ihm inzwischen erschreckend klar geworden.

»Ständig lästerst du, wie dreckig diese Stadt wäre, und nun willst du auch noch unter die Erde«, entgegnete Christine.

»Du musst ja nicht mitkommen, *Chérie*.« Das Kosewort klang wie das Beil einer Guillotine. Seit sie in Paris waren, nannten sie sich gegenseitig »*Chérie*«, als wären sie alberne Frischverliebte. Dabei waren sie weit davon entfernt. Da sie damals beide noch studiert hatten – er BWL, sie Soziologie – und sie knapp bei Kasse gewesen waren, holten sie die ausgefallene Hochzeitsreise nun, fünf reale und gefühlte zehn Jahre später, nach.

»Aber *Chérie*, das kommt doch gar nicht in Frage, dass ich dich auf unserer Hochzeitsreise alleine lasse«, sagte sie und zog ihren Kleinmädchen-Schmollmund, der mit jedem Jahr, das sie von diesem Lebensabschnitt trennte, peinlicher wurde. Die Schmollmiene behielt sie auch auf der Fahrt mit der Metro bei. Sie schwiegen. Moritz hätte gerne noch einmal im Reiseführer über die Katakomben nachgelesen, aber der lag seit gestern in einem Pariser Gulli.

Am Place Denfert-Rochereau stiegen sie aus. »Was für eine Schlange!«, rief Christine entsetzt.

Sie hatte recht, auch Moritz war darüber nicht begeistert. Aus Sicherheitsgründen ließ man immer nur zweihundert Leute in die Katakomben, deshalb musste Moritz für zwei Eintrittskarten eine gute Stunde anstehen. Als er sie endlich hatte, maulte Christine: »So ein schönes Wetter, und wir müssen in den Untergrund!«

»Du kannst auch hier warten, es dauert nur eine gute halbe Stunde«, meinte Moritz, der, wenn er ehrlich war, Christine gerne eine Weile los geworden wäre. Seit acht Tagen waren sie ununterbrochen zusammen und diese ständige Nähe ging ihm zusehends auf die Nerven. Er begann sich Fragen zu stellen: Waren sie wirklich füreinander bestimmt, bis ans Ende ihrer Tage? War eine Beziehung auf Lebenszeit heutzutage überhaupt noch zeitgemäß, noch möglich? Worauf hatte er sich da nur eingelassen, und wie sollte das werden, die nächsten zehn, zwanzig, dreißig Jahre? Oder wenn sie eines Tages beide Rentner sein würden, beide zu Hause, ständig der Gegenwart des anderen ausgeliefert? Er schüttelte sich bei dieser Vorstellung und Christine meinte spöttisch: »Das gilt auch für dich.«

»Was?«, fragte Moritz, aus seinen Gedanken gerissen.

»Du darfst auch umkehren, dir graut es ja jetzt schon.«

»Zu spät«, sagte er.

Ein junger Mann bot sich ihnen als Führer durch die Katakomben an und Moritz willigte in das Angebot ein, wohl wissend, dass Christine es hasste, sich in einem Pulk von Menschen zu bewegen. Aber Moritz hatte allmählich genug davon, ständig auf ihre Schrullen und Macken Rücksicht nehmen zu müssen. Dies hier war *sein* Ausflug, das hatte er soeben beschlossen.

Der Junge hieß Antoine und studierte Geschichte, zumindest behauptete er das. Zusammen mit zwei amerikanischen Pärchen, einer zwölfköpfigen Gruppe Japaner und vier elegant gekleideten italienischen Mittdreißigerinnen passierten sie den Eingang.

»*Arrête, c'est ici l'empire de la mort!*« – »Halt, hier ist das Reich des Todes!«, stand auf einem Stein über dem Tor. Moritz ergötzte sich an den sich aufstellenden Härchen auf Christines Unterarmen. Sie stiegen eine steile Wendeltreppe hinab. Ein modriger Geruch lag in der Luft, Moritz bekam Druck auf die Ohren und gähnte ihn weg. Eine ganze Weile folgten sie einem schier endlosen, kalten, feuchten Gang. Unterwegs ratterte Antoine seine Lektion herunter:

»Die Katakomben von Paris sind ein Überbleibsel der *carrières*, unterirdischer Steinbrüche. Vor über zweitausend Jahren haben die Menschen hier begonnen, Kalkstein für ihre Häuser, Ton und Gips zu Tage zu fördern. Bereits die Römer gruben die ersten Stollen und Steinbrüche, die sich im Laufe der Jahrhunderte zu dem heutigen Labyrinth ausgebreitet haben, welches über 330 Kilometer umfasst. Beim Abbau des Baumaterials dachte jedoch niemand daran, die Gänge zu sichern. Im 18. Jahrhundert stürzten deshalb ganze Straßenzüge mitsamt Gebäuden und Pferdefuhrwerken ein. Außerdem gab es ein weiteres Problem: Die Friedhöfe der Stadt waren überfüllt und stanken unermesslich – ein Paradies für Ratten und Krankheitserreger. Das Exhumieren nur halb verwester Leichen führte zu katastrophalen hygienischen Zuständen. 1779 erstickten angeblich mehrere Bewohner der Rue de la Lingerie am Gestank, der von dem benachbarten ›Cimetière des Innocents‹ herüberwehte.«

»Mir wird auch gleich sterbensschlecht«, jammerte Christine.

»Sicher der Fisch von gestern«, bemerkte Moritz.

Dann standen sie plötzlich in einem hohen Gewölbe, und um sie herum gestapelte Knochen und Totenschädel, alle irgendwie symmetrisch angeordnet. Eine Mauer bestand nur aus Oberschenkelknochen, unterbrochen von einer zierenden Borte aus Schädeln. Offenbar hatten die Gebeinaufschichter ihrer Verspieltheit freien Lauf gelassen. An anderer Stelle waren nur Schädel aufgestapelt, eine unvorstellbare Menge.

»Die sterblichen Überreste wurden ab 1785 in die Katakomben gebracht«, erklärte Antoine. »Später, als sie verwest waren, begannen die Totengräber, die Knochen und Schädel in Mustern und Formationen aufzuschichten – wie man hier sehr gut sehen kann.

Etwa sechs bis sieben Millionen Skelette liegen unter der Stadt, die meisten sind Opfer der Pest und der französischen Revolution. Auch Danton, Molière und der grausame Robespierre liegen hier, anonym. Ein kleiner Trakt der Katakomben gehört der ›Banque de France‹, die dort den Goldschatz der französischen Nationalbank untergebracht hat.«

Antoine sprach ein schier unverständliches Englisch, aber die Japaner und die Amis nickten eifrig zu seinen Ausführungen. Überhaupt war Antoine der Einzige, der seine Stimme erhob; die anderen Besucher schwiegen ehrfurchtsvoll oder wagten nur zu flüstern.

Christine blickte Moritz vorwurfsvoll an: »Das ist mal wieder typisch«, zischte sie.

»Was hast du erwartet? Das wäre der erste Franzose, der ein vernünftiges Englisch spricht.«

»Das meine ich nicht. Sondern dass du nicht einen Gedanken daran verschwendet hast, dass ich hier unten den Gebeinen meiner Vorfahren gegenüberstehen könnte – und wie ich mich dabei fühle!«

Moritz presste eine Hand auf seinen Mund und unterdrückte mühsam einen Lacher, was ihm einen wütenden Blick eintrug. Nein, auf diese groteske Idee war er wirklich nicht gekommen. Christine und ihre französischen Vorfahren! Ja, irgendwann, vor über zweihundert Jahren, hatte es eine französische Seitenlinie gegeben. Christines Bruder Felix betrieb Ahnenforschung und hatte unter anderem eine französische Frauenrechtlerin zu Zeiten der französischen Revolution mit dem Namen Florence Chapelier zu Tage gefördert, die angeblich von Königstreuen hingerichtet worden war. Christine erklärte die frühe Emanze sofort zu ihrer Lieblingsahnin und Seelenverwandten, was Moritz zu der Bemerkung veranlasste, sie könne nicht sonderlich erfolgreich gewesen sein, da Frankreichs Frauen immerhin erst 1944 das Wahlrecht erhalten hatten. Seit einem Jahr hing der Stammbaum der Familie Mutzke – was zu Christines großem Bedauern sehr unfranzösisch klang – fein säuberlich aufgezeichnet und auf handgeschöpftes Papier gedruckt über ihrem Ehebett und Christine sprach ihren Vornamen auf französische Weise aus, was Moritz affig fand. Der französischen Suffragette war es wohl auch zu verdanken, dass die nachgeholte Hochzeitsreise nach Paris ging, obwohl seit Jahren Rom geplant gewesen war.

Zu Christines Leidwesen war Moritz nicht sonderlich frankophil, ganz im Gegenteil: Seit das Ahnenplakat im Schlafzimmer hing, machte er gerne Scherze über »den Erbfeind«. Moritz schätzte allenfalls den Käse und den Rotwein der Franzosen, aber das war es dann auch schon. Die komplizierte französische Küche mit ihren Widerwärtigkeiten wie Froschschenkel, Fasan grün oder Gänsestopfleber war ihm ein Gräuel. Er mochte deutsche Hausmannskost und liebte die genial einfache, ehrliche Küche der Italiener.

In den letzten Tagen hatte er Christine regelmäßig zur Weißglut getrieben, weil er in jedem Restaurant demonstrativ Pizza, Pasta oder Steak aß. Erst gestern Abend hatten sie sich deswegen wieder gestritten: Als Christine ihn unbedingt zu einem Poulet à la creme überreden wollte, hatte er ihr eine Stelle aus dem Reiseführer vorgelesen:

»Im 3. Jahrhundert v. Chr. siedelten die keltischen Parisii, ein angeblich wilder, raffgieriger Stamm, auf der Île de la Cité, dem heutigen Herzen von Paris. Der Überlieferung nach waren sie leidenschaftliche Karnivoren. Das Fleisch war häufig bereits verdorben. Um den Verwesungsgeschmack zu kaschieren wurde es mit Liquamen, einer streng riechenden Sauce aus fermentiertem Fisch, übergossen. Dies markierte die Geburtsstunde der raffiniertesten Küche der Welt …«

Weiter war er nicht gekommen. Christine war aufgestanden, hatte ihm wütend das Buch aus der Hand gerissen und es vor dem Lokal in einen Gulli gestopft. Er hatte ihr noch nachgerufen, dass das einzige Gericht, das die Pariser ihr Eigen nennen können, die Zwiebelsuppe mit in Butter gerösteten Brotwürfeln und Käse sei. Danach hatte sie irgendeinen kapriziösen Fisch bestellt und er ein Steak. Beides wurde schweigend gegessen und bis heute Morgen hatten sie nicht mehr miteinander gesprochen.

Immer weiter drangen sie nun in das Totenreich vor. Über steile Treppen ging es nach unten und wieder hoch; manche Gänge waren schmal und voller Schotter, der das Gehen erschwerte. Ab und zu tropfte es von der Decke. Moritz war froh um seine Taschenlampe, denn die Beleuchtung war an einigen Stellen eher spärlich. Ob es hier wohl viele Ratten gab? Die Anhäufungen menschlicher Gebeine schienen indessen nicht abbrechen zu wollen. Knochen, Knochen, ganze Höhlen voll mit Knochen! Erstaunlicherweise waren es fast nur Schädel und Oberschenkelknochen. Wo waren die ganzen Unterschenkel, die Rippen und die anderen Gebeine? Ihr Führer wies darauf hin, dass am Ausgang eine penible Taschenkontrolle erfolgte. »Also bitte keine Knochen einstecken.«

Interessiert betrachtete Moritz eine Wand voller Schädel. Sie waren von unterschiedlicher Größe – Männer, Frauen, Kinder? –, teilweise konnte man an einem Loch im Kopf die Todesursache erkennen.

Einer der Amerikaner testete das Echo, aber sein Schrei wurde von den Kreidewänden ohne den geringsten Widerhall verschluckt. Nun sollten sie eine wackelige Leiter hinaufsteigen, die an bröseligem Gestein befestigt war. So langsam wurde auch Moritz ein wenig mulmig. Am Fuß der Leiter wandte er sich nach Christine um, doch sie war nicht hinter ihm. Wo konnte sie sein? Sie waren so ziemlich die letzten der Truppe gewesen, weil sie oft stehen geblieben waren, um die französisch und lateinisch beschrifteten Steintafeln zu lesen, die entweder bestimmter Toter gedachten oder philosophische Weisheiten vermittelten. Als er Christine zuletzt gesehen hatte, hatte sie sich mit ihrem Sechs-Trimester-Volkshochschulfranzösisch, das sie abends an den Pariser Kellnern wetzte, an irgendeinem makabren Sinnspruch festgebissen. »Wo ist er, der Tod? Kaum ist er da, schon ist er fort …«, oder so ähnlich. Er war weitergegangen.

»Christine?«, rief Moritz. Keine Antwort. Der poröse Stein schien seine Stimme förmlich aufzusaugen. »Christine?« Der Strahl seiner Maglite verlor sich im Dunkeln. Hunderte von Schädeln starrten ihn stumm aus ihren Augenhöhlen an.

»Willst du die Taschenlampe?«, hatte Moritz beim Betreten der Gewölbe gefragt.

»Nein, ich habe meine eigene«, hatte sie geantwortet. Es war ein winziges Lämpchen, das an ihrem Schlüsselbund hing und über eine Reichweite von dreißig Zentimetern verfügte, allenfalls dazu geeignet, nachts ein Türschloss anzuleuchten. Aber er hatte nichts dazu gesagt, er wollte nicht als Besserwisser und Klugscheißer, wie sie ihn im Streit manchmal nannte, dastehen. Er versuchte, sie anzurufen, aber wie er schon befürchtet hatte, gab es hier unten keinen Empfang.

Vielleicht war sie unbemerkt vorausgegangen und die Leiter schon längst hochgeklettert? Er beschloss, den anderen zu folgen, dann würde er ja sehen, ob sie da war. Und wenn nicht?

Er erklomm die Leiter und zwängte sich durch ein enges Loch. Nein, diese Tour war tatsächlich nichts für Leute mit Klaustrophobie und auch nichts für Übergewichtige.

Die Gruppe stand auf einem Balkon, Antoine leuchtete in die Tiefe und ermöglichte so den Blick auf ein beeindruckendes Tunnelsystem. Dazu erklärte er:

»Der Großteil des Pariser Tunnelsystems darf nicht betreten werden. Dennoch werden in den Katakomben oft Partys gefeiert, es gab sogar mal ein richtiges Kino unter der Erde, bis die Polizei es entdeckte. Es gibt eine extra Polizei, die nur für die Tunnel zuständig ist, man nennt sie die *cataflics*. Aber es ist natürlich unmöglich ein über dreihundert Kilometer langes Tunnelsystem zu überwachen, das auch noch dreihundert Eingänge hat. Deswegen tummeln sich darin allerlei Gestalten: Obdachlose, Drogensüchtige, Dealer und natürlich Satanisten, die hier ihre schwarzen Messen feiern. Und es gibt nach wie vor Untergrund-Partys, sie werden kurzfristig über das Internet angekündigt. Ich muss Sie allerdings davor warnen: Wenn man im gesperrten Teil der Katakomben erwischt wird, kostet es 35 Euro. Aber das größere Problem ist, dass man sich sehr leicht verirren kann. Es wurden schon Leute entdeckt, die tagelang herumgeirrt sind.«

Moritz ließ den Strahl seiner Taschenlampe über die Gesichter gleiten. Hier oben war Christine auch nicht.

»Alles in Ordnung?«, fragte Antoine.

»Ja, alles klar«, hörte sich Moritz antworten. Er wollte kein Aufsehen erregen. Wenn Christine herumgetrödelt und den Anschluss verloren hatte, würde sie eben ein paar Minuten später nachkommen. Bei so einem Durchsatz von Leuten wie hier war es ja wohl kaum möglich, dass jemand verloren ging. Außerdem gab es auch noch Personal, an das man sich wenden konnte; Moritz hatte während ihrer Tour schon mindestens drei Wächter bemerkt, die aufpassten, dass die Pietät wenigstens einigermaßen gewahrt wurde und niemand vom Weg abkam.

Und wenn doch? Auf ihrem mit Pfeilen und einer schwarzen Linie an den Decken der Gänge markierten Weg durch die Unterwelt hatte es etliche Abzweigungen gegeben, allerdings hatte man diese Seitengänge mit Türen verschlossen oder zugemauert. Was, wenn Christine eine dieser Türen geöffnet hatte? Vielleicht waren sie gar nicht abgesperrt? Er erinnerte sich an einen offenen Gang, in dem ein Betonmischer, Schaufeln und Wannen gestanden hatten. Vielleicht waren die dazugehörigen Bauarbeiter gerade in der Mittagspause? Was, wenn Christine diesen Gang erkundet hatte, auf der Suche nach einem Abenteuer jenseits der braven Touristenherde? Es sähe ihr ähnlich. Sie konnte sich nie anpassen, musste immer Verbote ignorieren, immer aus der Menge ausscheren. Früher hatte er genau diesen anarchistischen Zug an ihr gemocht, inzwischen nervte er nur noch. *Wer sich in Gefahr begibt, kommt darin um – Jesus Sirach 3, 27.* Warum musste er jetzt an diesen Bibelspruch denken? Er versuchte, sich zu beruhigen. Wie oft hatte er Christine schon in Kaufhäusern verloren, auf Märkten, auf Veranstaltungen. Sogar im Supermarkt schaffte sie es, sich zwischen den Regalen unsichtbar zu machen, um dann mit vorwurfsvoller Miene in letzter Sekunde an der Kasse aufzutauchen. Dieses Mal wird es genauso sein, dachte Moritz verärgert.

Die Gruppe stieg die Leiter wieder hinunter und ging weiter. Moritz blieb stehen und wartete. Er hatte nicht auf die Uhr gesehen, aber nach geschätzten zehn Minuten und etwa hundert fremden Menschen, die an ihm vorbeigezogen waren, beschloss er, ebenfalls zum Ausgang zu gehen. Vielleicht hatte Christine die Gruppe unbemerkt überholt und wartete längst draußen in der Frühjahrssonne auf ihn, während er hier herumstand und sich grundlos

Sorgen machte. Sein Ärger wuchs. Das war wieder typisch Christine, ihm diesen Besuch zu vermiesen. Er folgte einer chinesischen Reisegruppe und nach 83 Stufen, die eine sehr enge, steile Treppe hinaufführten, trat er endlich wieder ans Tageslicht. Es dauerte, bis sich seine Augen an die Helligkeit gewöhnt hatten, dann sah er sich suchend um. Antoine sammelte gerade sein Trinkgeld von den Amerikanern und Japanern ein, die Italienerinnen sah er zur Metrostation Alesia gehen. Ihre Schuhe waren weiß bestäubt, seine ebenfalls. Christine sah er nirgends. Er ging zu Antoine und drückte ihm fünf Euro in die Hand. Sollte er ihn nach Christine fragen? Oder ob die Möglichkeit bestand, dass sich jemand dort unten verirrte? Aber Antoine hatte sich schon umgedreht und eilte davon, vermutlich zurück zum Eingang, um einen neuen Auftrag an Land zu ziehen. Wie viele Touren er wohl täglich machte? Wahrscheinlich erinnerte er sich nicht einmal an Christine, die sich ohnehin ständig von der Gruppe abgesondert hatte, als wäre es peinlich, dazuzugehören. Moritz versuchte noch einmal, sie per Mobiltelefon zu erreichen, aber es meldete sich nur eine weibliche Stimme, die verkündete, der Anrufer sei vorübergehend nicht erreichbar.

Er setzte sich in ein Café, bestellte einen Pastis und tätigte drei weitere vergebliche Anrufe. War sie sauer auf ihn, wollte sie ihn schmoren lassen, ihm einen Schrecken einjagen? Oder war ihr etwas zugestoßen?

Er malte sich aus, wie er Christine bei der Polizei als vermisst melden würde, wie man sie suchen und vielleicht erst nach Tagen finden würde – hohlwangig und schmutzig durch das Labyrinth taumelnd oder bereits verdurstet und verhungert … Er verbot sich derlei Gedanken und setzte sich in die Metro. Bestimmt war sie schon im Hotel. Während der Fahrt dachte er über eine Scheidung nach.

Sie war nicht dort. Nur ihr Handy lag unter einer Bluse auf dem Bett – sie musste es heute Morgen dort vergessen haben. Wenn sie bis heute Abend nicht auftaucht, alarmiere ich die Polizei, beschloss Moritz.

Doch stattdessen aß er allein in einer Pizzeria zu Abend und ertappte sich bei dem Wunsch, es möge in Zukunft immer so sein.

Während er eine Flasche überteuerten Merlot leerte, malte er sich sein künftiges Single-Leben aus und fand immer mehr Gefallen an der Situation. Leicht angetrunken kehrte er ins Hotel zurück, schaltete den Fernseher ein und zappte sich durch bis zum Pornokanal.

Am nächsten Tag beschloss er, gleich nach dem Frühstück, das er in einem nahegelegenen Café einnahm, zur Polizei zu gehen. Aber dann fand er sich plötzlich auf dem Friedhof von Montmartre wieder, der auch noch auf ihrem Sightseeing-Programm gestanden hatte. Er besuchte die Gräber von Heinrich Heine, Jacques Offenbach, Francois Truffaut, Emile Zola und Stendhal. Er überlegte, was er auf Christines Grabstein schreiben würde. Danach stieg er hoch zum Montmartre und setzte sich auf die Wiesen vor der Basilique Sacré-Coeur, die von erschöpften Touristen aller möglichen Nationalitäten bevölkert wurde. Er ließ sich von den Schaustellern unterhalten und genoss den weiten Ausblick über die Stadt. Bis lange nach Sonnenuntergang blieb er dort, dann aß er in einem kleinen Bistro in der Nähe des Künstlerdorfes zu Abend. In ähnlicher Weise verbrachte er die nächsten drei Tage. Er kaufte sich Zeitungen und durchforschte mit seinen rudimentären Französischkenntnissen und einem Wörterbuch die Lokalteile, auf der Suche nach einer Meldung über den Fund einer weiblichen Leiche in den Katakomben. Inzwischen war er überzeugt, dass sie tot war. Sollte man sie in den nächsten Tagen finden, würde er allerdings in Erklärungsnöte kommen, das wurde ihm langsam klar. Moritz überlegte. War es strafbar, wenn man seine Frau nicht vermisst meldete, weil man sie nicht vermisste?

Zumindest war es unterlassene Hilfeleistung. Er hätte sofort nach dem Verlassen der Katakomben nach ihr suchen lassen müssen.

Am Abend des fünften Tages ging er zur Polizei. Er gab an, er und Christine hätten sich heute Morgen vorübergehend getrennt – sie habe vorgehabt, ein bisschen zu shoppen, während er sich den Friedhof von Montmartre angesehen hätte. Im Hotel habe man sich dann wieder treffen wollen. »Aber sie ist nicht gekommen!«, rief er verzweifelt.

»Hat Ihre Frau ein Mobiltelefon?«

»Sie hat es leider heute Morgen im Hotel vergessen«, gestand Moritz.

»Wann sollte das Treffen im Hotel sein?«, fragte der junge Polizist. Er sprach ein recht gutes, verständliches Englisch.

»Vor drei Stunden, um fünf. Ich mache mir große Sorgen.«

Während Moritz Panik vortäuschte, blieb der Polizist gelassen. »Drei Stunden erst? Monsieur, sie wird einfach die Zeit vergessen haben. Bestimmt ist sie in den Galeries Lafayette und amüsiert sich blendend, während sie Ihr Konto plündert. Sie wissen doch, wie das ist, wenn Frauen einkaufen.« Er erklärte, die Polizei könne erst etwas unternehmen, wenn Moritz seine Frau länger als 24 Stunden vermisse. »Aber bis dahin taucht sie bestimmt wieder auf, Monsieur Brunner«, meinte er voller Zuversicht.

Moritz verließ das Revier. Im Hotel bestellte er eine Flasche Wein. Dann warf er Christines Sachen in ihren Koffer und klappte ihn zu.

Vier Monate später stand ein schnauzbärtiger deutscher Kripobeamter vor der Tür ihrer Eigentumswohnung in der Südstadt Hannovers. Er teilte Moritz mit Bedauern mit, dass die Pariser Polizei die hiesigen Behörden darüber in Kenntnis gesetzt habe, dass tags zuvor bei Bauarbeiten die Leiche seiner Frau in einem normalerweise verschlossenen Seitengang der Gebeinkammern in den Katakomben gefunden wurde.

»In den Katakomben?«, wiederholte Moritz mit entsetzt aufgerissenen Augen. Dann stammelte er: »Aber ... aber sie wollte doch einkaufen.«

»Das kann sich die örtliche Polizei auch nicht erklären.« Der Schnauzbart blickte ihn fragend an. Moritz, der diese Szene oft genug im Geist geprobt hatte, zuckte die Achseln. »Ich kann mir nur denken, dass sie ohne mich in die Katakomben wollte, weil ich an Platzangst leide.« Er machte eine Pause. »Aber wie kann das passieren? Ist es dort unten denn nicht gesichert?«, fragte Moritz erbost.

»Normalerweise wohl schon. Sie muss sich aus ungeklärten Gründen in diesen Seitengang verirrt haben und folgte ihm fast einen halben Kilometer, ehe sie in eine vier Meter tiefe Grube stürzte, aus der sie alleine nicht mehr herauskam. Sie hatte Rippenbrüche und eine Fraktur des linken Sprunggelenks. Es tut mir leid, Ihnen das sagen zu müssen, aber wahrscheinlich ist Ihre Frau dort unten verdurstet und verhungert«, erklärte der Beamte mit belegter Stimme.

Moritz starrte sein Gegenüber entsetzt an. »Aber sie muss doch um Hilfe gerufen haben!«

»Die Pariser Kollegen meinten, Schreie würde man dort unten nicht weit hören, wegen der Schall schluckenden Beschaffenheit des Gesteins.« Der Beamte sprach ihm noch einmal sein Beileid aus und wandte sich zum Gehen, während Moritz sagte:

»Vielleicht wollte sie dort ihren Vorfahren nahe sein. Wissen Sie, sie war immer sehr stolz auf ihre französische Seitenlinie.«

Garum
(Antike Fischsauce)

Paris entwickelte sich seit Mitte des 3. Jahrhunderts v. Chr. aus der keltischen Siedlung Lutetia des Stammes der Parisii auf der Seine-Insel, die heute Île de la Cité heißt. Die Römer überließen den Parisii den größten Teil der Insel und bauten auf dem linken Ufer der Seine an den Hängen des später nach der Heiligen Genoveva von Paris benannten Hügels eine neue römische Stadt auf. Garum oder auch Liquamen war das Standardgewürz der antiken römischen Küche. Die Würzsoße wurde für salzige und süße Speisen verwendet.

Zutaten:
- *1 kg Fisch (Sardellen, Makrelen, Fischeingeweide)*
- *150 g grobes Meersalz*

Zubereitung:
Der Fisch wird weder ausgenommen noch gewaschen und in einer großen Schüssel mit dem Salz vermengt. Gut umrühren und über Nacht stehen lassen.
In ein offenes Tongefäß umfüllen und einige Monate zum Trocknen (Fermentieren) in die Sonne stellen – am besten bei 40 Grad. Mit einem Leinentuch abdecken.
Nach drei Monaten die Soße durch das Leinentuch filtern und in ein Einmachglas füllen. Sie ist unbegrenzt haltbar.
Die Zubereitung von Liquamen, auch Garum genannt, ist nur unter einer heißen Sonne und im geziemenden Abstand zu jeglichen Nachbarn zu empfehlen.

Heidi Moor-Blank

Ein himmlisches Omelette

Die Verwesung des Fingers war ziemlich fortgeschritten. Aber man konnte den roten Nagellack noch deutlich erkennen. Seltsam … der schmückende Lack hatte die Trägerin lange überlebt. Der goldene Ehering hing schlaff über dem weißen Knochen.

»Bis dass der Tod euch scheidet …« Louis murmelte die Worte vor sich hin und konnte den Blick nicht abwenden von dem Ringfinger, den er gerade freigelegt hatte, und dem Mittelfinger daneben, der sich ihm wie eine höhnische Beleidigung entgegenreckte.

Sorgfältig begann er, die Walderde wieder über die Hand der Leiche zu häufeln, zu glätten, trockene Blätter locker über die Fundstelle zu verteilen, um anschließend, nach einem letzten prüfenden Blick, einen knappen Meter weiter rechts seine Suche fortzusetzen.

Mit Erfolg.

Zwei wunderschöne, schwarze Trüffel kamen unter seiner kratzenden Sichel zum Vorschein und er beugte sich weit hinunter, um den wunderbaren Duft tief in seine riesige Nase einzuziehen. Zufrieden lächelnd schnitt er die wertvollen Pilze vorsichtig ab und legte sie in seinen Korb.

Nachdenklich starrte er eine Weile in das Loch, das die Trüffel in der Walderde hinterlassen hatten, dann machte er mit ein paar schnellen Handbewegungen auch diesen Fundort dem restlichen Waldboden gleich.

Ganz langsam drehte er sich etwas zurück und lehnte sich in sitzender Haltung an die große Eiche.

Seine extrem empfindliche Nase hatte ihn nicht getrogen.

Vor fast zehn Jahren hatte er unter dieser Eiche seinen ersten Trüffel gefunden. Zufällig fast, auf einem seiner vielen Streifzüge durch den Wald. Er hatte die wilden Eichensetzlinge rund um den alten Baum vorsichtig ausgegraben und auf dem gesamten Hang in gleichen Abständen wieder eingepflanzt. Die Trüffelsporen an den kleinen Wurzeln sorgten dafür, dass sich der Pilz langsam ausbreitete. In diesem Jahr war seine *truffière* reif. Die ersten spärlichen Funde in den letzten Jahren hatten ihm gezeigt, dass sich seine Geduld gelohnt hatte. In diesem Jahr würde es eine prächtige Ernte geben.

Seit Jahren schon hatte er dafür gesorgt, dass die wilden Brombeeren unten am Weg das Gelände immer unzugänglicher machten.

Heute war der markante Duft wieder sehr deutlich gewesen – gemischt mit einem anderen Duft, den er zuerst nicht recht hatte einordnen können. Jetzt wusste er, woher diese süßliche Note stammte.

Irgendjemand hatte in *seinem* Trüffelhain eine Leiche vergraben.

Und dabei sicher mindestens einen Quadratmeter des Trüffel-Myzels zerstört, das Jahre brauchen würde, um wieder nachzuwachsen.

Den Gedanken, die Polizei zu informieren, hatte er sofort verworfen. Er wollte sich gar nicht vorstellen, wie Polizisten in Reih und Glied seinen Wald durchkämmten und das empfindliche Pilzgeflecht durch ihr Hacken und Wühlen systematisch abtöteten.

Jean-Luc, der Wirt, hob den größeren der beiden Trüffel vorsichtig aus dem Korb und sog den Duft tief ein.

»Herrlich! Eigentlich müsste ich kritisch gucken, um den Preis zu drücken, aber ich schaffe es nicht. Diese Pilze sind einzigartig! Ein Gedicht! Eine Offenbarung! Cyrano, bring mir mehr davon!«

Louis schaffte ein müdes Grinsen. Seit er die Bemerkung hatte fallen lassen, dass er unten in Bergerac geboren sei, hatte er diesen Spitznamen weg.

Er war nicht böse darüber, aber er fand es auch nicht lustig. Er hatte seine Roxanne nie gefunden und machte seine große Nase dafür verantwortlich, dass sich noch nie eine nette Frau für ihn interessiert hatte. Dafür würde ihm seine Nase jetzt zu einem Lebensabend in Wohlstand verhelfen. Er würde Geld in Hülle und Fülle haben, weil er so sorgfältig diesen Trüffel-Hain gepflegt und beschützt hatte.

Die Wirtin schlurfte herein. Dick und drall schob sie sich hinter den Tresen und begann, die Gläser zu trocknen.

»Heloise«, fragte Louis sachte, »was schaust du so traurig?«

Er mochte diese Frau. Zupackend, bestimmt, immer gut gelaunt, nie zickig oder mürrisch – bis auf heute. Sie hatte ihn nicht mal begrüßt.

Sie drehte sich um und wischte gedankenverloren mit dem Geschirrtuch über den sowieso schon blitzblanken Edelstahl der Theke.

»Marthe … sie müsste schon seit drei Wochen von ihrer Hochzeitsreise zurück sein und hat sich nicht *einmal* gemeldet. Ich wollte gleich nicht, dass sie diesen Hallodri nimmt. Diesen Casanova. Phhh!«

Heloise machte eine abfällige Handbewegung und rollte mit den Augen.

Louis konnte sich noch gut an das rauschende Fest Ende August erinnern. Das ganze Dorf wurde eingeladen, als die Wirtstochter den hübschen jungen Mann aus der Stadt heiratete. Diesen Mann, von dem keiner wusste, woher er genau kam und womit er sein Geld verdiente. Viel musste es sein, denn die Hochzeitsfeier war bombastisch gewesen. Marthe hatte ausgesehen wie eine Königin mit der langen Schleppe aus edler Spitze und dem wunderschönen Corsagenkleid. Marthe und er hatten herzlich gelacht, als Louis sich zu einem feierlichen Handkuss herabbeugte und statt eines Kusses hart mit seiner Nase auf ihrer Hand aufstupste.

Auf dieser schmalen, weichen Hand mit rot lackierten Fingernägeln und einem nagelneuen, glänzenden Goldreif am Ringfinger.

»Da draußen sitzen Gäste, Heloise! Willst du sie nicht endlich bedienen?« Jean-Luc stellte den Trüffelkorb hart auf dem Tresen ab, wischte sich die Hände an seiner Kochschürze ab und stapfte mit grimmigem Blick selbst hinaus auf die Gartenterrasse. Stabiles Hochdruckwetter hatte ihnen einen goldenen Oktober geschenkt und die beiden Paare hatten in der immer noch wärmenden Abendsonne Platz genommen.

Jean-Luc erkannte sie. Sie wohnten in dem kleinen Hotel am Rande des Dorfes und zogen jeden Morgen recht früh mit Wanderschuhen und Rucksäcken los, in die weiten Wälder des Périgord.

Sie bestellten zwei große Karaffen seines roten Hausweines und hatten sich auch schnell für sein Cassoulet entschieden. Seine Speisekarte war knapp und überschaubar – schließlich kochte er alles frisch und stand ganz alleine in der Küche.

»Ich habe gerade zwei wunderschöne schwarze Trüffel hereinbekommen. Wenn Sie morgen auch kommen möchten, mache ich Ihnen das beste *Omelette aux truffes*, das Sie jemals gegessen haben!« Eifrig schaute Jean-Luc in die Runde.

Die Gäste sahen sich an und nickten begeistert.

»Gerne! Morgen ist unser letzter Abend! Das passt perfekt.«

Während Heloise das Essen servierte, begann er mit den Vorbereitungen für morgen. Vorsichtig bürstete er die beiden Trüffel ab. Den kleineren der beiden packte er in ein irdenes Töpfchen und stellte dieses, mit einem Tellerchen zugedeckt, in den Kühlschrank. Zwölf frische Eier schlug er in eine große Glasschüssel, schnitt den größeren der beiden Trüffel in hauchdünne Scheiben und mischte Pilz und Eimasse ganz vorsichtig mit einer Gabel. Auch diese Schüssel kam in den Kühlschrank. Zwölf Stunden sollte die Mischung Zeit haben, damit das Ei den Trüffelduft aufnehmen konnte. Er würde 24 Stunden warten. Gute Dinge brauchten Zeit.

Am nächsten Abend tauchte die untergehende Sonne alles in eine wilde Fülle von Rottönen. Jean-Luc wusste, dass der prächtige Herbst damit zu Ende war, als er sein *Omelette aux truffes* seinen gespannten Gästen servierte.

Seine gusseiserne Pfanne, die nur für Omelettes reserviert war, verströmte immer noch den wundervollen Trüffelduft in seiner kleinen Küche. Er hatte die Eimasse nur kurz noch einmal mit der Gabel durchzogen und dann in die heiße Pfanne gegeben. Er hatte die verschiedensten Omelettes schon viele Male zubereitet und kannte den perfekten Moment des Wendens. Den zweiten Trüffel hatte er bereits eine Weile parat liegen, um ihn jetzt über das Omelette zu hobeln.

Das himmlische Trüffelomelette, der farbentrunkene Sonnenuntergang und nicht zuletzt die vielen Karaffen des Rotweins sorgten bei seinen Gästen für einen wahren Rausch der Sinne und Jean-Luc war glücklich über das nicht enden wollende Lob.

Jean-Luc wusste nicht viel über das Internet und erst recht nicht, was ein Blog oder was Twittern war, aber immer öfter kamen jetzt Gäste, fragten nach seinem sagenhaften Trüffelomelette und erzählten ihm, dass sie darüber im Blog der Chefredakteurin auf der Homepage einer großen Outdoor- und Trekking-Zeitschrift gelesen hatten.

»Aha!« Jean-Luc nickte und tat so, als habe er alles verstanden. Was er wusste, war, dass er fast die komplette Hühnereiproduktion des Dorfes für sich reservieren ließ und Louis täglich auf Trüffelsuche loszog.

Die Monate vergingen und die Pilzsaison war eine der besten in Louis' Leben.

Das Restaurant hatte sich von der kleinen Dorfwirtschaft zu einem Gourmet-Tempel gewandelt. Die Liste der Vorbestellungen war lang und die Gäste zahlten jeden irrwitzigen Preis, den Jean-Luc auf die Speisekarte setzte. Sein prächtiges neues Wirtshaus-Schild trug einen Stern, den er jeden Morgen blank polierte, während er auf Louis und die Trüffel-Lieferung wartete.

Louis hatte sich während des Winters langsam den Hang hochgearbeitet – immer weiter weg von seinem grässlichen Fund.

»Louis«, sagte Jean-Luc eines Morgens, als er die prächtigen Pilze begutachtete und jeden einzelnen auf die Waage legte.

»Louis, das Aroma. Es verändert sich. Die Stammgäste haben es auch schon bemerkt. Hast du eine Erklärung dafür?«

Louis hob sachte die Schultern und blickte starr auf einen Fleck auf Jean-Lucs Schürze.

»Anderer Boden ...«, murmelte er und ließ seine Augen bis zu seinen Fußspitzen wandern.

»Louis, sieh mich an! Du gehst zurück zu dem Platz, an dem du die allerersten in diesem Jahr gefunden hast, hörst du? Ich muss die Qualität halten und ich habe wirklich schon genug Sorgen.«

Louis hob nur kurz den Blick, wandte sich dann um und schlurfte davon.

Er wusste, was dem Wirt so zu schaffen machte.

All die Monate blieb Marthe verschwunden und Heloise wurde zu einer dürren, alten Frau. Die Ungewissheit um Marthes Schicksal hatte sie trübsinnig gemacht. Sie lachte nicht mehr, ihr Blick ging oft ins Leere.

Ja, das Ehepaar habe die Honeymoon-Suite auf dem Kreuzfahrtschiff bezogen.

Nein, man erinnere sich nicht genau an die frischgebackene Ehefrau. Es seien schließlich 4 000 Gäste auf der »Queen Mary« gewesen.

Ja, das Paar habe die Reise wie gebucht in Hamburg beendet.

Nein, natürlich wisse man nicht, wohin das junge Ehepaar dann weitergereist sei.

Die Auskünfte des Reisebüros waren kurz und lapidar.

Der hiesige Dorfpolizist war glücklich über die erste wirkliche Herausforderung in seinem Ermittlerleben, allerdings endeten seine eifrigen Nachforschungen bei dem gefälschten Pass, den der Bräutigam damals zur Hochzeit beim Bürgermeister und gleichzeitig beim Standesbeamten vorgelegt hatte.

Marthe war und blieb spurlos verschwunden.

In den ersten lauen Februartagen saßen der Wirt und Louis bei einem Glas Rotwein in der Küche.

»Louis, was ist los? Ich habe dir doch gesagt, das Aroma – es verschlechtert sich. Die letzten beiden Wochen war es wieder ein bisschen besser, aber die beiden allerersten Pilze in dieser Saison, dieses sagenhafte Omelette damals – die Qualität haben wir nie wieder erreicht!«

Louis starrte in sein Glas.

Nach der ersten Kritik des Wirtes am Duft der Trüffel war er nur widerwillig zu der alten Eiche zurückgekehrt. Seine Nase hatte ihn zu prächtigen Pilzen geführt, aber der zweite Geruch war verschwunden.

Lange hatte er gezögert, doch irgendwann hatte er ganz vorsichtig mit seiner Sichel den Ringfinger wieder freigelegt. Zaghaft hatte er den goldenen Ring angehoben und das Datum auf der Innenseite entziffert.

Jetzt hatte er Gewissheit.

Er hatte noch ein bisschen tiefer geschürft und die Handknochen und den Ansatz des Unterarmes von Erde befreit. Die Verwesung war beendet und hatte nur noch Knochen übriggelassen. Deshalb war der süßliche Leichengeruch nicht mehr wahrzunehmen.

»Louis! Sag was!« Jean-Luc hatte sich über sein Rotweinglas weit vorgebeugt und versuchte, ihm ins Gesicht zu sehen.

Louis nickte.

»Der Boden … Er muss sich erholen. Über Sommer sammelt er neue Kraft und im Oktober …« Louis stockte. »Im Oktober sehen wir dann weiter.« Abrupt stand er auf, trank sein Glas in einem Zug leer und stapfte davon.

Der Frühling kam mit Macht und Louis streifte durch die Wälder und genoss die ersten Sonnenstrahlen, die überall hellgrüne Blättchen an die bislang kahlen Bäume zauberten. Die jungen Eichen in seinem Trüffelhain wuchsen kräftig und kerzengerade heran und er überlegte, ob er ihn nicht noch ein bisschen ausweiten sollte. Aber es würde Jahre dauern, bis auch dort die erste Ernte zu erwarten wäre. Wer weiß, ob er dann noch so gut zu Fuß sein würde und fähig war, auf Trüffelsuche zu gehen. Er hatte im letzten Herbst und Winter so viele wundervolle Pilze gefunden, dass ihm ganz schwindelig wurde, wenn er seinen Sparstrumpf unter der Matratze vor dem Einschlafen ein bisschen drückte und streichelte. Ein paar Jahre noch, dann hätte er ausgesorgt für seinen Lebensabend.

Er war schon einige Wochen nicht mehr im Wirtshaus vorbeigekommen. Er hatte dort nichts zu schaffen, wenn er keine Lieferung brachte. Seinen Rotwein hatte er zu Hause in einem kleinen Fässchen und trank immer mal ein Gläschen auf der Bank vor seinem Haus. Er war gerne alleine.

Außerdem fing Jean-Luc immer wieder damit an, ob er sich darauf verlassen könne, dass die erste Ernte im Oktober auch wie versprochen so gut sein würde wie im letzten Jahr.

Und Heloise saß in der Ecke und schaute kaum auf, wenn Gäste die Wirtsstube betraten.

Doch eines Tages machte er sich doch auf den Weg ins Dorf und ins Wirtshaus. Er hatte vom Polizisten gehört, dass es Nachricht gäbe von Marthe. Oder zumindest von ihrem Mann.

Heloise saß auf der Bank und starrte mit völlig verweinten Augen auf eine Zeitung auf dem Tisch vor ihr. Louis erkannte ihn gleich auf dem Foto. Den Bräutigam aus der Stadt – Marthes Ehemann.

»Sie wird niemals wiederkommen und wir werden sie niemals finden …« Heloises Verzweiflung rührte Louis bis tief ins Herz. Sachte setzte er sich neben die zusammengesunkene Frau, nahm etwas unsicher ihre Hand und begann, den Artikel unter dem Foto langsam zu entziffern.

Immer wieder hatte sich der junge Mann reich verheiratet und immer wieder waren die jungen Ehefrauen bald nach der Hochzeit spurlos verschwunden. Jetzt hatten sie ihn erwischt und er hatte sich noch in der ersten Nacht in seiner Zelle erhängt.

Der Sommer brachte heiße Wochen und regenreiche Tage in perfekter Abwechslung. Louis wusste, dass die Ausbeute in seiner *truffière* prächtig werden würde.

Bei einem seiner seltenen Besuche im Wirtshaus saß er wieder schweigend neben der stumm trauernden Wirtin und streichelte etwas unbeholfen ihre schmal gewordene Hand, als Jean-Luc hereintrat.

»Ich weiß nicht, wie ich die ganze Arbeit alleine machen soll, Cyrano. Bald wirst du die ersten Trüffel finden und dann ist das Restaurant wieder jeden Abend voll. Heloise ist mir keine Hilfe mehr, nur noch Last. Sie spricht nicht mehr, sie weint nicht mehr – fast scheint es, als lebe sie nicht mehr. Nachts geistert sie durchs Haus und manchmal auch durchs Dorf und das einzige, was sie manchmal spricht, ist ›Ich will zu Marthe‹.« Jean-Luc schüttelte traurig den Kopf.

Er lachte erst wieder, als Louis mit dem ersten kleinen Trüffel aus dem Wald zurückkam. Gleich begann er, die Speisekarte neu zu schreiben, ganz obenauf sein märchenhaftes *Omelette aux truffes*.

»Das erste in diesem Jahr, das mach ich für uns beide! Morgen Abend, Cyrano, morgen Abend testen wir das Aroma!«

Es war ein wunderbares Omelette.

Wunderbar, aber nicht himmlisch.

Prüfend ließ Jean-Luc einen Bissen nach dem anderen in seinem Mund zergehen und schüttelte dabei unzufrieden den Kopf.

»Cyrano, du hast mir versprochen, dass sich der Boden nur erholen muss! Es sind gute Trüffel, ja, aber nicht mit diesem traumhaften Aroma wie im letzten Herbst. Cyrano – du musst die perfekte Stelle wieder finden! Ich verliere sonst meinen Stern!«

Louis nickte und stand auf.

»Vier Wochen«, sagte er leise, »warte noch vier Wochen, dann sind die Trüffel so weit.«

In den folgenden Nächten wartete er geduldig in der Nähe des Wirtshauses, bis sich irgendwann Heloise auf eine ihrer ziellosen Wanderungen machte.

Er trat zu ihr, nahm ihre Hand, streifte ihr mit dem Finger kurz über die eingefallene Wange und flüsterte:

»Komm mit mir, Heloise, bald wirst du bei Marthe sein!«

Omelette truffier
(Trüffel-Omelette)

Zutaten *(für 4 Personen)***:**

- *60-80 g Trüffel, schwarz, geschält und in feine Scheiben gehobelt*
- *12 große Eier, ganz frisch und zimmerwarm*
- *1 EL Gänseschmalz oder Öl*
- *etwas Salz*
- *etwas Pfeffer*

Zubereitung:

Am Vorabend die frischen Landeier aufschlagen, die Trüffel darüberreiben, die Schüssel abdecken und in den Kühlschrank stellen.
Diese Mischung sollte für mindestens zwölf Stunden den Kühlschrank nicht verlassen.
Am nächsten Tag wird diese Mischung dann noch einmal vorsichtig mit der Gabel verrührt (nie – nie – nie einen Handrührer verwenden!) und Salz und Pfeffer beigemischt.
Nun wird in einer großen, gusseisernen Pfanne (ein unbedingtes Muss!) das Fett erhitzt und die Eiermasse hineingegeben. Sobald die Unterseite des Omelettes zu stocken beginnt, muss die Flamme heruntergedreht und das Omelette bei schwacher Hitze zwei bis vier Minuten weitergegart werden.
Jetzt das Omelette aus der Pfanne in einen Teller gleiten lassen, die Pfanne umgedreht darüberhalten und das Ganze so schnell wie möglich drehen, so dass die andere Seite gebräunt werden kann.
Ein perfektes Omelette (wenn es flach, wie dieses, und nicht gerollt zubereitet wird), sollte in der Mitte noch leicht feucht und locker, aber außen an der Ober- und Unterseite braun sein.
Mit einem Stückchen Butter die Oberseite zum Glänzen bringen, diese mit Petersilie bestreuen oder einige Trüffel-Stückchen darüberhobeln.
So schnell wie möglich servieren.

Renate Müller-Piper

Tabula rasa

Die meisten Menschen brauchen mehr Liebe, als sie verdienen.
MARIE VON EBNER-ESCHENBACH

»Wieder nichts. Keine Spur von ihr.«

»Steffen, du hast ... ?«

»Ja. Nur eine Partie Boule unter den Platanen, dann bin ich Connys Freunden in Le Lavandou noch mal massiv auf die Bude gerückt. Und habe selbst wieder Detektiv gespielt. Es bleibt dabei: Von unserer Tochter Conny kein Lebenszeichen. Nicht bei den Bikinischönheiten am Strand. Nicht bei den protzigen Yachten im Hafen. Nicht in den Bars. Aber ...«, Steffen Röpke legt seiner Frau Margot den Arm schützend um die Schulter, nickt über den Tisch Lotte, seiner Ältesten, zu, »Conny ist immer wieder aufgetaucht! Es wird so laufen: Das Telefon klingelt Sturm ... und Conny ruft aus Florida an. Wie vor zwei Jahren. Oder im Briefkasten draußen eine Karte von ihr, mit phänomenaler Ansicht von Kubastränden.«

»So lange hat sie uns noch nie ohne Nachricht gelassen. Fast sieben Wochen«, stöhnt Margot, stützt sich schwer auf ihre Ellenbogen.

Da knallt Lotte Röpke ihren Löffel auf die Tischplatte. So heftig, dass die dünnwandigen Gläser neben den Tellern zu vibrieren beginnen. »Viel Wind um Conny! Genau daran liegt meinem Schwesterchen! Die Gedanken der Familie sollen um nichts anderes kreisen, kreisen, kreisen, als um meine Schwester Constanze. Wer hat die längste, seidige Schneewittchen-Haarpracht? Wer den lockendsten Kussmund? Weiß wie Schnee, rot wie Blut und schwarz wie Ebenholz.«

»Lotte! Versündige dich nicht! Meine Constanze braucht Hilfe. Und viel Liebe.« Margot Röpke bringt ihre Älteste für den Augenblick zum Schweigen und lächelt wie abwesend, als Steffen schmeichelt: »Die Schneewittchen-Schönheit hat Constanze von der Mama. Als Zwillingsschwestern könntet ihr durchgehen.«

Steffen lässt sich auf seinen Stuhl fallen, schiebt einen in der Bouillabaisse dösenden Fischkopf auf den Rand seines Suppentellers. Stirnrunzeln, als Margot atemlos berichtet: »Constanzes Zimmer steht bereit. Neue provenzalische Bettwäsche. Mimosengelb. Jeden Tag ein frischer Mimosenstrauß auf ihrem Schminktischchen ..., obwohl die Blumen schon verwelkt sind, wenn du bis hundert gezählt hast. Ach.« Margot fällt in sich zusammen, auf ihrem hochlehnigen Eichenstuhl am ovalen Esstisch im Ferienhaus der Familie, im küstennahen, idyllischen Cabasson, das zum noch idyllischeren Bormes-les-Mimosas gehört. Sie weint, schluchzt so gotterbärmlich, dass Mann und Tochter sich in erhöhte Alarmbereitschaft gesetzt sehen. Wie geht das aus, dieser Heulkrampf, dieses totale Wegsacken? Wird es ohne Dr. Chataignier gehen? Ohne Medikamentenkoffer und Rezeptblock? Wie die nächsten Tage, Wochen womöglich, überstehen?

Aber, *Dieu merci*! Margot gibt sich einen Ruck, tupft die Augen mit der blütenweißen, gestärkten Serviette trocken. »Entschuldigt. Aber Constanze braucht bestimmt meine Hilfe. Und ich bin nicht bei ihr!«

»Hilfe? Ja, eine telegrafische Geldanweisung vielleicht! Also, weißt du, Mutter, mir platzt der Kragen – du ruinierst dich! Conny ist für sich selbst verantwortlich. Mit 18 ist man kein Kleinkind mehr ...« Lotte bricht ab, reagiert damit auf den sanft mahnenden Tritt unter dem Tisch. Bitte keine Eskalation.

Aber was ist das für eine Ruhe? Und was, bei allen Heiligen, wäre auf lange Sicht gewonnen, wenn Conny hier in der Côte d'Azur-Idylle mal wieder beim Mittagessen dabei wäre?

Conny würde plappern, lachen, Heere von Zikaden übertönen. Keine Spur von Ernsthaftigkeit. Auch keine Langeweile. Nichts Spießiges. Spießig sein fürchtet Conny, wie jener mit dem Pferdefuß das Weihwasser. »Lieber tot als spießig!«, hat sie zu Hause in Hannover mit ihrem zinnoberroten Chanel-Lippenstift auf den langen Badezimmerspiegel gemalt.

In Schönschrift.

Margot schiebt die festfleischigen Fischhappen auf ihrem Teller hin und her, kann sich nicht lösen von Constanze.

»Steffen, ich mache mir große Vorwürfe. Wir hätten Conny das nicht abschlagen dürfen … Ein eigenes Geschäft. Das macht sie sesshaft.«

»Knapp zwei Monate lang Kleidchen anbieten in der feinen Boutique ›Fabienne‹ in Nizza – und schon kann man selbst ein Geschäft führen?«, fragt Lotte grimmig.

»Befrei dich von deinen bösen Gedanken, Lotte! Gönn deiner Schwester die 60 000 Euro. Wir wollen sie nicht aus dem Haus treiben«, beharrt Margot, schraubt den Kopf hoch.

»Aus dem Haus? Bei uns sehen wir sie nur noch selten, seitdem wir ihr die Eigentumswohnung in Hannover gekauft haben«, erinnert Steffen.

»Und was ist, bitte, mit meinen vier Semestern in Wien?« Lottes Stimme kippt, wird brüchig wie die einer Greisin, die noch wacker in der Kirche mitzusingen versucht. »Wien als Ausgleich für Connys Wohnung. Und nun finanziert ihr Conny noch eine Boutique?«

»Kind, du bist unsere Vernünftige. Das Geld für Connys Laden und dazu Geld für dein Auswärtsstudium? Unmöglich. Die Geschäfte in unseren Filialen zu Hause laufen nicht mehr so wie früher. Die Leute sparen auch beim Floristen.« Steffen seufzt. »Wer sonst ein Bukett für 30 Euro bestellte, gibt sich heute immer öfter mit einer einzigen Gerbera oder mit einer langstieligen Rose zufrieden. Und Kränze für den Friedhof? Pustekuchen! Schlag mal die Zeitungen auf. Geld für Blumen als letzten Gruß? Nein, die Toten werden heute ohne Nelken, Lilien oder Rosen unter die Erde gebracht. Das Geld wird stattdessen anderswohin als Spende erbeten. Hört sich gut an. Aber uns geht da viel verloren, nicht nur den Verstorbenen auf ihrem letzten Bett.«

Margot nickt bekümmert und sieht ihre Älteste mit jenem beschwörenden Blick an, den die immer weniger erträgt: »Anderen was gönnen, Lotte! Keine bösen Gedanken. Bitte! Du studierst in Hannover weiter und behältst dein Zimmer bei uns. Klar, Hannover ist nicht Wien. In Wien hat Mozart gelebt. Mozarthaus! Mozartdenkmal! Aber, man muss verzichten können. Als Herzspezialistin hast du später ein volles Portemonnaie, kannst reisen, so viel du willst. So weit muss Constanze auch kommen, auf ihre Art. Sonst … hänge ich mich auf.« Flüchtig tätschelt Margot Lottes Hand, drängt: »Sei unsere Große, unsere Starke!«

Steffen fährt mit der linken Hand hinter seinen Kragen. Er öffnet einen weiteren Knopf seines blauen, verwaschenen Hemdes. »Hör zu, Lotte, deine Schwester, unser Nesthäkchen, braucht uns einfach länger als du. Die landet schon mal auf dem Bauch. Du hast weniger Probleme, auch wenn du unser hässliches Entlein bist. Na, ganz so ist es nicht. Das war übertrieben, ein bisschen kommt schon der Schwan durch. Ein kluger Schwan! Gutes Abitur. Dein Studium an der Medizinischen Hochschule. Worauf kann Conny bauen?«

Lotte zieht die hellen Augenbrauen über den blauen Augen hoch, senkt dann den Kopf, ihre kinnlangen, karottenroten Haare fallen vor ihr schmales Gesicht wie ein Vorhang. Schweigend isst sie ihren Teller leer. *Ein braves Mädchen isst seinen Teller blitzblank.*

»Na, siehst du. Auf dich können wir uns verlassen«, atmet Steffen erleichtert auf, schneidet sich eine Scheibe vom Baguette ab, nimmt einen großen Schluck des leichten *vin rouge*, den er sich in den Weinkellern der benachbarten *domaine* ausgesucht hat. Er bemüht sich weiter, Zuversicht zu verbreiten: »Conny? Die kommt wieder.« Er schenkt sich nach, prostet Lotte zu: »Lotte, du gießt doch heute Abend unsere Bougainvillea, den Rasen und die Hortensien?«

»Ich habe noch zu arbeiten, Papa. Du weißt, mein Vortrag und …«, wehrt sie ab.

»Das schaffst du außerdem! Wir rechnen mit dir«, schaltet Margot sich ein, tätschelt wieder die Hand ihrer Ältesten. Sie schiebt das Dessert *Tarte du chef*, den köstlichsten aller Apfelkuchen, in die Mitte des Tisches. –

»Ich könnte mir die paar Haare raufen, die es noch auf meinem alten Schädel aushalten – aber nützt das was? Nein!« Wütend schlägt der Senior Wilhelm Röpke seinen derben Spazierstock gegen die Gartenmauer des Hôtel Bellevue, in Bormes, in das er sich eingemietet hat.

»Lotte, deine Eltern … , sie würden sich ruinieren lassen von deiner Schwester. Und die? Zuckt nicht mit der Wimper. Wann wird sie dir was in den Pernod kippen? Einzelkinder erben mehr!«

»Vielleicht bin ich schneller als sie«, kontert Lotte. Ihr wird heiß.

»Ich kann nicht mehr nachvollziehen«, fährt der alte Mann kopfschüttelnd fort, »dass ich meinen Betrieb so früh an deine Eltern überschrieben habe. Unsinn! Idiotie!«

»Ein Jammer! Aber ich beiße mich schon durch«, sagt Lotte. »Und ich freue mich erst mal auf die nächsten Tage. Schwimmen in der Bucht von Cabasson. Und Ausflüge. Nach Toulon, Vence und Saint-Tropez. Super. Ein Hoch auf das Leben!« Gierig atmet sie den harzigen, dichten Sommerduft der Pinien und Zypressen ein. Dann nimmt sie zärtlich den Arm des Alten und ist bemüht, das Thema zu wechseln, auf andere Gedanken zu kommen. Gelingt das?

Nein. Vor ihr inneres Auge schieben sich in schneller Folge Szenen ihres bisherigen Lebens, Szenen, in denen sie selbst zuverlässig die Verliererin war.

Das begann schon sehr früh.

Weihnachtsbescherung. Große bunte Teller für die Kinder, einer für Lotte, einer für Conny. Lotte naschte zwei bis drei der süßen, kleinen Köstlichkeiten und stellte sich dann ihren Teller neben ihr Bett, auf den flachen Nachttisch. Naschreserve.

Und? Am nächsten Morgen, am ersten Weihnachtstag, war Lottes Teller leer, bis auf ein einsames Lebkuchenherz. Connys Teller aber quoll über, obwohl sie ständig den Mund voll hatte und ihre Finger klebrig waren von zerschmolzener Schokolade.

»Lass sie, sie ist klein und braucht viel Liebe. Du bist schon groß. Groß und vernünftig«, mahnte die Mutter, als Lotte sich bei ihr beschwerte und ihren Anteil zurückverlangte.

Und die Sache mit der Fürstenberg-Bonboniere, damals? »Lotte, du hättest das verhindern müssen!«, empörte sich die Mutter, als die vierjährige Conny jauchzend so lange am cremefarbenen Spitzendeckchen gezogen hatte, bis die Bonboniere nicht länger auf ihren zierlichen Füßen stehen blieb, vom Couchtisch hinunterglitt und zerbrach.

»Aber … ich konnte doch nicht …«, stammelte Lotte und erschrak über ihre bitterbösen Gedanken.

Neben Lotte räsoniert der Großvater weiter: »Es fing damit an, dass deine Mutter auf diesem Namen für deine Schwester bestand: Constanze! Sollte exklusiv klingen. Anders als Lotte.«

Die nickt: »Ich hätte nichts gegen einen klangvolleren Namen einzuwenden! Constanze – den Namen hat Mutter gewählt, weil Mozart ihr Gott ist, der kommt gleich nach ihrer kleinen Tochter. Du weißt ja, sie wollte sich auf den großen Opernbühnen dieser Welt verwirklichen … aber ich bin ihr dazwischengekommen. Das vergibt sie mir nie.«

»Ach was! Sie ist beim Vorsingen durchgefallen«, grummelt Wilhelm Röpke.

Zögernd schiebt Lotte nach: »Ich habe dir das übrigens noch nie erzählt. Als ich klein war, habe ich oft nachts wach gelegen und gedacht, das Kind von Mama und Papa bin ich bestimmt nicht. Die haben mich adoptiert und bereuen es.«

»Nee«, wehrt Wilhelm Röpke ab und drückt seinen weißen Panama-Hut fester auf den Kopf, »nee, du bist deinem Vater wie aus dem Gesicht geschnitten. Und der sieht mir ähnlich wie ein Ei dem anderen. Was folgern wir daraus?«

Er lenkt seine Schritte bergan. »Komm, ich lade dich zu einem *Café liégeois* ein, oben auf der Hotelterrasse. Genau da, wo unter den hohen Palmen der Rundumblick unbezahlbar ist. Bis zum Mittelmeer und zum Fort de Brégançon.«

»Stimmt!«, lächelt Lotte. »Und die *Tarte du chef?* Die ist da göttlich! Wie von Bocuse selbst gemacht.«

Stunden später.

Wer spielt hier verrückt? Sieht aus, als gäben meine soliden Eltern ein Fest! Lotte rollt sich, Aznavour im Ohr, aus ihrem kleinen schwarzen

Citroën, streichelt flüchtig einer in der Hitze dösenden Katze über das Fell. Die Fenster des zartrosa gestrichenen Ferienhauses leuchten, das Küchenfenster ist von innen beschlagen, als werde auf dem Herd mit Überschwang Dampf gemacht.

Lotte spürt ein Summen, ein Sirren im Kopf aufsteigen. Immer lauter. Immer schriller.

Zögernd, als gehe sie über dünne Muschelscheiben, setzt sie einen Fuß vor den anderen, biegt um die Hausecke. Vorbei an den üppigen coelinblauen Hortensien, zur breiten Terrasse. Die Tür zum Wohnzimmer ist nur angelehnt.

Sagt, ist es Liebe, was hier so brennt?

Mutter lauscht einer Mozart-CD. Hochstimmung!

Lotte stößt die Tür weit auf. Eine festlich gedeckte Tafel. Auf mimosengelbem Tuch das Limoges-Porzellan, die funkelnden Silberbestecke, langstielige Gläser.

Gerade stürmt Margot mit hochrotem Kopf aus der Küche, in den Händen Mimosen, Farne, Gräser.

»Meine Constanze ist wieder da! Dieses Mal für immer. In die Hand hat sie es mir versprochen. Sie hat viel erlebt, so viel zu erzählen! Macht nur eben eine kurze Wiedersehenstour nach Le Lavandou. Mit Papas Landrover.« Margot platziert den wahrhaft fürstlichen Tischschmuck an Connys Platz, hält inne: »Eigentlich war ich gegen Connys Tour, sie hat vorhin drei Gläser Champagner getrunken. Oder vier? Wenn dem Kind bloß nichts passiert! Komm, Lotte, hilf mir mal beim Eierstich-Schneiden. Constanze liebt Eierstich, und im Ausland musste sie darauf verzichten.«

»Erst mal stelle ich meinen Wagen in die Garage. Und ich habe mein Referat noch nicht fertig ausgearbeitet«, murmelt Lotte, wie betäubt. Ihr Kopf scheint granitschwer. Aber ihre Füße funktionieren, immer schneller werden ihre Schritte zu ihrem Auto am Straßenrand.

Sie lenkt den Wagen an seinen schmalen Platz in der Doppelgarage neben dem Haus, parkt ihn hautnah an der Garagenrückwand. Der Platz daneben ist reserviert für Papas Heiligtum, seinen bulligen Geländewagen, azurblau-metallic. All ihre Fahrkünste muss Lotte stets aufbieten, um dieses Prachtstück nicht etwa zu streifen oder beim Aus- und Einsteigen anzukratzen. Die Garage bietet nicht eben großzügig Platz.

Vaters neuer Rover! Damit ist Constanze also selbstverständlich mal eben los. Angeheitert. Niemand aus der Familie, nicht mal seine Kegelbrüder oder Boulefreunde, durften bislang hinter diesem Steuer Platz nehmen.

Aber der Vater sprach zu seinen Knechten:
»Bringt schnell das beste Gewand her und zieht es ihm an und gebt ihm einen Ring an seine Hand und Schuhe an seine Füße.
Denn dieser mein Sohn war tot
und ist wieder lebendig geworden.«

»Es geht wieder los, unser Familienspiel«, dröhnt es in Lottes Kopf, und sie wundert sich, dass es sie überrascht.

Was hatte sie erwartet, erhofft? Die Rollen sind verteilt. Ein für alle Mal. Viel Platz für böse Gedanken.

Lotte lehnt sich gegen die hintere feuchte Garagenwand, neben ihren Wagen, schließt fest die Augen.

Ruhe!

Nicht lange. Draußen, vor dem offenen Garagentor, heult der Motor des Landrovers auf. Es wird gehupt, dreimal kurz, dreimal lang. Dann Constanzes Stimme. In Champagnerlaune.

Lottes Müdigkeit, ihre Erschöpfung, wachsen, steigen an. Gleichzeitig empfindet sie eine befreiende Leichtigkeit, dieses Losgelöstsein wird sie aus der Garage hinaustragen, gleich *über den Wolken* schweben lassen, wo böse Gedanken verpuffen. Sie lächelt, breitet die Arme weit aus.

Als sie dann – wie im Reflex – die Augen aufreißt, sieht sie Conny rückwärts hereinfahren. Schon halb in der engen Garage dreht sich die jüngere der älteren Schwester zu, und ihre Blicke treffen sich, ehe Constanze noch einmal kräftig Gas gibt.

Tarte aux pommes
(Apfelkuchen)

Zutaten *(für 4 Personen)*:

Für den Teig:

- *125 g weiche Butter*
- *250 g Mehl*
- *1 Ei*
- *1 gestrichener EL Puderzucker*
- *1 Prise Salz*
- *1½ EL kaltes Wasser*

Für den Belag:

- *2 Pfund große, säuerliche, festfleischige Äpfel*
- *10 gestrichene EL Puderzucker*
- *½ Glas Wasser*
- *120 g Butter*

- *Pfanne mit dickem Boden und cirka 20 cm Durchmesser.*

Zubereitung:

Das Mehl für den Teig in eine Schüssel sieben und in die Mitte eine Vertiefung drücken. Nacheinander die Zutaten hineingeben und mit den Fingerspitzen behutsam darunterarbeiten. Zuletzt den Teig mit den Handballen zweimal kräftig durcharbeiten. Mindestens eine Stunde in einem Tuch ruhen lassen.

10 EL Puderzucker in die Pfanne streuen, eine etwa 1 cm dicke, gleichmäßige Schicht entstehen lassen. Mit dem Wasser anfeuchten.
Die Äpfel in passende Stückchen schneiden. Kerngehäuse entfernen.
Obststücke auf dem Zucker verteilen.
100 g Butter schmelzen, gleichmäßig über die Äpfel verteilen und langsam erhitzen. Die Früchte dabei immer wieder wenden. So saugen sie sich ringsherum mit der nun entstehenden Karamelmasse voll. Die Pfanne vom Herd nehmen, wenn die Äpfel halb gar sind. Überschüssige Flüssigkeit

abgießen. Die Äpfel anheben und die restliche Butter darunterschieben. Die Apfelstücke wieder gleichmäßig hinlegen.

Den Teig sehr dünn ausrollen und die Obstmasse damit belegen. Im auf 200 Grad (Gas Stufe 3) vorgeheizten Backofen 20 bis 25 Minuten backen. Nach der Backzeit die Torte so umdrehen, dass der Teig unten ist. Die Äpfel bei Bedarf mit einem Messer noch etwas festdrücken.
Kann kalt, heiß oder lauwarm serviert werden.

Mit tiefgefrorenem Blätterteig gelingt dieses Gericht noch müheloser. Allerdings müssen die Blätterteigplatten vorher wenigstens angetaut sein, dann lassen sie sich dünn ausziehen.

Zubereitungszeit: 30 Minuten
Ruhezeit (Teig): 1 Stunde
Backzeit: 20 bis 25 Minuten

Niklaus Schmid

Wohnungstausch

»Halbe Mio! Du hast eine Woche Zeit.«

Nur diese Frist und die Summe, nicht mal besonders drohend die Stimme. Aber Christian Tammer lief ein kalter Schauer über den Rücken. Halbe Mio, das war seine Ausdrucksweise. Die kannten ihn, das waren keine Trittbrettfahrer.

Die Lage wurde ernst.

Angefangen hatte es mit einem Einbruch in sein Büro. Tammers Augen huschten über die Wand, auf der trotz eines neuen Anstrichs immer noch die Sprühschrift zu erkennen war:

Drecksäcke wie du machen schon wieder Gewinne. Mit unserem Geld.

Es folgten Drohbriefe per Internet. Der letzte schloss mit der Aufforderung: »Wir wollen unser Geld zurück. Auf ein Konto, das wir dir in den nächsten Tagen am Telefon nennen.«

Zum wiederholten Male kontrollierte er die Absender der E-Mails, fand aber keinen Hinweis. Sie konnten vom anderen Ende der Welt oder aus dem Nachbarhaus kommen. Ebenso der Anruf eben: *Halbe Mio! Du hast eine Woche Zeit.*

Tammer klappte den Rechner zu. Sorgfältig verschloss er die Bürotür mit dem neuen Sicherheitsschloss. Auf der Treppe zur Tiefgarage überkam ihn, wie schon in den Tagen zuvor, ein ungutes Gefühl, das sich auf dem kurzen Weg vom Bürogebäude zu seiner Wohnung noch steigerte. Immer wieder blickte er in den Rückspiegel. Der Minibus hinter ihm, die ganze Zeit schon. Der Typ mit der Sporttasche an der Ampel, der grinste ihm frech zu.

Die Großstadt sei ein Dschungel, hatte Tammer mal in einem Wirtschaftsmagazin gelesen. Darüber konnte er nur lachen. Jeder gegen jeden wie im Urwald, das wäre ja sogar noch zu ertragen. Alle gegen einen, gegen ihn, so sah es verdammt noch mal doch aus! Und wer konnte ihm helfen? Niemand! Die Polizei würde sehr schnell auf sein Schneeballsystem stoßen, und dann – nicht auszudenken.

Sein Handy meldete sich. Tammer blickte auf die Anzeige. Unterdrückte Rufnummer. Er nahm trotzdem ab.

»Versuch nicht zu fliehen. Wir kriegen dich.« Dieselbe Stimme wie vorhin, ruhig, aber wirkungsvoll. Um ein Haar hätte Tammer beim Abbiegen den Radfahrer übersehen.

Fliehen? Wohin denn? Im Dschungel gab es wenigstens Verstecke, in den Städten nicht. Jeder Gang auf die Straße barg Gefahren. In den Aufzügen der Hochhäuser konnten sie lauern, in den Stadtparks, in jedem Hauseingang. Viele waren es, mehr als hundert, die er um ihr Geld gebracht hatte, eine Menge Geld. Ein paar Kleinsparer, zugegeben, waren auch darunter, aber bei der Mehrzahl der Geprellten handelte es sich doch um Großverdiener, die ihr Schwarzgeld an der Steuer vorbeischleusen wollten. Halbseidene Restaurantbesitzer, Bordellbetreiber, fehlinformierte Fußballprofis. Unter all den großen und kleinen Gierigen gab es wohl auch echte Gangster, die ihm nur deshalb das Geld gegeben hatten, damit es vom großen Finanzjongleur Christian Tammer gewaschen wurde.

Und bei diesem Waschvorgang war die eine oder andere Summe eben abhanden gekommen. War weg, verbrannt, wie es in Finanzkreisen hieß. So etwas kam vor, das war nun mal das Risiko, wenn man traumhafte Renditen erwartete. Und sie eine Zeit lang ja auch einsackte. Alle hatten gut verdient, Tammer selbstredend auch.

Doch irgendwann hatte das System gestockt.

»Geben Sie mir ein, zwei Monate«, hatte er seine Klienten damals gebeten. Die meisten hatten zugestimmt, per Brief, Fax oder E-Mail. Mit frischem Geld konnte er die Löcher notdürftig stopfen. Doch das ging nur so lange gut, bis dann mit der Pleite von Lehman Brothers die große Krise begann und der Geldfluss ganz versiegte.

Wieder bat Tammer seine Klienten um Aufschub, doch jetzt glaubten sie ihm nicht mehr. Sie vermuteten, dass er das Geld inzwischen beiseite geschafft habe. Der Ton wurde rauer. Die Medien berichteten von Selbstjustiz. Vier Geschädigte hatten ihren Anlageberater entführt, in einen Keller gesperrt und mit Schlägen gezwungen, ein Fax zu schreiben, in dem der Entführte seine Schweizer Bank aufforderte, einen hohen Betrag an die Erpresser zu überweisen.

Die »Rentner-Gang«, hieß es wenig später, wurde von der Polizei festgenommen.

Unter Kollegen sprach man von einem Einzelfall. Tammer hatte aufgeatmet. Bis zu dem Anruf heute. *Halbe Mio! Du hast eine Woche Zeit.*

Als er per Fernbedienung das Garagentor öffnete, erschien seine Frau in der Haustür. Zum eleganten Kleid trug sie eine weiße Schürze. Reine Dekoration, wie Tammer wusste, denn in der Küche war Angela die absolute Null, ihre Stärke lag mehr im Schlafzimmerbereich.

Sie gab ihm einen Kuss. »Hat mein Hase Ärger gehabt?«

»Nein, alles bestens, Engelchen. Ein bisschen abgespannt.« Er fuhr sich mit der Hand über die Stirn. »Weißt du was: Wir sollten uns einen Urlaub gönnen. Eine Woche oder zwei oder mehr. Oder sogar viel mehr. Die richtige Erholung, so sagt man ja, beginnt erst nach einer gewissen Zeit.« Tammer knipste sein Verkäuferlächeln an. »Was hältst du davon?«

Engelchen hielt sehr viel davon. Doch nach einer Weile fragte sie: »Ein längerer Urlaub, toll, ja, aber was ist mit dem Haus, mit den Katzen, mit unserem schönen Garten?«

»Da hab ich schon eine Idee. Lass das mal den Papi machen.«

Was den Altersunterschied betraf, so konnte Tammer wirklich Engelchens Papi sein. Und dass das Internet nicht nur seine unberechenbaren Seiten hatte, das wusste er auch.

Während Engelchen eine Tiefkühlpizza in die Mikrowelle schob, gab er ein paar Suchbegriffe bei Google ein. Er drückte die Eingabetaste und kurz darauf, als ihm die Küchenfee mitteilte, dass der

Käse auf der Pizza zu schmelzen anfange, da hatte er auch schon die ersten Ergebnisse auf dem Bildschirm.

»Billiger und einfacher geht es nicht«, sagte Tammer nach dem Essen zu seinem Engelchen. Er führte den Mauszeiger über den Bildschirm. Die Webseite hieß *private-holiday-service.com*. Während sie ihm über die Schulter schaute, füllte er das Anmeldeformular aus. Erste Zeile: *Wohnungstausch auf Gegenseitigkeit und zeitgleich*. Klick. Es kamen noch ein Dutzend anderer Punkte, doch schnell waren auch hier die Häkchen gesetzt. Kurz darauf erhielt er eine Mitgliedsnummer und konnte in der Datenbank stöbern, die nach dem Motto »Ich wohne bei Ihnen, Sie wohnen bei mir« die Angebote einiger Tausend Tauschpartner enthielt.

»Schau mal, das sind alles Leute, die Wohnungen oder Häuser untereinander tauschen wollen. Du kannst wählen, Norden oder Süden?«

Angela rümpfte die Nase. »Wenn überhaupt, dann schon Süden.«

»Finca oder Almhütte?«

»Muss das sein?« Angela kaute unentschlossen an ihrer Unterlippe. »Du weißt, ich langweile mich auf dem Land.«

»Es ist besser so, jedenfalls für eine Weile. Also, wie wär's mit einem Strandhaus in Südfrankreich? Da ist es um diese Jahreszeit besonders ruhig.« Tammers Stimme bekam den Ton eines gewieften Immobilienmaklers. »Fischerhäuser, knisterndes Kaminfeuer, gesunde Meeresluft – nun, Engelchen?«

»Müssen wir wirklich weg?«

»Ja. Ist nur für eine Übergangszeit. Du weißt doch, auf Regen folgt Sonne, nach Pleiten werden wieder Mios gemacht.«

Engelchens Augen wurden noch eine Spur gleichgültiger. Tammer seufzte und begann, die Adressen der Tauschwilligen in Südfrankreich zu notieren. Dann griff er zum Telefon, um Erkundigungen einzuholen. Wichtigster Punkt war, wer von den Hausbesitzern zum sofortigen Tausch bereit wäre. Denn Tammer hatte es ja eilig.

Monsieur Pitello gehörte offenbar zu jenen Menschen, die entschlossen und stets reisefertig waren. Und er hatte ein Haus am Meer.

Tammer wünschte genauere Angaben. Er kramte sein Schulfranzösisch aus: »*Où est exactement votre maison*?«

»In Callelongue. Nicht weit von Marseille, in einer Bucht der Calanques«, kam es auf Deutsch zurück.

»Am Strand, aber bedeutet das nicht viel Trubel?«

»*Non, non*, zwar nahe am Meer, aber ganz abgelegen, Monsieur. Nur Möwen und Fischer.«

Es war genau das, was Tammer suchte.

Die beiden folgenden Tage nutzte er dazu, die Antiquitäten und was er sonst noch an Werten besaß, zu verkaufen. Immer wieder kam ihm die letzte SMS in den Sinn: *Dir bleiben fünf Tage. Versuch nicht zu fliehen. Wir kriegen dich! Auch in der Karibik! Überall!*

Karibik? Das Bargeld würde nicht mal reichen, um dort die nächsten Wochen zu überstehen. Klar, irgendwann würde es besser werden. Ein paar Eisen hatte er immer noch im Feuer. Seit Tagen wartete er auf den Anruf eines Großkunden. Wichtig war, die Zeit bis dahin zu überbrücken. Er musste aus der Schusslinie kommen. Es galt zu überleben.

Während er das Bargeld zählte, summte sein Handy. Eine neue SMS:

Noch drei Tage! Wir kriegen dich …

Vielleicht ja, dachte Tammer, vielleicht aber auch nicht.

Das Ehepaar Pitello sah anders aus, als Christian Tammer sich die Besitzer eines südfranzösischen Strandhauses vorstellte. Mit seinem Cordanzug sah Carlos Pitello aus wie ein Dorfschullehrer, trotz der Rolex an seinem Handgelenk. Seine Frau Simone hatte langes, blondes Haar, trug eine modische Brille und war viel jünger als ihr Mann. Auch sie sprach Deutsch, ausgezeichnet sogar, mit nur einem kleinen Akzent. »Ich stamme aus dem Elsass. Carlos' Vorfahren kamen aus Italien und Spanien, wie die so vieler Leute aus Marseille.

Unser Haus in Callelongue ist für die Ferien. Wir werden es erst wieder im nächsten Sommer benutzen.«

»Aber warum … ?«

»Wegen der Sprache, wir wollen unser Deutsch auffrischen«, übernahm Carlos Pitello. »Wir möchten das Ruhrgebiet besuchen. Europäische Kulturhauptstadt, wunderbar, ein riesiges Programm. Und Sie, warum Frankreich?«

»Hm, das gute Essen, das Meer. Ja, und natürlich auch, um unser verschüttetes Schulfranzösisch zu verbessern.« Tammer klang überzeugend. Man lachte viel, machte Komplimente und kam dann zum Geschäftlichen.

»Am Telefon sprachen Sie von einem Monat«, sagte Pitello nach einem Rundgang durch Tammers weitläufigen Bungalow.

»Einen Monat oder zwei, kommt ganz darauf an, wie es uns bei Ihnen im Süden gefallen wird.«

»Schauen Sie selbst.« Pitello zog eine CD aus seiner Aktentasche.

Tammer schaltete den Computer ein, gemeinsam betrachteten sie die Fotos.

Die Aufnahmen zeigten ein allein stehendes Haus in karger Landschaft.

»Eine der typischen *cabanons*, eine ehemalige Fischerhütte, die wir modernisiert haben. Die Natursteinmauer, die Sie hier sehen, schützt das Haus vor dem Wind, dem Mistral«, erklärte Simone Pitello.

Tammer tat erschrocken. »Aha! Das ist also der Grund, warum Sie von der Küste weg wollen. Ihnen selbst ist es dort um diese Jahreszeit zu rau.«

»Ach, nein«, Carlos Pitello lachte, »hin und wieder brauchen wir die Ablenkung einer Großstadt, aber es sollte eben nicht Marseille sein, sondern, aus besagten Gründen, eine deutsche Großstadt: Die Theater bei Ihnen, die Konzerte mit klassischer Musik, und hin und wieder ein Einkaufsbummel, denn gewisse Dinge sind bei Ihnen billiger als bei uns. Deshalb kam uns Ihr Angebot auch gerade recht, und … ach, Ihr *portable*.«

»Entschuldigen Sie bitte.« Tammer machte einen Schritt zur Seite und musterte sein Handy:

Noch 48 Stunden!

Aus verschiedenen Sonderzeichen hatte der Absender einen Galgen gebastelt. Tammer ließ sich den Schreck nicht anmerken, lächelnd wandte er sich dem Besuch zu: »Tja, sehen Sie, so ist das, wenn man überall erreichbar sein muss. Deshalb suchen wir, im Gegensatz zu Ihnen, Ruhe und Abgeschiedenheit.« Und mit einem vieldeutigen Blick auf Angela: »Für eine Weile wollen wir mal wieder viel, viel Zeit nur für uns alleine haben.«

»Ja dann.« Pitello nickte vielsagend.

Tammer hatte noch die Frage auf der Zunge, welcher Art von Geschäften sein Tauschpartner nachging, unterdrückte sie aber, um nicht selbst gefragt zu werden.

Die Formalitäten waren schnell erledigt. Tammer zog den Korken aus einer Flasche mit Rheinwein und füllte die Gläser. Man trank auf den Wohnungstausch, besprach noch einmal dessen Vorteile und verabredete, per E-Mail in Kontakt zu bleiben.

»Und, ach«, warf Tammer zum Schluss noch ein, »falls mal jemand nach unserer neuen Adresse fragt, dann sagen Sie doch einfach, die sei Ihnen nicht bekannt. Denn, wie gesagt, wir wollen unsere Ruhe haben.« Augenzwinkernd drehte er an seinem frisch polierten Ehering.

Als sich sein Handy das nächste Mal meldete, befanden sich Christian Tammer und seine Frau Angela schon in Südfrankreich auf der Autobahn zwischen Lyon und Marseille.

Noch 24 Stunden!

Nach Südfrankreich wegen des guten Essens, hatte Tammer vor den Pitellos gelogen. In Wirklichkeit sah er Marseille nicht als die Heimat der berühmten Bouillabaisse, sondern verband den Namen von Frankreichs zweitgrößter Stadt mit Schlagzeilen wie »Knotenpunkt des internationalen Verbrechens … Hochburg rechtsradikaler Politiker … sozialer Brennpunkt.« Nur schnell weiter. Von den südlichen Bezirken der Stadt bis zum Zielort Callelongue waren es nur wenige Kilometer.

Angela wollte sich den kleinen Hafen ansehen. Also hielten sie kurz an und nutzten die Gelegenheit, um Lebensmittel einzukaufen. Die letzte Wegstrecke bis zum Ferienhaus folgte Tammer einer Skizze, die Pitello für ihn angefertigt hatte. Sie fuhren entlang der Steilküste der Calangues, sahen rechter Hand das Meer, türkisfarben, klar bis auf den Grund, und links die Kalkfelsen, auf denen die Strahlen der Herbstsonne lagen.

»Wildromantische Gegend«, sagte Tammer nach einem Rundblick über die fjordartige Bucht mit den vereinzelten Häusern im spärlich bewachsenen Gelände. »Na, Engelchen, was sagst du dazu?«

Engelchen zog eine Schnute.

Das Haus aus Natursteinen, mit kleinen Fenstern, einer massiven Tür und einem Vordach, sah nicht ganz so idyllisch aus, wie es die Fotos auf der CD versprochen hatten. Doch für Tammer erfüllte es den Zweck. Es lag sehr abgelegen und war schwer zugänglich. Nicht einmal die Funksignale fürs Handy kamen durch. Die Einrichtung war eher spartanisch als gemütlich. Ein Schlafzimmer mit zwei Betten. Im Wohnraum gab es einen Tisch mit vier Stühlen, an den Wänden hingen Kalenderdrucke und eine Kuckucksuhr. Vor dem offenen Kamin standen zwei Korbsessel und auf dem Boden ein Fernsehapparat.

»Guck dir das an! Keine Parabolantenne fürs Satellitenfernsehen, kein Telefonanschluss, nicht mal eine Mikrowelle«, schimpfte Angela. Sie war, als sie den Wagen verließ, mit den Absätzen in den Steinen hängen geblieben. Einmal in Schwung, machte sie ihre Wünsche deutlich: »Christian, ich möchte mit Pumps über gepflasterte Wege gehen und nicht mit Wanderschuhen und Windjacke durch Geröll stampfen. Und was sollte vor den Pitellos diese Arie mit der Ruhe? Ich brauche keine Ruhe, ich nicht. Was ich brauche, ist ein Frisör in der Nähe, sind Leute, mit denen ich mich über Mode unterhalten kann, zivilisierte Nachbarn, keine Höhlenmenschen!« Sie wies auf die Nachbarhäuser in der Ferne.

»Engelchen, hör mal …«

»Hör du mal zu! Fünf Jahre war Engelchen deine Sekretärin.« Sie machte eine rüde Körperbewegung. »Seit zwei Jahren sind wir verheiratet«, sie lachte bitter auf, »und du markierst vor den Pitellos den verliebten Esel.«

»Engelchen!« Tammer strich ihr besänftigend über die Wange. »Das war der plausibelste Grund, um den beiden Froschfressern klarzumachen, warum es uns zu dieser Jahreszeit an ihren bescheuerten Küstenstrich zieht. Du weißt doch, warum wir hier sind.«

»Du meinst, hier sind wir sicher?«, fragte Angela halbwegs versöhnt.

»Ganz sicher, Engelchen, und bald ist Gras über die Geschichte gewachsen. Dann geht es zurück in die Stadt, in unseren Bungalow, zurück in die Zivilisation mit ihren Bars und Boutiquen, Wohlfühlbädern und tollen Frisören.«

Und zu den kabellosen Internetanschlüssen, fügte er in Gedanken hinzu.

Während er so sprach, ging die Sonne unter. Für ein paar Minuten hing sie wie ein Spiegelei über dem Horizont, dann tauchte sie ins Meer.

Tammer blickte auf die Wanduhr, aus der in diesem Moment der Kuckuck hüpfte und die volle Stunde verkündete. In Tammers Heimatstadt, rund tausend Kilometer entfernt, war jetzt die Frist abgelaufen.

Am nächsten Morgen machte er einen Spaziergang nach Callelongue, setzte sich in ein Internetcafé und rief mit seinem Netbook die Post ab. Keine Nachricht von seinem Großkunden, dafür eine neue Drohung. Seine Verfolger hatten ihm eine allerletzte Frist gesetzt, was Tammer nun aber kalt ließ. Er schrieb den Pitellos eine E-Mail, dass er gut angekommen und mit ihrem Haus sehr zufrieden sei. Umgehend kam die Antwort: Alles sei bestens, man füttere die Katzen und würde sich auch um die Blumen kümmern. *Au revoir, ciao und tschüs, Simone und Carlos.*

Nach einem weiteren Café Crème, kaufte er in dem Kramladen nebenan außer Grundnahrungsmitteln noch Olivenöl, Zwiebeln, rote Paprikaschoten und Sardellenfilets. Vielleicht konnte er Angela doch ermuntern, auf dem mit Propangas betriebenen Herd eine

Pizza zu backen. Die Verkäuferin empfahl ihm zu dieser »Pissaladière«, wie sie es nannte, einen Roséwein aus der Provence. »Wunderbar, Monsieur!« Sie verdrehte die Augen. Tammer nahm gleich zwei Flaschen, das würde die Stimmung in der Hütte heben.

Engelchen saß vor dem Fernseher, in dem eine Musiksendung lief. »Warst lange weg.«

»Ich hab unterwegs Leute getroffen. Zwei Männer mit Tauchausrüstung. Stell dir vor, was die in einem Netz hatten: Jede Menge Seeigel! Seeigelfleisch gehöre in die Rouille, diese sämige Soße, die man zur Fischsuppe reicht, haben sie gesagt.«

»Und was ist das?« Sie deutete auf Tammers Einkauf.

»Zutaten für eine Pizza nach Landesart, Pissaladière.«

»Wie sich das schon anhört. Kannst du alleine essen!«

Tammer schnappte sich eine der beiden Roséflaschen, setzte sich unter das Vordach und schaute in die Ferne. Die Bucht war heute kaum sichtbar, das Meer draußen bleigrau. Bald würde es regnen.

Es war am Ende der ersten Woche ihres Aufenthalts. Nach zwei Regentagen schien wieder die Sonne. Die Situation in dem Ferienhaus entspannte sich. Angela hatte pinkfarbene Wanderstiefel entdeckt, in denen sie erste Gehversuche hinunter zum Strand machte. Tammers Verdauung hatte sich eingependelt und nach Monaten der Lustlosigkeit hatte er wieder angefangen, mit seiner Frau zu schlafen. Er genoss die Ruhe und die gute Luft und der Spaziergang ins Dorf war zu einem Ritual geworden.

Wenn er das Internetcafé betrat, wurde er mit einem »*Bonjour, Monsieur*!« vom Wirt begrüßt, der ihm anschließend ohne Aufforderung den Milchkaffee und ein Croissant brachte. So war es auch heute. Tammers Laune besserte sich noch, als er die Post abrief. Sein Großkunde hatte angebissen, endlich. Die Aussicht auf neue Mios war gestiegen, vielleicht würde er sogar schon sehr bald seine Altkunden besänftigen können. Nachdem er den Pitellos, von denen diesmal keine E-Mail im Postfach lag, ein paar Zeilen geschrieben hatte, las Tammer wie üblich die Börsennachrichten und anschließend die Online-Ausgabe seines Lokalblatts.

Das Wetter war schlecht und die Politik nicht gut auf die Finanzberater zu sprechen. Das war nicht wirklich neu. Tammer grinste, doch dann stieß er auf eine Meldung, die ihn erstarren ließ:

»*... wurde das Ehepaar P. in dem Bungalow von Unbekannten überfallen. Die Maskierten stülpten dem Mann einen Sack über den Kopf und schlugen brutal zu. Er ist schwer verletzt und noch nicht vernehmungsfähig. Die Frau steht unter Schock. Von einer heißen Spur kann bisher keine Rede sein. Erschwert werden die Suche nach den Tätern sowie die Aufhellung des Tatmotivs durch den Umstand, dass es sich bei den Opfern nicht um die ständigen Bewohner des Hauses handelt. Die Polizei will nicht ausschließen, dass es sich um eine Verwechslung handelte.*«

Es folgte eine Beschreibung der Opfer, deren Identität Tammer schon erraten hatte, sowie die Aussage eines Augenzeugen aus der Nachbarschaft, der zwei Männer beobachtet hatte:

»*Sie stiegen aus einem Minibus, klingelten an der Tür der Tammers, schoben die junge Frau zur Seite und betraten das Haus. ›Na, na‹, dachte ich, ›komischer Besuch. Und dann so früh.‹ Als die Männer weg waren, ging ich rüber und dann sah ich, was passiert war ...*«

Tammer kopierte den Artikel auf die Festplatte seines Netbooks und machte sich auf den Rückweg. Wie sollte er sich verhalten? Welche Auswirkungen hatte der Anschlag? Als Finanzberater war er es gewohnt, auch schlechte Nachrichten positiv zu bewerten. Doch so ganz hatte er sein Gesicht nicht unter Kontrolle.

»Was ist los, Hase?«, wollte Angela wissen.

Hase hatte eine gute und eine schlechte Nachricht.

»Erst die schlechte«, sagte Angela.

»Tja, die Erpresser haben ihre Drohung wahr gemacht. Mussten sie wohl, um glaubhaft zu bleiben.« Tammer trommelte mit den Fingerspitzen auf dem Deckel des Netbooks. »Hier steht's, kannst du gleich in Ruhe lesen. Sie haben es selbst gemacht oder, wahrscheinlicher, Schläger in unser Haus geschickt, Typen, die drauflos gehauen haben, ohne sich zu vergewissern, wen sie überhaupt vor sich haben. Tut mir ja leid, dass es die harmlosen Pitellos erwischt hat, aber besser unsere Tauschpartner, als wenn sie uns ... «

»Und was machen wir jetzt?«

»Nichts! Abwarten, Engelchen. Da unsere Verfolger ihre Rachegelüste gestillt haben und zudem die Polizei jetzt aktiv ist, können wir bald wieder zurück. Denn, und jetzt kommt die gute Nachricht, bald fließen wieder die Mios. Als Erstes gründen wir eine Firma unter deinem Namen. Anschließend werde ich in einer seriösen Zeitung eine Anzeige aufgeben. Überschrift: ›Kapitalanleger gesucht‹. Geschäftsführer der neuen Firma bin natürlich ich.«

»Ja, und ich?«

»Du spielst wieder, um das Bild vom soliden Geschäftsmann abzurunden, die charmante junge Ehefrau.«

Angela verzog ihren Mund, der für die Ehefrau eines soliden Geschäftsmannes eine Idee zu grell geschminkt war.

Am Nachmittag, es war Samstag, konnte Tammer das beobachten, was Pitello ihm geschildert hatte: Er sah Männer und Frauen mit kleinen Booten aufs Meer fahren, während andere ihre Angelruten in den Felsen verkeilten, um vom Ufer aus Jagd auf Kraken und Fische zu machen, die sie später auf einen provisorischen Grill werfen würden. »Dann werden Sie in der Ferne kleine Feuer wie Glühwürmchen leuchten sehen und der Geruch nach gegrilltem Fisch und Knoblauch wird sich mit dem Duft von Thymian, Salbei und Rosmarin mischen und bis zu Ihnen hinaufziehen. Das wird Ihnen Appetit machen, Herr Tammer. Gehen Sie ruhig hinunter, ich denke, man wird Sie einladen.«

Es war genauso, wie Pitello es vorausgesagt hatte; und plötzlich verspürte Tammer ein Glückgefühl, wie er es sonst nur bei besonders gelungenen Geschäftsabschlüssen empfunden hatte. Jetzt zu den Familien hinuntergehen? Nein, das wollte er nun doch nicht. Aber etwas anderes kam ihm in den Sinn. Er schaute seiner Frau in die Augen, wie schon lange nicht mehr. »Engelchen, mir wäre jetzt danach, vor dem Kamin.«

»Ach, Hase, denk doch mal an die armen Pitellos«, antwortete sie, entzog sich aber nicht seinen Händen.

Tammer strich ihr gerade zärtlich über die Hüfte, als es an der

Haustür klopfte und eine Stimme rief: »*Hé, Monsieur! C'est moi, Robert, votre voisin!*«

»Engelchen, weißt du, was das Schöne an diesem eigentlich doch eher miesen Küstenstrich ist?«, fragte Tammer und gab sich selbst die Antwort. »Wenn hier jemand klopft, kann man sich sicher sein, dass es höchstens ein Fischer ist, der seine Nachbarn zum Grillen einladen oder ihnen die frisch gefangenen Rotbrassen bringen will.«

Er öffnete die Tür.

Die beiden Männer trugen Wollmützen und Windjacken, wie sie bei den Fischern üblich waren – und in den Händen große Revolver.

»Carlos Pitello?«, fragte der eine, aber es klang nicht wie eine Frage.

»Ja, aber ich bin nicht ... ah! *Non, non, je ne suis pas Monsieur Pitello, non, non, s'il vous plaît ...!*«, stammelte Christian Tammer.

Angela kam herangestürzt.

Tammer schrie: »Nicht sie, bitte, bitte nicht sie!«

Er nahm wahr, dass die beiden Männer fast gleichzeitig schossen. Ein brennender Schmerz durchfuhr seinen Unterleib. Er krümmte sich, ging auf die Knie. Seine Stirn berührte einen Fisch, den die Männer auf die Schwelle gelegt hatten. Warum einen Fisch? Als Zeichen für Verrat? Es war doch die Mafia, die immer irgendwelche Zeichen hinterließ...

Eine Sekunde lang machte er sich noch Vorwürfe, dass er seinen Wohnungstauschpartner nicht gefragt hatte, mit welcher Art von Geschäften der eigentlich sein Geld verdiente.

Doch dann war auch das nicht mehr wichtig.

Pissaladière

Zutaten *(für 4 Personen)***:**

- *500 g Mehl*
- *20 g frische Hefe*
- *2 große weiße Zwiebeln*
- *2 große rote Paprikaschoten*
- *12 Sardellenfilets (in Öl)*
- *2 TL Fenchelsaat*
- *8 EL Olivenöl*
- *100 g schwarze Oliven mit Stein*
- *1 Knoblauchzehe*
- *2 EL fein gehackte, krause Petersilie*
- *Meersalz (Fleur de sel) zum Bestreuen*

Zubereitung:

Früher wurde diese Spezialität aus Nizza nicht mit Sardellenfilets belegt, sondern mit einem Fischpüree, Pissala, bepinselt. Daher auch der Name Pissaladière.

Mehl und etwas Salz in einer Schüssel mischen. Die Hefe mit einem Teil des lauwarmen Wassers anrühren und zum Mehl geben. Das restliche Wasser sowie etwas Olivenöl beifügen und alles zu einem glatten, glänzenden Teig kneten; er sollte nicht zu trocken sein. Zugedeckt an einem warmen Ort etwa eine Stunde gehen lassen.

Zwischenzeitlich die Zwiebeln in dünne Ringe schneiden. In einer Pfanne Olivenöl erhitzen und die Zwiebeln auf kleinem Feuer zugedeckt weich dünsten. Paprikaschoten vierteln, putzen, entkernen, in feine Streifen schneiden. Sardellenfilets im Sieb abtropfen lassen. Fenchelsaat im Mörser grob zerstoßen. Knoblauch fein hacken und mit der Petersilie mischen.

Nun den Teig durchwalken, dünn ausrollen und auf ein großes, rechteckiges Blech legen.

Den überlappenden Teig leicht einschlagen, zu einem Rand formen und gut andrücken.

Teigboden mehrmals mit einer Gabel einstechen und dünn mit 2 EL

Olivenöl einstreichen. Zuerst Zwiebeln, dann Paprikastreifen, Fenchelsaat, Oliven und Sardellen gleichmäßig darauf verteilen. Mit dem restlichen Olivenöl beträufeln und im vorgeheizten Ofen bei 200 Grad etwa eine halbe Stunde backen.

Die Pizza nach Marseiller Art aus dem Ofen nehmen, die Petersilien-Knoblauch-Mischung darüber geben und mit dem Meersalz bestreuen.

Pissaladière in Stücke schneiden, heiß oder lauwarm servieren.

Dazu passt ein gut gekühlter Roséwein aus der Provence.

Ingrid Schmitz

Weißt du noch?

Ich schloss die Tür auf und rief »Hallo Paps!« in den Flur. Er sollte sich nicht erschrecken, wenn ich plötzlich im Wohnzimmer auftauchte. Wie jeden Montagmorgen versperrte der Korb mit den leeren Flaschen den Hauseingang. Ich schob ihn beiseite. »Paps? Paaaps!«

Da hörte ich eine weibliche Stimme. Hatte er etwa Besuch? Von einer Frau? Undenkbar. Je näher ich kam, desto lauter erzählte die Redakteurin vom Fernsehsender etwas über das Alter und die Pflegeheime. Bisher ein Tabuthema für ihn, und jetzt schaute er sich die Reportage freiwillig an? Hatte er seine Meinung geändert? Im Wohnzimmer roch es nach ungelüfteten Fernsehnächten. Ich ging zum Fenster und öffnete es. Da sah ich ihn schlafend im Sessel sitzen. Na so was, noch vor zehn Minuten hatte er mich am Telefon zusammengestaucht und gefordert, ich solle ihm sofort die Fotoalben zurückbringen. Ich beugte mich zu ihm. Es war ein gewohnter Anblick. Paps mit der Fernsehzeitung auf dem Schoß, der Brille auf der Nase, den Mund halb geöffnet und die weißen Haare wirr vom Kopf abstehend. Wie immer sah sein Gesicht fahl aus. Er sollte sich mehr an der frischen Luft bewegen, damit sein Körper nicht so schwach wurde. Nur um sein Gehirn musste ich mir keine Sorgen machen. Zumindest sein Langzeitgedächtnis war für einen 82-Jährigen phänomenal.

Ich rüttelte an seinem Oberarm, wollte ihn wachbekommen. Es gelang mir nicht. So dringend konnte es also nicht gewesen sein, was er zu besprechen hatte, sonst hätte er mich schon an der Tür begrüßt. Skeptisch sah ich zu ihm.

»Komm schon, die Nummer zieht nicht mehr bei mir«, sagte ich halblaut, mit ein wenig Ironie in der Stimme, obwohl ich sauer auf ihn war. Zu oft hatte er sich tot gestellt, nur, um mich zu ärgern, mir zu zeigen, wie das Gefühl wohl ist, wenn er nicht mehr da wäre.

»Paps? Papa?« Er rührte sich nicht. Ich fühlte seine kalte Stirn, die kühlen Wangen, schaute auf die leicht bläulichen Lippen, die an sich nichts Neues waren und dennoch ... Langsam stiegen Zweifel in mir auf und Tränen, durch die ich alles verschwommen sah. Vor diesem Moment hatte ich mich am meisten gefürchtet. Ich legte meinen Kopf auf seine Brust, umschlang sie mit beiden Armen. Er ließ es zu. Ein sicheres Zeichen dafür, dass ... Ich zwang mich zur Ruhe, da erst spürte ich durch seine Weste die laue Wärme, die von seinem Oberkörper ausging. Ich hörte sein Herz, leise, ganz leise pochen. Sein Brustkorb hob und senkte sich dabei, langsam, dann immer heftiger. Paps schlug die Augen auf und drückte mich abrupt von sich weg.

»Da bist du ja endlich. Gib mir meinen Stock!« Er sprach heiser, hustete sich seine dunkle und für sein Alter erstaunlich kräftige Stimme zurück.

Ich versuchte ruhig durchzuatmen, das Zittern unter Kontrolle zu bekommen. Der Schreck saß mir gewaltig in den Gliedern. Flüchtig wischte ich mir die Tränen aus dem Gesicht und bückte mich nach seinem Gehstock. Ich ärgerte mich am meisten über mich selbst. Schon wieder war ich auf ihn hereingefallen. Wie hatte ich nur glauben können, dass er sich jemals änderte? Auch das Kommandieren würde er nie sein lassen, noch nicht einmal auf dem Totenbett.

»Hast du die Fotos dabei?« Er rückte seine Brille zurecht.

»Welche Fotos?« Ich ließ ihn zappeln. Gestern hatte ich die Alben in einem Versteck in seinem Schrank gefunden und heimlich mitgehen lassen. Heute Morgen hatte er es bemerkt.

»Na, die aus Frankreich – habe ich doch gesagt.« Er raufte sich die Haare, was seiner wirren Frisur nichts anhaben konnte.

»Sag bloß ...«

»Ganz ruhig. Moment.« Ich verstand nicht, was an den Fotos unseres Frankreichurlaubs von 79 – ich war damals zehn Jahre alt – so wichtig sein sollte. Warum hatte er sie versteckt? Die meisten Bilder gaben mir Rätsel auf. Wieso hatte er zum Beispiel einen baufälligen

Schuppen fotografiert? Was hatte es mit dem Katzenteller in Nahaufnahme auf sich? Warum befand sich dieser versiegelte Umschlag im Album? Ich hatte mich nicht getraut, ihn zu öffnen. Lächerlich. Als wenn ich eine Tracht Prügel befürchtete, so wie ich sie damals oft bekommen hatte, weil ich ungehorsam war. Ich ging in den Flur, wo mein Beutel mit den Alben stand.

»Mach das Fenster zu, wenn du zurückkommst«, rief er mir hinterher.

»Vater, du sitzt nicht im Rollstuhl, das kannst du alleine. Du musst dich auch mal bewegen.«

»Wer hat es denn geöffnet?« Er wedelte mit dem Stock, ächzte und rappelte sich mit seinen lahmen Knochen auf, aber nur, um mir nachzugehen. »Hast du auch beide Frankreich-Alben mitgebracht? Beeil dich, ich muss dir was zeigen.«

Ich ging an ihm vorbei. Paps riss das aus grünem Lederimitat an sich und setzte sich auf die Couch. Dann klopfte er auf den freien Platz neben sich.

»Komm, schau dir das an.« Seine knorrigen Finger blätterten in den vergilbten Kartonseiten hin und her und zerrissen dabei einige Zwischenblätter aus Pergamin. Die trüben Augen tränten. Er nahm die Brille ab, hob das Album hoch und stieß beim Betrachten der Bilder fast mit der spitzen Nase darauf. Dann hielt er inne.

»Hier. Hier, schau. Burgund, Sommer 79. Weißt du noch? Hier.« Er zog eine Vergrößerung in Schwarzweiß aus dem Album und hielt sie triumphierend hoch. Ich sah plötzlich Schadenfreude in seinem Gesicht, sah, wie er sich erneut über den gelungenen Überfall freute, nach Jahren unangemeldet bei seinem Freund aufgetaucht zu sein. Diese Schrecksekunde war deutlich auf dem Foto zu sehen. Paps tippte auf den Mann. »Leclerc.« Er sprach den Namen so hart und verächtlich aus, als handele es sich um den gefährlichsten Kriminellen aller Zeiten, dabei war er nicht nur sein langjähriger Freund, sondern auch ehemaliger Arbeitskollege aus der Senffabrik. Paps setzte die Brille auf – wieder ab und wieder auf.

»Erinnerst du dich?«, fragte er noch einmal.

Ich sah auf das Bild und schwieg. Richtig. Paps hatte sofort nach unserer Ankunft mit der Kamera draufgehalten. Kaum waren wir aus dem Wagen gestiegen und Madame und Monsieur Leclerc aus dem Haus gerannt gekommen, hatte er sie fotografiert. Ein gelungener Schnappschuss, wenn auch etwas verschwommen. Als sie die Kamera sahen, waren beide ruckartig stehengeblieben, so, als hätte jemand die Zeit angehalten. Monsieur stand in Abwehrhaltung da, mit weit aufgerissenen Augen und Mund, während Madame sich gerade die Hand vor ihre schmalen Lippen halten wollte. Erst das Drücken auf den Auslöser brach den Bann. Ein hektisches Treiben setzte ein.

Je länger ich auf das Foto sah, desto deutlicher kam die Erinnerung. Ich spürte noch einmal, wie unwohl ich mich als Kind gefühlt hatte, unter den für mich wildfremden und fremdländisch sprechenden Menschen.

Ich nahm Paps das Foto ab und legte es wieder sorgsam in die Fotoecken. Die Aufnahme darunter war auch nicht viel besser. Sie zeigte keinen Schnappschuss, sondern Madame, Monsieur, Mutter und mich, von Vater penibel inszeniert. Wir sollten uns in den Arm nehmen und in einer Reihe aufstellen. Ein unangenehmer Moment, wie unsere Gesichter zeigten. Schon damals war mir aufgefallen, wie ärmlich Madame und Monsieur gekleidet waren. Sie steckte in einem schmutzigen, gestreiften Kittel mit so gar nicht passenden Rüschen und er in einer abgewetzten und ausgebeulten Feincordhose und einem dunkelblauen Achselhemd, das den dicken Bauch betonte. Mutter sah dagegen in ihrem C&A-Chic wie eine Thronanwärterin aus und auch ich war in meinen weiten karierten Shorts und dem hellen, langärmeligen Wollpulli – den ich sonntags immer anziehen musste, auch im Hochsommer – reichlich overdressed. Wie furchtbar. Und dann meine Haare. Mutter schnitt meine dunklen Haare immer selbst. Die Frisur wirkte wie eine Mütze. So stand ich mit den Erwachsenen vor dem heruntergekommenen Haus und wollte nur noch heim. Ich glaube, Mutter auch, denn sie hatte sich nach dem Fotografieren wieder in unseren cremefarbenen Opel gesetzt, was die nächste Aufnahme im Album bewies.

Es war mein allererster Urlaub im Ausland, in … war es Lyon oder Dijon? Ich rupfte das Bild aus den Ecken, drehte es um und las – richtig, Dijon. Unter dem Ortsnamen stand ein halber Roman. Früher hatte es mich geärgert, wenn Vater überall auf den Rückseiten Bemerkungen schrieb und ich es nicht durfte. Heute war ich froh darüber, die Fotos mit diesen Notizen zu haben – auch, wenn sie in Französisch verfasst waren. Eine Sprache, die Paps aus der Zeit der Kriegsgefangenschaft und der Montagearbeit in den 70ern in der Senffabrik perfekt beherrschte. Ich überflog den Text und musste feststellen, dass sich mein Schulfranzösisch nur wenig verbessert hatte. So gaben mir die Kommentare selbst heute noch Rätsel auf. Er sollte sie mir, am besten gleich, übersetzen.

Paps tippte mir auf die Schulter. »Ist da jemand? Ich habe dich was gefragt. Erinnerst du dich?« Er setzte die Brille wieder ab. So nervös hatte ich ihn schon lange nicht mehr erlebt.

»Ja, ich erinnere mich – dass du was gefragt hast. Was war es nochmal?«

»Meine Güte, wer ist denn hier 82? Ob du dich erinnerst – an den Besuch in Dijon?«

Warum japste und zappelte er so? Er wirkte wie ein Fisch, dem das Atmen an Land unmöglich war. »Das werde ich mein Leben lang nicht vergessen«, antwortete ich. »Ich weiß noch genau, wie ich an den bunten, schmierigen Flatterbändern in der Eingangstüre hängengeblieben war und mich vor den dicken Brummern in der Küche geekelt hatte. Bestimmt waren sie vom undefinierbaren Essen auf dem Herd so fett geworden, dem Eintopf ›Allerlei‹ aus sandigem Gemüse. Wir hätten nicht zur Essenszeit ankommen sollen.«

»Die *Soup au pistou*, meinst du. Außerdem ist in Frankreich immer Essenszeit, wenn Besuch kommt«, korrigierte Paps mich.

Ich nickte. »Es war so furchtbar. Kaum saßen wir, kam Madame Leclerc mit dem Suppentopf an. Anstatt *Non* war mir ein *Oui* herausgerutscht und mein Teller bis obenhin gefüllt worden. Mit buchstäblich knirschenden Zähnen habe ich mich meinem Schicksal ergeben.«

Paps lachte fettig. Genau so, wie er gelacht hatte, als er den Moment des Probierens mit der Kamera festgehalten hatte. Ich, mit einem entsetzten Gesichtsausdruck unter der Beatles-Frisur, und, als wenn die Aufnahme nicht hässlich genug gewesen wäre, hatte sich auch noch diese struppige Katze ins Bild gedrängt. Sie saß am Tischbein und sah zu mir hoch. Sie war die hässlichste Katze der Welt, das arme Tier. Aber was an dem Mittag mit ihr geschah, hatte selbst sie nicht verdient.

Paps schob das Album näher zu mir und blätterte schnell weiter. Wir betrachteten das erste Farbfoto der Reihe *Zu Besuch bei den Leclercs.*

»Und hier. Weißt du noch? Die große Kasserolle mit dem Hähnchen à la Toulouse.« Seine Aussprache wurde immer feuchter.

»Ja, ich weiß«, seufzte ich, immer noch in Gedanken bei der Katze, und schüttelte mich. »Wie viele Stunden haben wir am Tisch gesessen? Hättest mich vorher auch mal warnen können, dass die Franzosen mehrere Gänge zu sich nehmen, sogar mit unangekündigtem Besuch. Heute frage ich mich, wieso jemand, der so erbärmlich gekleidet war und in solch einem heruntergekommenen Haus lebte, sich so viel zu essen leisten konnte.«

Ich nahm das Foto aus dem Album, drehte es um und las: Madeira-Hähnchen nach Toulouser Art, in der Kasserolle gegart. Für die Soße: Zwiebeln, Karotten, Lauch, Rosmarin, Thymian, Madeira und … und … und … Ich schluckte.

»Wieso kocht eine Hausfrau in der Bourgogne ein Gericht aus Toulouse, und dann auch noch mit Madeira?«, fragte ich ihn, aber woher sollte er das wissen?

Paps kniff die Augen zusammen und zog einen Mundwinkel verächtlich hoch. »Sie war schon immer experimentierfreudig.« Er betrachtete das Bild mit der Kasserolle genauer, so, als würde er jede einzelne Zutat unter die Lupe nehmen und noch einmal schmecken wollen.

Ich hingegen erinnerte mich ungerne an den Hauptgang. Auch er war die reinste Katastrophe. Nicht allein wegen des Gerichts, auch sonst. Nachdem Madame Leclerc den Suppentopf vom Tisch genommen hatte, ließ sie die benutzten Teller stehen, warf Messer und Gabel dazu und knallte den Topf mit dem Hähnchenfleisch, das in einer rötlichen Soße schwamm, auf den Tisch. Wie hatte ich mich vor dem Fleisch in der Soße entsetzt. Sie sah aus wie … obwohl … Wie sich die Zeiten änderten, jetzt lief mir beim Anblick des Fotos förmlich das Wasser im Mund zusammen. Jetzt hätte ich *Coque à la Toulouse* gerne serviert bekommen.

Ich drehte das Foto wieder um, weil mir etwas anderes aufgefallen war. Unter dem Rezept befand sich ein kleines Kreuz. Im Kommentar darunter stand etwas von »*… le chat Filou*«.

»Das war ein Schreck mit der Katze…«, sagte ich, »und dann der Streit zwischen den Leclercs und dir. Worüber hattet ihr euch eigentlich gestritten? War es wegen der Katze?« Ich hatte nie danach gefragt und er nie darüber gesprochen. Seltsam, dass wir erst im Alter anfingen, solche Dinge aufzuarbeiten.

Paps stotterte: »Ich … ich soll sie vergiftet haben.« Er wischte sich die Hände an den Hosenbeinen ab.

Ich beäugte ihn skeptisch. Wenn ich ihm alles zutraute, aber das nicht. Nicht vor den Leclercs, vor Mutter, vor mir und überhaupt – nie im Leben. Trotzdem stellte ich ihm die Frage und duckte mich weg, damit ich mir in meinem hohen Alter keine Ohrfeige einfing: »Und? Hast du?«

»Du würdest es für möglich halten?« Sekundenschweigen. Dann räusperte er sich: »Ja, habe ich!«

Geschockt suchte ich erst einmal selbst nach einer Erklärung, versuchte, mich genauer an die Szene zu erinnern: Während wir aßen, schrie Mutter plötzlich auf und zeigte auf die tote Katze neben dem Futternapf. Madame Leclerc schrie Paps an und fuchtelte wild mit den Armen. Er schrie zurück. Monsieur Leclerc mischte sich ein. Mutter schrie Paps an, er solle übersetzen. Er schrie zurück, sie solle sich da raushalten. Madame stürmte auf Paps los. Monsieur zog sie von ihm weg. Ich hatte mich auf meinem Stuhl ganz klein gemacht, verschwand halb unter dem Tisch und starb fast vor Angst. Nie dürfte ich behaupten, dass mein allererster Urlaub in Frankreich schön war.

Sich gut an etwas erinnern zu können, ist nicht immer von Vorteil. Ich musste mich erst beruhigen und betrachtete Paps, den Katzenmörder, der mir plötzlich so fremd vorkam. So alt und in sich zusammengesackt saß er da. Erst jetzt traute ich mich, weiter zu bohren: »Um Himmelswillen, warum hast du es getan und wann und wie?« Die Fragen waren nicht unberechtigt. Wie sollte er das wohl an einem vollbesetzten Tisch gemacht haben? Bevor es zum Eklat gekommen war, hatten wir alle ganz friedlich dagesessen. Er saß dem Hausherrn gegenüber, also am anderen Kopfende des Tisches. Paps hatte oft auf seine Sprungdeckeluhr gesehen, aber das war das einzig Auffällige, was mir spontan einfiel. Und Mutter? Mutter musste das laute Lamentieren, mangels Sprachkenntnissen, wohl dem französischen Temperament zugeschrieben haben und hatte sich nur auf das Essen konzentriert. Damals hatte ich gestaunt, wie man so etwas mit Genuss essen konnte. Also, *wann* und *wie* um alles in der Welt – hatte er die Katze vergiften können?

Paps reckte sich unter Ächzen und startete lieber den Versuch, das »Warum« zu erklären: »mit den Leclercs hatte ich noch eine Rechnung offen. Sie glaubten nicht, dass ich meine Drohung mit der Katze wahrmachen würde. Selbst schuld. Haben sich geirrt, die Schweinehunde.«

»War das der Grund, warum wir nach Dijon gefahren sind?«, fragte ich. »War das der einzige Grund? Du wolltest ihre Katze killen – aus Rache? Aber …«

»Zunächst einmal – ja. Doch das wäre zu wenig gewesen. Wer nimmt schon den beschwerlichen Weg auf sich, nur um eine Katze zu töten?«

»Zunächst einmal? Zu wenig gewesen?« Meine schrille Stimme klang selbst mir unangenehm im Ohr.

Paps sah mich mit dem Anflug eines Gewissensbisses an.

»*Sie* war die treibende Kraft. Sie hätte es nicht tun dürfen.«

Unwahrscheinlich, dass er immer noch von der Katze sprach. Ich musste ihn einfach reden lassen, wenn ich den genauen Grund erfahren wollte.

»Da ist noch was«, sagte er und wischte sich über die feuchte Stirn. »Bevor ich sterbe, muss ich es endlich loswerden.«

»Hör auf mit deinem Sterben!« Ich … stockte. So hatte er mich noch nie angesehen. Ich strich über meinen Arm. Mit der Gänsehaut hätte man bequem Kartoffeln reiben können. Schon war

Paps nicht mehr in der Lage, seine Büßermiene durchzuhalten. Sie verwandelte sich in ein gemeingefährliches Grinsen. Jetzt entrüstete er sich sogar: »Sie hat mich erpresst, das Luder. Man erpresst keinen Erpresser.« Er schlug das Album zu. »Ich will nicht mehr.«

Ich fiel vom Glauben ab. Mein Vater, ein Erpresser? Ein Tyrann, ein Kinderschläger, das ja – aber ein Erpresser? »Nix da. Du flüchtest nicht mehr. Raus mit der Sprache!« So hatte ich noch nie gewagt mit ihm zu reden. Es war an der Zeit.

»Du hast mich falsch verstanden. Ich will nicht mehr. Ich will nicht mehr schweigen. Habe gedacht, es sei alles perfekt. Ums Verrecken nicht.« Er hob den krummen Zeigefinger und zielte damit auf mich. »Das Gewissen – weißt du – das schlechte Gewissen verhindert den perfekten Mord.« Er zog an der goldenen Kette und holte die Taschenuhr aus der Weste hervor, überlegte es sich wohl anders und steckte sie unbesehen wieder zurück. »Ich wollte mein Geheimnis mit ins Grab nehmen, den Brief und die Fotos verbrennen – aber es dauert mir zu lange. Ich halte es nicht mehr aus. Ich *muss* darüber reden und dafür büßen.«

Während ich steif und starr vor Entsetzen dasaß, riss Paps den eingeklebten Umschlag aus dem Album.

»Nun denn«, sagte er und kontrollierte das Siegel auf Unversehrtheit, nachdem er kurz zu mir herübergesehen hatte. Erst jetzt öffnete er ihn umständlich und sehr langsam, so, als überlege er, ob es richtig sei, es zu tun. Mit spitzen Fingern zog er ein vergrößertes Farbfoto hervor, ließ das vergilbte Blatt Papier, das dabei hervor blitzte, im Kuvert stecken. Ich reckte meinen Hals und sah auf dem Bild erneut einen Teller mit Hähnchengericht. Es sah so aus, wie das, was wir eben betrachtet hatten. Oder nicht? Paps ließ mir keine Zeit die Bilder zu vergleichen.

»Es war der perfekte Mord«, wiederholte er sich. »Der perfekte Mord.« Er stierte vor sich hin und schob das Foto wie eine Tarotkarte zu mir, auf der der Tod zu sehen war, und tippte auf eine bestimmte Stelle. Mitten im Fleisch-, Kräuter- und Gemüsewusel war eine einzige, gesprenkelte Bohne zu sehen.

»Das? Meinst du das hier, oder was? Sieht aus wie eine rot gesprenkelte, weiße Bohne.« Ich wurde nicht schlau aus ihm.

Er lachte laut. »Genau! Könnte man meinen. Aber es ist die Bohne einer speziellen Hülsenfruchtpflanze, deren Giftigkeit ich durch – nennen wir es ruhig Zufall – auf Hinweisschildern im botanischen Garten entdeckt hatte. Wenn man auf die Pflanze achtet, findet man sie fast überall. Sie ist unverwüstlich.«

Ich konzentrierte mich auf das Foto, konnte es immer noch nicht glauben. Aus welchem Film erzählte er hier? Da erkannte ich, wessen Teller es war, neben dem die schmale Hand mit der Gabel ruhte. Es war die braungebrannte Hand von Madame Leclerc, ich sagte es ihm.

Paps nickte. »Sie hat es nicht anders verdient.«

»Aber wie …?«

»Sie war dabei, sämtliche Teller zu füllen, als ich kurz auf meine Taschenuhr sah. Niemand schöpfte Verdacht, hatte ich doch den ganzen Tag auf meine Uhr gesehen. Auf meine gute, alte Uhr, die mir zeitlebens gute Dienste geleistet hat und in deren Gehäuse so viel Platz ist – für allerlei. Dann sagte ich Madame, sie möge sich setzen, damit ich ein Foto von dem köstlichen Essen machen kann. Ich brauchte das Foto – für mich. Ich musste mir damit immer wieder beweisen, dass ich es geschafft hatte, mich unbemerkt zu rächen. Wir wünschten uns alle *Bon appétit*, und ich verwickelte sie in ein Gespräch, während sie fleißig auf der nussig schmeckenden Bohne herumkaute.«

Was ich jetzt sah, konnte ich nicht glauben. Zum allerersten Male sah ich ihn weinen. Nicht laut und schluchzend, nein, ich sah, wie sich aus seinem Auge eine dicke Träne quetschte, die schwerfällig wie Quecksilber die Wange hinunter kullerte und auf das Foto tropfte.

»Der Senf …« Er rieb sich die Augen. Sein Gesicht verfärbte sich für einen Moment puterrot, um in den nächsten Sekunden wieder zu verblassen.

Phantasierte er? Senf? Was sollte das jetzt?

»Ich wäre vielleicht Millionär geworden und hätte dir in deiner Kindheit etwas anderes als Prügel bieten können. Wäre dir ein guter

– zumindest ein reicher Vater gewesen. Du hättest eine anständige Frisur bekommen und einen neuen Wollpullover.« Er schluckte schwer. »Aber sie, sie hat alles zerstört. Das Luder hat nicht nur meine langjährige Freundschaft zu Leclerc zerstört, sondern mich auch um mein Geld gebracht.«

»Aber wie?«

»Leclerc und ich hatten vor, den Maître von ›Moulin Moutarde‹ zu entführen. Wir wollten an die geheime Zutat des weltberühmten Senfes kommen. Du musst wissen, wir sprechen von den siebziger Jahren. Da gab es noch keine computergesteuerten Mengenbeigaben, da wurde noch von Hand abgewogen, gemischt und geforscht und handschriftlich notiert. Da kam der Firmeninhaber höchstpersönlich und mischte in einer Art Zeremonie und aus dem Kopf eine geheimnisvolle Zutat bei, die er einstreute, bevor abgefüllt wurde. Andere Senffabriken, auch die Deutschen, hätten viel für die geheime Würzmischung bezahlt. Leclerc und ich passten also den Geheimnisträger nachts ab und brachten ihn zum Schuppen, ganz in der Nähe der Leclercs.« Paps röchelte beim Husten. »Irgendwo muss das Foto vom Schuppen noch sein.« Er holte tief Luft und schlug das Album wieder auf.

Ich fürchtete um Paps Leben, so sehr wühlte es ihn auf, und ich fühlte kurz, ob mein Handy in der Hosentasche steckte, damit ich schnell den Notruf wählen konnte, falls er sich ans Herz griff oder zusammenklappte. Mir brannten Hunderte von Fragen auf den Lippen. Sie sollten unausgesprochen bleiben.

»Der Maître verriet uns das Geheimrezept nicht, da es keines gab. Nein, es gab wirklich keine Geheimzutat. Alle Welt glaubte es immer nur. Er jammerte und flehte und versicherte es uns hoch und heilig, er habe stets nur das angemischt, was ohnehin schon angemischt worden sei. Was blieb uns anderes übrig, wir mussten ihn wieder freilassen und waren froh, dass niemand herausbekam, wer ihn entführt hatte. Vor ihm hatten wir nichts zu befürchten, da wir Strumpfmasken und Overalls trugen. Unser Scheitern war schmerzlich. Noch nicht einmal das Wissen darum, dass es keine Geheimzutat gab, konnten wir in bare Münze umsetzen, da es uns niemand geglaubt hätte.«

Nun holte Paps das Blatt Papier aus dem Umschlag und hielt es mir hin. Es flatterte in seiner Hand. Ich versuchte, seine Schrift zu lesen, den Text zu übersetzen, und zuckte mit den Schultern.

»Wer es auch nicht glaubte, war das Luder. Sie versuchte mich mit diesem Brief zu erpressen. Er stammt dummerweise von mir. Ich hatte ihn leichtsinnigerweise vor der Entführung geschrieben.«

Ich sah erneut darauf. Währenddessen übersetzte er bruchstückhaft, ohne hinzuschauen.

»*Liebste Celine, komm mit mir nach Deutschland. Ich liebe dich über alles. Wir bauen uns in Italien ein neues Leben auf. Du wirst es bei mir besser haben, als bei deinem Mann, diesem Idioten. Wir teilen uns das Geld, wenn ich das Geheimrezept verkauft habe. In Liebe, Dein Stephan.*«

Mit Entsetzen hörte ich zu, so, wie ich ihm früher immer zugehört hatte, wenn er seine selbsterfundenen Gruselmärchen erzählte. Ich wünschte, es wäre solch ein Moment gewesen. Mir wurde flau im Magen. Mein Vater, ein Katzenmörder, Erpresser, Fremdgeher und Kinderverlasser. Was konnte da noch kommen?

Er beachtete mich nicht, berichtete weiter: »Sie hat meine Liebe nicht erwidert. Dabei wollte ich sie da rausholen, aus der Baracke. Stattdessen erpresste sie mich mit meinem eigenen Brief. Sie wollte ihn deiner Mutter zeigen und damit auch Leclerc auf mich hetzen. Aber ...«

Ich verlor meinen letzten Respekt vor Vater und schrie ihn an: »Du bist also schuld, dass Mutter vor Gram gestorben ist. Kein Wunder, dass sie in den letzten Jahren so rapide abgenommen hatte. Sie wurde innerlich von ihrem Kummer aufgefressen.«

»Aber deine Mutter ... Nein, nicht vor Kummer. Es war die letzte Möglichkeit, sie bei mir zu halten. Sie sollte mich nicht verlassen. Ich wollte euch nicht verlieren.«

Paps griff zu seiner Taschenuhr, öffnete den Sprungdeckel, nahm die darunter befindlichen zwei gesprenkelten Bohnen in den Mund, von derselben Sorte, wie sie auch auf dem Foto zu sehen waren, und zerkaute sie in meinem Beisein. Dabei lächelte er selig. »Dieser köstliche Nussgeschmack, dieses volle, tödliche Aroma. Es war perfekt.

Man muss zwei nehmen, wenn es schnell gehen soll. Eine, wenn es für die Katze ist, oder du die nötige Zeit für deine Abreise brauchst.« Er stand mit wackligen Beinen auf und hangelte sich ächzend zum Fernsehsessel, in den er sich fallen ließ. Die Brille rutschte dabei auf seine Nasenspitze.

»Kannst die Alben wieder mitnehmen. Ich brauche sie nicht mehr.« Dann schloss er die Augen, öffnete den Mund und atmete nicht mehr. Es sah aus, als ob er schliefe.

Madeirahähnchen à la Toulouse

Zutaten *(für 4 Personen)*:

- *4 Hähnchenbrüste*
- *1 Knoblauchzehe*
- *1 Schalotte*
- *Salz*
- *Schwarzer Pfeffer*
- *1 EL Butter*
- *2 EL Olivenöl*
- *50 g Tomaten, gehackt*
- *1 gehäufter TL Tomatenmark*
- *150 ml Madeira*
- *150 ml kräftiger Rotwein*
- *10 grüne Oliven*
- *10 schwarze Oliven*
- *½ Bund Estragon*
- *40 g Butter*

Zubereitung:

Butter und Olivenöl erhitzen. Hähnchenbrüste mit Salz und Pfeffer einreiben und drei Minuten darin anbraten. In den Ofen geben und bei 75 Grad zirka 45 bis 60 Minuten nachgaren.

Im Bratensatz Knoblauch und Schalotte andünsten. Gehackte Tomaten und Tomatenmark dazugeben. Mit Madeira und Rotwein ablöschen und auf die Hälfte einköcheln lassen. Oliven in feine Würfel hacken und den Estragon fein hacken. Die Butter in Flocken in die kochende Sauce geben und einziehen lassen. Mit Salz und Pfeffer abschmecken.

Die Hähnchenbrüste schräg in Scheiben schneiden und mit Sauce überziehen.

Als Beilage eignen sich hausgemachte Nudeln.

Dazu kann der Rotwein gereicht werden, der in der Sauce verwendet wurde.

Bärbel Schoening

Sei vorsichtig

Ich streiche mir die Haarsträhne aus dem Gesicht, die ständig vor meinen Augen herumtanzt, und sehe zu George herüber. Er summt ein griechisches Lied und schneidet begeistert Knoblauch. Ab und zu schielt er zu mir herüber und blinzelt mir zu.

»Wie wäre es, Regina, wenn wir beide ein neues Gericht für unsere Speisekarte kreieren würden, he?«, ruft er und schaut mich abwartend an.

»An was denkst du? Irgendetwas mit Muscheln?«, frage ich neugierig und sehe, dass ich ins Schwarze getroffen habe. Als alter Grieche hat George schon in den besten Küchen am Mittelmeer gearbeitet. Ich mag ihn, weil ihn so leicht nichts aus der Ruhe bringen kann. Der eigentliche Küchenchef aber ist Nicolai, ein schlanker, dunkelhaariger Typ, der sein Haar stets unter einer weißen Kochmütze versteckt hat. Sein Gesicht ist blass und ausdruckslos. Immer fliegen seine Augen hektisch umher und ich bezweifle, dass er George und mich überhaupt in der Küche wahrnimmt.

Vor einem halben Jahr begann ich hier im »Théâtre Nout« als Servicekraft und habe mich bis heute so langsam bis zur Küche vorgearbeitet. Im Service bin ich nur, wenn Not am Mann bzw. an der Frau ist, denn die Arbeit am Herd macht mir weitaus mehr Spaß. Inzwischen beeinflusse ich sogar manchmal das Essen, was jeden Abend den Zuschauern, während die Vorstellung läuft, serviert wird. Durch Jean bin ich an den Job gekommen. Er schreibt Drehbücher, und das nicht nur für das »Théâtre Nout«. Als wir uns damals zufällig in einem Bistro begegneten, erzählte er mir, dass er eine Schauspielschule in Deutschland besucht hat und seitdem als Drehbuchautor tätig ist. So ganz nebenbei erwähnte er, dass im »Théâtre Nout« – wo zu dem Zeitpunkt gerade eines seiner Stücke spielte – eine Servicekraft gesucht würde. Seitdem sind wir miteinander befreundet. Ich habe den Eindruck, Jean meint, es könnte mehr mit uns werden.

»Nenn mir ein Rezept, wo Schwertmuscheln drin vorkommen«, ruft George plötzlich in meine Gedanken hinein.

»Tja, sind das nicht diese länglichen Muscheln?«, frage ich und schneide weiter Zwiebeln in kleine Würfelchen. Durch meine verheulten Augen sehe ich George ganz verschwommen. Darum wische ich mir mit dem Ärmel durch die Augen, um ihn besser sehen zu können.

»Genau, es sind die länglichen. Sie stammen ursprünglich aus Amerika, sind braun gefärbt und haben festes, süßliches Fleisch. Ihre Form ist die eines Schwertes, daher der Name«, klärt er mich auf, und ... »Mit was könnte man sie zubereiten, Regina? Lass deiner Fantasie mal freien Lauf, Mädchen!«, kommandiert er und lacht sein tiefes, unbeschwertes Lachen. Ich mag George, er hat immer gute Laune und ist so fleißig. Er weiß so viel vom Leben und kennt sämtliche Gerichte des Mittelmeerraumes. Leider hilft er nur nachmittags hier aus, wenn Nicolai in seine Pause geht. George frage ich lieber als Nicolai. Nicolai ist immer so gestresst und gibt mir meist ziemlich blöde Antworten.

»Kann man sie auch füllen?«, will ich wissen.

»Kann man. Sag mir, mit was du sie füllen würdest?«, bohrt er weiter. George ist die reinste Herausforderung für mich, stelle ich gerade fest.

»Wie wäre es mit einer Kürbis-Orangencreme? Die Füllung meine ich. Dazu einen Feldsalat mit einem Balsamico Bianco und einem guten Olivenöl, abgeschmeckt mit ein wenig Meersalz. Die gefüllten Schwertmuscheln könnte man auf den Feldsalat – der mit dem Dressing beträufelt wird – legen und an der Seite ein paar dicke Scheiben von einem Hokkaido-Kürbis dekorieren, den man vorher in Sesamsamen wälzt. *Voilà!* Fertig ist Reginas neues Muschelgericht!«, rufe ich begeistert aus und klatsche in die Hände.

George sieht mich ruhig an und sagt kein Wort. Verlegen widme ich mich wieder meinen Zwiebeln, als er plötzlich schreit:

»Genial, Regina! Wenn wir mit dem Schnippeln fertig sind, werden wir es ausprobieren. Nur wir beide, okay? In dir steckt noch viel mehr! Du musst dich nur trauen! Glaube dem alten George und vertraue ihm! Ich schmecke es schon förmlich auf meiner Zunge, Regina!«, schwärmt er und schließt verzückt die Augen.

Stolz erfüllt mich und ich kann es nun kaum noch erwarten, bis wir meine Idee in die Tat umsetzen. Kurz darauf ist das Gericht zubereitet. Es liegt auf einem blauen Teller, der die Form einer Muschel hat und aussieht, als wäre er dem Meer entsprungen. Nachdem wir beide gekostet haben, erscheint kurz Nicolai in der Küche. George bittet ihn freundlich, auch einmal zu probieren. Skeptisch nimmt er von jedem nur ein bisschen und wälzt es im Munde hin und her. Seine Augen sind geschlossen, während er jeden Bissen akribisch kaut und durchschmeckt. Plötzlich reißt er die Augen auf und brüllt: »Das ist ja phantastisch! Wer von euch beiden hat die Idee gehabt, na?«

»Es ist Reginas Idee, und auch ich bin begeistert von dieser Kreation«, lobt George mich und nimmt mich zur Belohnung in den Arm.

»Was meinst du, Nicolai? Wäre das ein Gericht für die Speisekarte?«

»Auf jeden Fall! Das muss auf die Karte, und zwar schon morgen! Ist das klar?«, poltert er wichtig und geht wieder hinaus.

George und ich umarmen uns und tanzen wie verrückt in der Küche herum.

Auch an diesem Abend riecht es im »Théâtre Nout«, das sich auf einem kleinen Hinterhof befindet, wieder nach orientalischen Gewürzen. Die Plätze der Gäste befinden sich vor der Bühne, auf der die Stücke aufgeführt werden. Währenddessen werden ein Aperitif und ein Muschelgericht serviert. Louis ist der Besitzer des »Théâtre Nout«. Er ist klein, mit einem pummeligen Gesicht, einer Hornbrille und einem großen Herzen. Er muss so Mitte vierzig sein, schätze ich. Und dann gibt es noch Luca, den gutaussehenden Mann mit den schwarzen, graumelierten Haaren, die er immer zu einem Zopf zusammengebunden hat. Er ist der Charmeur des »Théâtre«. Sein Bereich ist die Bar. Luca ist ein Meister im Cocktailmischen und kennt sich sehr gut mit Weinen aus. Er schafft gerade Ordnung und füllt die Eiswürfel in einen silbernen Kühler, klemmt die Zange an den Rand und stellt alles auf den Tresen. Sein Gesicht ist ebenmäßig geschnitten, mit etwas zu hohen Wangenknochen, die jedoch sein schönes Antlitz ausmachen. Dieser Typ weiß, wie er auf Frauen wirkt, da bin ich mir hundertprozentig sicher; er sieht aus wie Alain Delon in jungen Jahren. Flott springt er hinter dem Tresen hervor und kommt lächelnd auf mich zu.

»Na, Regina, du strahlst ja so, als hättest du gerade einen …«

»Halt dich zurück, Luca! Ich kann dich beruhigen. Ich war nur in der Küche«, sage ich schnell und merke, wie ich rot werde.

»Darf ich dir einen Cocktail mixen?«, fragt er frech und schnappt nach meiner Hand. Ehe ich mich versehe, sitze ich auf einem der Barhocker und Luca kippt alle möglichen Spirituosen in den Shaker, ohne mich dabei aus den Augen zu lassen. Wenige Sekunden später steht ein herrlich bunter Mix vor mir, mit einem roten Herzchen am gezuckerten Glasrand.

»*Voilà*, Regina«, flirtet er ungeniert weiter. »So schnell bin ich immer, die Betonung liegt auf *immer*«, blinzelt er mir frech zu und ich muss zugeben, dass er mir sympathisch ist, obwohl mir solche Typen verhasst sind.

Ein halbes Jahr arbeite ich hier nun schon in der Küche. Pauline, mit der ich zuerst den Service gemachte habe, ist seitdem kurz angebunden, was meine Person betrifft. Ich denke, dass sie eifersüchtig auf mich ist. George hat es mitbekommen und dafür gekämpft, dass ich vom Service in die Küche versetzt werde. Außerdem war er es, der mein verborgenes Talent entdeckt hat. Ich fühle, dass die Küche in Zukunft mein Platz ist, auch wenn die Arbeit Stress pur bedeutet. Abends falle ich todmüde ins Bett, habe aber immer ein gutes Gefühl im Bauch. Inzwischen kenne ich alle, die Louis hier beschäftigt. Ich habe mich gut eingearbeitet, knie mich in die Arbeit richtig rein, da ich ja noch viel lernen möchte. Das kann ich auch, denn einen Partner habe ich nicht zu versorgen und trage nur für Alexis, meinem Hund die Verantwortung. Ihn hab ich mit nach Paris genommen und er freut sich wie verrückt, wenn ich spätabends nach Hause komme. Tagsüber kümmert sich Monsieur Jradi – ein netter Nachbar von mir – um Alexis und geht mit ihm spazieren. Er ist Rentner und dankbar für die regelmäßige Bewegung, die er durch Alexis hat.

Heute sind wir wieder ausgebucht. Louis stellt sogar noch ein paar Stühle dazu. Ich frage mich: Liegt es am Stück oder am Menü? Venusmuscheln in Kokos-Curry-Sud steht heute Abend auf der Speisekarte, und das hört sich sehr lecker an. Die Darsteller sind noch mit ihren Kostümen beschäftigt, während Nicolai hektisch in der Küche zwischen Töpfen und Pfannen wirbelt. Er hat über alles die Kontrolle, selbst über den Abfall. Ich muss Pauline kurz im Service zur Hand gehen. Die Gäste bekommen einen Apérol mit oder ohne Prosecco – je nach Geschmack – serviert, der aufs Haus geht. Zufriedenheit spiegelt sich in den Gesichtern der Gäste, während Nicolais Klingel erneut aus der Küche ertönt. Pauline und ich sausen los, um die Teller mit den Venusmuscheln entgegenzunehmen und zu servieren. Louis schneidet das frische Baguette in dicke Scheiben, füllt es in kleine Körbe und stellt sie auf die Tische. Die Gäste geben Laute wie: »Hm, *formidable*!« und »*Impayable*!« von sich, als die Darsteller die Bühne betreten. Die Vorstellung kann beginnen. Während die Gäste gespannt abwechselnd auf die Bühne und dann auf ihre Teller starren, öffnet sich leise die Eingangstür und herein kommt Baptiste, der Kompagnon von Louis. Mir war er von Anfang an suspekt. Er lässt sich nur während einer Vorstellung blicken und verschwindet danach sofort wieder.

Auch heute trägt er seinen Trenchcoat, die dunkle Brille und einen Filzhut, der sein halbes Gesicht verdeckt. Er macht eine stumme Geste zu Luca an der Bar, der nickt und füllt ein großes Glas mit Rotwein, das er ihm ins Büro bringt.

Es ist gegen 23 Uhr, als die letzten Gäste gehen. Jean setzt sich an die Bar und winkt mich zu sich.

»Sei ehrlich, Regina, wie fandest du das Stück?«, meint er ernst und sieht mir etwas zu lange in die Augen, wie ich finde.

»Ich fand es gut, wie du am Applaus erkannt haben müsstest«, antworte ich und bestelle mir ein kleines Bier.

»Ja, ja, nur keine Lobeshymnen an den Drehbuchautor, was?«, knurrt er enttäuscht.

»Ach, Jean, du weißt doch, dass du gut schreibst. Ich bin einfach zu müde, um dich noch zu beweihräuchern«, gähne ich und klopfe ihm auf die Schulter.

»Ich schreibe die Fortsetzung zum Stück und hoffe, dass sie nächste Woche fertig wird«, antwortet er stattdessen und bezahlt mein Bier gleich mit. Wir verabschieden uns von Louis und Luca: »*Au revoir*, bis morgen!«, und gehen zu Jeans Auto. Schweigend fahren wir durch die Nacht. Die Straßen sind wie leergefegt. Kein Mensch weit und breit.

»Du, Jean, ist dir eigentlich schon aufgefallen, dass Baptiste jeden Abend während der Vorstellung kommt und, kurz bevor sie zu Ende ist, wieder verschwindet?«, beginne ich das Gespräch.

»Ne, ist es nicht. Was willst du denn damit andeuten, Regina?«, meint er und zündet sich eine Zigarette an.

»Nichts! Ich finde es nur sonderbar. Er ist doch der Kompagnon von Louis, nicht wahr?«, bohre ich weiter.

»Ja, ist er. Sonst noch was, bevor ich dich vor deiner Tür absetze?«, knurrt er und zieht hektisch an der Zigarette.

»Nein, das war's. Gute Nacht, Jean, und danke fürs Mitnehmen«, sage ich und steige schnell aus. Mit quietschenden Reifen fährt er an und verschwindet in der Dunkelheit.

Das regelmäßige Auftauchen von Baptiste während der Vorstellung bleibt mir ein Rätsel. Es weckt meine Neugierde, sodass ich mir vornehme, die Sache mal genau zu beobachten.

Dieser Sonntag ist kalt, klar, aber sonnig. Jean und ich beschließen spontan, etwas für unsere Fitness zu tun. Entlang der Seine, durch den Park auf der anderen Seite, scheint ganz Paris auf den Beinen zu sein. Familien mit Kindern sind unterwegs, Menschen führen ihre Hunde aus und auch Alexis läuft brav zwischen Jean und mir. Alles sieht so schön aus, die Natur, die Menschen. Wie viel schöner die Dinge doch sind, wenn die Sonne scheint.

Ich denke: »Wäre das Leben jeden Tag so, dann wäre es wunderbar, mit einem guten Partner zusammen zu sein, über Dinge zu reden, die wichtig sind für einen, und so zu tun, als wäre man – fast – auf dem Land und nicht in einer Millionenstadt wie Paris.«

Am nächsten Morgen kehrt das Leben wieder in seine normalen Bahnen zurück. Der Regen prasselt auf meinen Schirm und mir ist kalt. Als ich im »Théâtre« ankomme, riecht es einladend nach Peperoni und Käse. Ich folge dem Geruch und gehe in die Küche. Die Tür zum Hof steht offen. Es weht ein Schwall kalter Luft in die Küche. Nicolai steht – mir den Rücken zugewandt – und redet mit jemandem im Hof. Den anderen kann ich nicht sehen, aber die Konversation ist ziemlich eisig und einseitig. Nicolai lässt eine Serie von Flüchen vom Stapel und bellt sein Gegenüber an, dass der sich sofort verziehen solle.

Wegen der vielen Arbeit hat Nicolai heute auf die Mittagspause verzichtet. Daher seine schlechte Laune. Auf dem großen Holzbrett schneidet George gerade Zitronengras und presst Knoblauch in eine Schüssel.

»Für die Lauch-Tartes mit Miesmuscheln heute Abend«, blinzelt er mir zu. Ich nicke und stelle meine Tasche in die Ecke, womit ich Nicolais Aufmerksamkeit auf mich lenke. Er sieht wütend aus – mehr als das – bösartig.

»Oh, du bist es, Regina! Stehst du schon lange hier?«, fragt er scheinheilig.

»Nee, gerade erst angekommen«, entgegne ich und sehe ihn frech an. Er geht an mir vorbei, setzt sich an den Tisch und schnappt sich die Zeitung. Er gießt sich einen Weißwein ein und blättert umständlich in dem Sportteil herum, ohne mich dabei aus den Augen zu lassen.

Auch an den folgenden Tagen bessert sich Nicolais Laune nicht. Im Gegenteil, Nicolai macht eine Menge Überstunden. Er arbeitet zu beiden Stoßzeiten, mittags und abends. Normalerweise pausiert er dann länger am Nachmittag, wo er von George abgelöst wird. Während George das Menü für den Abend vorbereitet, studiert Nicolai die Wettquoten auf den Sportseiten und markiert sorgfältig die Pferde, die später beim Rennen mit seinem Einsatz davongaloppieren werden.

Am Abend nach der Vorstellung mache ich mich daran, die Teller in die Spülmaschine zu räumen. Von meiner Position aus kann ich an Nicolai vorbei durch die offene Tür in den Hinterhof sehen. Draußen steht ein Junge, ungefähr vierzehn, fünfzehn Jahre alt. Seine kurzen dunklen Haare sind klatschnass vom Regen und kleben am Kopf. Seine Augen glänzen schwarz, wie auf einem Heiligenbild; sie wirken riesig in dem kleinen Gesicht mit vorspringendem Kinn. Der verwaschene Pullover reicht ihm bis zu den Knien und seine Jeans ist viel zu groß. Die dreckverschmierten, nassen Turnschuhe müssen einmal weiß gewesen sein. Obwohl er vor Nässe und Kälte am ganzen Körper zittert, ist in seinem Gesicht Entschlossenheit zu sehen.

»Ich will sprechen mit Wanko«, ruft er durch die Hintertür. Sein Akzent ist stark und ich tippe darauf, dass er aus Russland oder Polen stammt.

»Es gibt keinen verdammten Wanko hier! Verschwinde endlich! Wie oft soll ich dir das noch sagen, he?«, brüllt Nicolai aus der Küche und schlägt dem Jungen die Tür vor der Nase zu. Ich räume die Spülmaschine weiter ein und tue so, als hätte ich nichts gesehen.

»Der Junge geht mir auf den Sack! Er lungert seit Tagen auf dem Hof herum und ich habe keine Ahnung, was der hier verloren hat«, lügt er und vertieft sich wieder in seine Zeitung. George drückt mir eine Kiste mit leeren Weinflaschen in die Hand, die ich in den Schuppen bringen soll. Es regnet immer noch, als ich dort hingehe, den Kasten abstelle und mit dem Fuß die Tür aufstoße. Als ich mich bücke, um den Kasten aufzuheben, springt jemand aus dem Schuppen und prallt gegen mich. Ich stoße einen Schrei aus und falle rückwärts in den Dreck. Die Gestalt stolpert über mich, fällt aufs Gesicht. Sie rappelt sich umständlich hoch und starrt mich ängstlich an. Es ist der dünne Junge von vorhin. Instinktiv möchte ich nicht, dass Nicolai ihn jetzt zu Gesicht bekommt, und flüstere: »Los, rein da! Mach schon! Schnell!«, befehle ich mit einem Blick zur Küche. Etwas in meiner Stimme bringt ihn dazu, mir zu gehorchen. Er huscht, immer noch geduckt, in den Schuppen zurück. Ich schnappe mir den Kasten mit den leeren Flaschen und folge ihm.

Im Holzhaus befindet sich ein winziges Fenster, das so verdreckt ist, dass ich so gut wie nichts sehen kann. Das einzige Licht fällt durch die Tür, die immer noch offen steht. Der Junge steht mit dem Rücken zur Wand und beobachtet mich ängstlich. Ich stapele die Kiste auf die anderen und frage beiläufig: »Wie heißt du?« Schweigen. Ich kann seine Angst förmlich riechen und sage: »Ich heiße Regina. Und du?« Unsicher, ob er mir seinen Namen verraten soll, tippelt er nervös von einem Bein aufs andere und schüttelt einfach nur den Kopf.

»Okay«, sage ich, «ich weiß nicht, warum du immer noch hier bist. Aber ich denke, du solltest dich hier nicht mehr sehen lassen, du weißt – der Koch.« Er starrt mich angespannt an und schweigt weiter. Ich versuche es erneut:

»Geh nach Hause, okay? Das hier ist kein Ort für dich.«

»Ich will sehen Wanko!«, wiederholt er hartnäckig, wie vorhin an der Küchentür.

»Bei uns arbeitet kein Wanko«, versichere ich ihm. Er ringt mit den Händen.

»Wanko ist gekommen hierher. Ich habe gesehen!«

»Was macht Wanko hier?«, frage ich. Er runzelt die Stirn und wirkt noch gestresster als vorhin.

»Wanko kommt hierher!«, wiederholt er mit fester Stimme.

»Ist er ein Gast?«, bohre ich weiter.

»Nein. Nix kaufen. Wanko hier arbeiten!«

»Hör zu. Ich arbeite hier und weiß, dass es keinen Wanko bei uns gibt. Verstanden?«, rufe ich ärgerlich und will gehen.

»Ich habe gesehen Wanko«, ruft er jetzt trotzig und seine Augen füllen sich mit Tränen.

In Gedanken gehe ich die Namen des Personals – einschließlich der Aushilfen – durch. Niemand wird hier »Wanko« gerufen. Wie heißt noch mal der alte Bursche, der hier täglich sauber macht? Ich glaube Leon. Ihm hat Louis aus lauter Menschlichkeit Arbeit gegeben, wie ich hörte.

»Du musst dich irren«, sage ich mit fester Stimme.

»Nein, du irrst dich! Du lügst! Ich weiß, dass er hier ist! Er arbeitet hier und ich habe gesehen ihn! Du lügst, genau wie Koch!«

Ich starre ihn an und frage mich so langsam, warum ich mir das hier antue. Wütend schreie ich: »Verschwinde! Hau ab!« und weiß im gleichen Moment, dass wir so nicht weiterkommen, durch Herumstehen und Brüllen.

»Hör zu«, sage ich drängend, »ich muss wieder zurück in die Küche und werde mit dem Koch sprechen. Und du verschwindest auf dem gleichen Weg, den du gekommen bist. Ist das klar? Du wartest, bis ich in der Küche bin, okay?« Er hat mich verstanden und nickt.

In der Küche geht jeder seiner Arbeit nach. Nicolai steht vor dem Fenster und wischt gerade über seine Arbeitsplatte.

»Seht euch das mal an!«, sage ich mit lauter Stimme und zupfe an meinem Rock, der schmutzig und nass von meiner Landung im Hof ist. »Ich bin von oben bis unten dreckig! Der Hof ist so rutschig vom Regen, richtig gefährlich! Ich bin ausgerutscht und hingefallen!«

Nicolai und George inspizieren mich, und Nicolai meint: »Hast dich auf den Hintern gesetzt, wie? Schade, dass ich das nicht gesehen habe!« Und er lacht mit George um die Wette.

»Hahaha, ich hätte mir wer-weiß-was brechen können, wisst ihr das eigentlich?«

Ich gehe ein Stück in den Raum hinein, so dass Nicolai sich vom Fenster abwenden muss, um mit mir zu reden. So kann ich an ihm vorbei nach draußen bis zum Schuppen sehen und hoffe, dass der Junge über der Mauer verschwunden ist. Das gerade Erlebte behalte ich erst einmal für mich.

In dieser Woche geschieht nicht viel, jedenfalls nichts Außergewöhnliches. Der Junge und seine Suche nach diesem Wanko geraten in Vergessenheit. Er ist nicht wieder aufgetaucht, jedenfalls nicht, während ich gearbeitet habe. Vielleicht hat er am Ende doch noch kapiert, dass es nicht klug ist, Nicolai über den Weg zu laufen. Vielleicht hat er aber auch den geheimnisvollen Wanko gefunden. Oder aber …

An dieser Stelle befehle ich meiner Fantasie, mit den wilden Spekulationen aufzuhören. Paris ist voller Menschen, die auftauchen, das Leben eines anderen kurz streifen, und dann wieder verschwinden. Wer weiß schon, woher sie kommen und wohin sie gehen? Wen kümmert es?

Mein Weg zum »Théâtre« führt mich an einem Kiosk vorbei, wo ich mir regelmäßig eine deutsche Frauenzeitschrift kaufe. Hier machen es sich bereits die ersten Schläfer in den Hauseingängen bequem, die die Nacht dort verbringen wollen. Eine Gestalt in einer schmuddeligen Decke sieht besonders klein und elend aus. Sie erinnert mich plötzlich an den Jungen aus dem Hinterhof. Ich bleibe stehen und spähe zu ihm herüber. Außer einem Schopf dunkler Haare kann ich nichts erkennen. Ist er das? Vorsichtig schiebe ich die Decke ein wenig zur Seite und schaue in ein fremdes Gesicht.

»Pardon«, sage ich schnell und gehe zurück zur Straße. Diese Begegnung erschüttert mich und hat die Erinnerung an den Jungen aus dem Hof wieder wachgerüttelt. Wo mag er jetzt wohl sein? Gibt es jemanden, der sich um ihn kümmert? Oder irrt er alleine durch die große Stadt? Ich beschließe, Jean davon zu erzählen.

»Halt dich da raus, Regina«, grollt er ernst, als ich ihm die Geschichte abends erzähle.

»Es ist doch nichts passiert, Jean! Was hast du denn?«, entgegne ich und bin sauer.

»Weil es viel zu gefährlich für dich ist, Regina! Lass einfach die Finger davon, versprochen?«, fleht er mich an und schüttelt den Kopf.

Heute ist mein freier Tag, den ich für einen Spaziergang mit Alexis nutze. Es ist reiner Zufall, dass ich plötzlich den Jungen entdecke. Keine zweihundert Meter von mir auf der anderen Straßenseite steht er, hager, ungekämmt, in seinem verwaschenen Pullover. Er hängt vor einem Fastfood-Laden herum. Plötzlich dreht er sich um, und ich sehe in sein Gesicht. Es gibt keinen Zweifel. Er ist es. Die verkniffenen Gesichtszüge, die riesigen, dunklen Augen. Er sieht elend und hungrig aus. Ich überquere die Straße und gehe auf ihn zu.

»Hi, ich bin's, Regina…Erinnerst du dich?« Er stutzt, dreht sich plötzlich um und rennt die Straße hinunter. Ich ahne, dass ich keine zweite Chance bekomme, ihn wiederzufinden; also mache ich mich mit Alexis an die Verfolgung. Ich rechne mir aus, dass ich sein Tempo nicht lange mithalten kann. Da tritt ein Mann aus einem Modegeschäft auf den Bürgersteig, um den Kleiderständer zurück in den Laden zu rollen. Der Mann hält den Jungen mit einer Stange auf, er fällt und bleibt am Boden liegen, bis ich außer Atem vor ihm stehe.

»Was hat er geklaut?«, fragt der untersetzte Mann.

»Nichts«, versichere ich ihm.

Er runzelt die Stirn und sieht mich ungläubig an. »Diese Kids hängen hier ständig herum und sind so verdammt schnell, dass man sie oft nicht einmal bemerkt.«

»Kennen Sie ihn?«, frage ich noch ganz außer Atem.

»Kann schon sein. Diese Burschen sehen ja alle gleich aus«, antwortet er und schüttelt ihn wie eine Ratte.

»Er ist kein Dieb!«, erkläre ich deutlich.

»Was wollen Sie denn von ihm?«, fragt er neugierig.

»Es ist etwas … sehr Privates«, sage ich. »Er ist mein, äh, Cousin«, lüge ich.

»Ach, so ist das«, grinst er und schubst ihn in meine Arme. Dann schiebt er kopfschüttelnd den Kleiderständer in den Laden, schließt schnell die Tür und beobachtet uns hinter der Glasscheibe. Der Junge schaut auf Alexis herunter und streichelt sein Fell. Ein kleines Lächeln huscht dabei kurz über sein Gesicht. Alexis wedelt freudig mit dem Schwanz. Er hat ein gutes Gespür, was den Charakter eines Menschen angeht, und ich bin beruhigt.

»Ich wollte mir gerade etwas zu Essen kaufen«, sage ich zu dem Jungen. »Möchtest du auch einen Kebab?«

»Kommst du von Wanko?« Ich seufze.

»Nein, ich kenne überhaupt keinen Wanko. Aber ich würde gerne mit dir über Wanko reden.« Er tritt einen Schritt zurück

»Kann nicht mit fremde Leute reden«, sagt er und sieht auf den Boden.

Ich mache ihm klar, dass er mir vertrauen kann und dass ich selber herausfinden will, was es mit diesem geheimnisvollen Wanko auf sich hat. Seine dunklen Augen mustern mich ununterbrochen, während ich mit ihm rede. Ich sehe förmlich, wie sein Hirn arbeitet, und sein Instinkt scheint ihm zu sagen, dass ich für ihn die einzige Spur zu Wanko bin. Ich schlage vor, dass wir das Essen mit zu mir nach Hause nehmen, und nach einigem Zögern willigt er ein.

In meiner Wohnung taut Janek – inzwischen hat er mir seinen Namen verraten – langsam auf und erzählt mir die ganze Geschichte. Er ist illegal hier, genau wie sein Bruder Wanko, den er unbedingt finden muss. Sein Vater hat sich von einem gewissen Max sehr viel Geld geliehen, damit Wanko hier in Paris arbeiten konnte, um die Familie in Rumänien versorgen zu können. Janeks Vater muss diesen Leuten alles auf Heller und Pfennig zurückzahlen, und noch viel mehr, denn diese Leute entscheiden, wann der Kredit abbezahlt ist. Sie treten nur über Mittelsmänner auf und schleusen menschliche Fracht quer durch Europa, um sie nicht nur als billige Leiharbeiter zu verhökern. Janek erzählt mir weiter, dass es eine sehr lange Reise gewesen ist, auf der es keine Toiletteneinrichtungen gab. Er wurde nach tagelanger Fahrt mit vielen anderen Illegalen auf einer Landstraße einfach aus dem Wagen geworfen. Schnell war Janek in ein Gebüsch gesprungen, um seine Notdurft zu verrichten. Kurz darauf näherte sich ein anderer LKW, um die Menschen wieder einzusammeln, von denen einige versucht hatten, zu fliehen. Ihnen war klar geworden, was man mit ihnen vorhatte, und sie wollten nicht weiter diesen skrupellosen Sklavenhändlern ausgesetzt sein. Alle sollten auf diesen LKW umsteigen, befahl einer der Männer. Janek hatte gehört, wie der LKW-Fahrer den Mann »Max« genannt hatte. Als Max wieder in den Wagen stieg, war die Innenbeleuchtung angegangen und Janek hatte deutlich sein Gesicht gesehen und ihn im »Théâtre« wiedererkannt.

Nach dieser Schilderung bin ich so wütend auf die Leute, die sich an menschlicher Verzweiflung bereichern, dass ich unbedingt Licht in die Sache bringen muss.

Mein erster Gedanke gilt Baptiste. Warum schleicht er sich immer während der Vorstellung wie ein Dieb ins Büro? Was spielt sich da ab? Auch Nicolai kommt mir in den Sinn; er ist ein leidenschaftlicher Spieler und setzt auf Risiko. Geht es um Menschenhandel oder eventuell um Glücksspiel? Ich muss es herausbekommen und der Polizei melden.

Kurz darauf ist die Saison zu Ende und an diesem letzten Abend werden Muscheln in Weißweinsud mit frischem Baguette serviert. Während die Muscheln auf allen Tellern verteilt werden und die letzte Aufführung in diesem Jahr beginnt – es ist übrigens ein Drama – öffnet sich die Eingangstür. Baptiste betritt wieder unbemerkt das »Théâtre« und verschwindet sofort nach hinten. Irgendetwas trägt er unter seinem Trenchcoat. Das macht mich neugierig. Während die Gäste zufrieden ihre Muscheln essen und sich auf das Schauspiel konzentrieren, erkläre ich Luca, dass ich noch schnell in den Weinkeller muss. Der nickt und verfolgt weiter gespannt das Drama auf der Bühne. Ich gehe an der Küche vorbei und sehe, wie Nicolai mit dem Handy telefoniert. Irgendetwas scheint ihn zu wurmen, seine Stimme ist laut und ärgerlich. Bevor er mich bemerken kann, schleiche ich weiter in Richtung Büro. Die Tür ist angelehnt und ich vernehme die Stimme von Baptiste und die eines Fremden. Der Name Nicolai fällt und die fremde Stimme redet Baptiste dauernd mit Max an.

So langsam dämmert es mir: In meinem Kopf kreisen die Gedanken wie wild und mir wird kurz schwarz vor Augen. Plötzlich klingelt ein Handy und ich höre, wie Baptiste – oder Max – mit Nicolai telefoniert. Ich riskiere den Blick durchs Schlüsselloch und sehe, wie auf dem Schreibtisch ein Stapel von Geldbündeln liegt. Daneben sitzt ein junger, dunkelhaariger Mann, den ich hier noch nie gesehen habe. Ist er vielleicht Wanko, Janeks Bruder?

»Halt die Fresse, Nicolai! Du kriegst deinen Anteil und dann tauchst du unter. Verstanden?«, brüllt Baptiste in das Handy und beendet abrupt das Gespräch. Ich höre Geräusche aus der Küche und flüchte hinter einen Türvorsprung. Nicolai rauscht an mir vorbei und knallt die Bürotür gegen die Wand.

»Er muss hier sofort verschwinden, der Scheißrumäne! Und zwar ganz schnell, bevor ich mich noch vergesse! Sein Bruder lungert auch ständig hier rum!«, tobt Nicolai und steht schon wieder halb auf dem Flur, mir den Rücken zugewandt. Die Tür wird von innen zugeknallt und Nicolai bleibt kurz auf dem Gang stehen. Ich beobachte, wie er eine Pistole in die Tasche seiner Kochschürze schiebt und schnellen Schrittes in Richtung Küche verschwindet. Ich mache mich jetzt besser auf den Rückweg und auf zum Weinkeller, bevor ich noch entdeckt werde. Verwirrt trete ich auf den Hof und sehe gerade noch, wie ein Mann über die Mauer das Weite sucht.

Das Drama auf der Bühne ist zu Ende und das Muschelessen auch. Pauline und ich räumen die Teller ab und kippen die Muschelschalen in einen separaten Behälter. Dabei sehe ich, wie eine Gestalt am Küchenfenster vorbeihuscht. Es ist der Mann von vorhin, der über die Mauer geklettert ist und nun wieder zurückkommt. Er bewegt sich in Richtung des Schuppens, und: »Ich muss dort auch gleich noch den Muschelabfall entsorgen …«, geht's mir durch den Kopf. Ich tippe auf Wanko, der nach seinem Bruder Janek sucht und ihn im Schuppen vermutet. Mir ist ganz mulmig zumute und ich habe weiche Knie. Plötzlich fällt ein Schuss und ich verkrieche mich hinter dem Küchenbuffet. Ich denke sofort an Nicolai, der nirgends zu sehen ist. Mit heiserer Stimme rufe ich seinen Namen, und da steht er plötzlich, nass geschwitzt, in der Hoftür. Ein hektischer Blick durch den Raum, dann klappt er die große Dunstabzugshaube auf und legt etwas hinein. Plötzlich entdeckt er mich, wie ich mit dem Muschelabfall in der Ecke stehe und ihn anstarre. Sekunden später fasse ich mich und sause mit den Muschelresten an ihm vorbei über den Hof in den Schuppen. Zitternd kippe ich den Abfall zu dem anderen und sehe im Halbdunkel, dass ich die Muschelschalen auf einen Menschen gekippt habe, der reglos dort liegt. Ein Schrei von mir, und ich wanke in die Küche. Nicolai will sich auf mich stürzen, und da …

Die Tür wird aufgestoßen. Eine Gruppe von Polizisten, die Pistolen in den Händen halten, stürmt in die Küche und legt Nicolai Handschellen an. Von der anderen Seite kommen noch weitere Beamte, die Baptiste im Schlepptau haben. Plötzlich hat die Küche sich in ein Polizeipräsidium verwandelt. Weinend zeige ich in den Hof, unfähig, ein Wort herauszubringen, so fertig bin ich. Der Kommissar nickt und geht mit einem Mitarbeiter hinüber zum Schuppen. Ich höre seine Stimme von Weitem. Er sagt, dass es Wanko, Janeks Bruder, sei, der unter den Muschelbergen liegt. Durch meine verweinten Augen sehe ich Jean im Türrahmen stehen, seinen Arm schützend um Janek liegen, der am ganzen Körper zittert und leise vor sich hin weint. Durch das Stimmengewirr verstehe ich überhaupt kein einziges Wort. Der Kommissar befiehlt, dass wir alle mit aufs Kommissariat zum Verhör müssen.

Viel später erzählt mir Jean, dass Max bzw. Baptiste der Anführer unter den Schleusern war, der die Armut der Menschen ausgenutzt und jede Menge Falschgeld unter das Volk gebracht hat. Die Drecksarbeit haben Wanko und Nicolai für ihn gemacht. Da Nicolai spielsüchtig und immer pleite war, wollte er mit Wanko nicht teilen und ihn so schnell wie möglich loswerden. Seit kurzem misstraute Nicolai Wanko, und er hatte das Gefühl, dass er aussteigen und sie dann alle an die Polizei verpfeifen wolle. Wanko wusste einfach zu viel. Jean hat die Polizei gerufen, da er schon geahnt hat, dass ich viel zu neugierig bin, um die Finger von der Sache lassen zu können.

»Nachdem du mir an dem Abend von deinen Beobachtungen – Baptiste betreffend – erzählt hast, bin ich neugierig geworden und habe bewusst auf ihn geachtet. Natürlich merkte ich sofort, dass sich, während die Vorstellung lief, kriminelle Dinge im Büro vom »Théâtre« abspielen mussten. Warum hast du dein Handy eigentlich immer ausgestellt, Regina?«, fragt er wütend und sieht mich vorwurfsvoll an. Ich kann nur noch mit den Schultern zucken und lasse mich erleichtert in seine Arme fallen.

Das »Théâtre Nout« wird fürs Erste geschlossen. In meinem Gehaltsumschlag finde ich einen Scheck über ein komplettes Monatsgehalt von Louis. Den hat er jedem von uns ausgestellt.

Janek möchte wieder zurück zu seiner Familie nach Rumänien. Hier in Paris hat er das richtige Leben kennengelernt und kehrt als Erwachsener zurück in seine Heimat.

Ich stehe dem Arbeitsmarkt nun offiziell wieder zur Verfügung. Jean meint, ich solle mich als Köchin bewerben, weil ich das ziemlich gut könne. Durch meine Arbeit hier im »Théâtre« aber habe ich erkannt, dass ich in Zukunft am Morgen aufwachen und alleine entscheiden will, was ich tun möchte.

»Irgendetwas wird mir schon einfallen!«, antworte ich Jean, und der nickt.

Ich denke an den Sonntag, als Jean und ich durch den Park gejoggt sind, und da habe ich plötzlich eine Idee: Ich werde als Hunde-Sitterin arbeiten und die Hunde anderer Leute ausführen, eine Annonce mit meiner Telefonnummer starten und abwarten. Auch Jean findet meine Idee nicht schlecht und lädt mich für heute Abend spontan zum Muschelessen ein.

Schwertmuscheln auf Feldsalat mit Hokkaido-Kürbis

Zutaten *(für 4 Personen)*:

- *500 g Schwertmuscheln*
- *2 kleine Zwiebeln*
- *2 Knoblauchzehen*
- *4 EL Olivenöl*
- *1 Glas Fischfond*
- *¼ Flasche trockenen Weißwein*
- *1 Orange, unbehandelt*
- *2 EL Balsamico-Essig, weiß*
- *1-2 EL Honig*
- *40 g Sesamsamen*
- *1 Schale Feldsalat*
- *1 kleiner Hokkaido-Kürbis*

Zubereitung:

Muscheln kalt spülen und geöffnete Muscheln entfernen. Zwiebeln und Knoblauch schälen, hacken. Olivenöl erhitzen und Zwiebeln mit Knoblauch darin anbraten. Fischfond und Weißwein dazugießen und ca. fünf Minuten kochen. Muscheln zugeben und weitere zehn Minuten kochen.

Kürbis waschen, Kerne herauslösen, in Spalten schneiden. Feldsalat waschen und trocken schütteln, evtl. etwas klein zupfen. Orange halbieren und den Saft auspressen.

Öl erhitzen, Kürbis kurz darin anbraten. Orangensaft, Honig und Balsamico-Essig hinzufügen. 2/3 des Muschelfleisches aus den Schalen lösen und beiseite stellen. Den Sesam kurz anrösten und abkühlen lassen. Etwas Kürbis mit dem Bratensaft mischen und in einen Mixer geben. Anschließend das Muschelfleisch hinzugeben und pürieren. Alles in die Schwertmuschelschalen füllen und auf Feldsalat anrichten.

Die Kürbisspalten kurz in Sesam wälzen und neben den Muscheln fächerförmig anrichten.

Klaus Stickelbroeck

Französische Versuchung

Er hob das Glas behutsam gegen das fahle Licht der Glühbirne, ließ die Flüssigkeit kreisen. Aufmerksam beobachtete er die goldgelben Schlieren in der klaren Flüssigkeit. Nur ein paar Straßenzüge entfernt wurde der Mirabellenschnaps gebrannt und abgefüllt. Er kniff die Augen zusammen, aber so sehr er im Schnaps auch suchte, eine Lösung bot ihm die hochprozentige Flüssigkeit nicht.

»Wir haben ein Problem.«

»Frankie könnte es lösen«, sagte die Frau ihm gegenüber mit leiser Stimme.

Er hielt kurz inne, die Flüssigkeit schwappte bis an den dünnen Rand.

»Das wird nicht einfach.«

»Lass das meine Sorge sein«, sagte sie.

Er fragte sich, wie das kaum wahrzunehmende Lächeln in ihrem Gesicht gemeint war.

Die Telefonnummer im Display war ihm vollkommen unbekannt. Festnetz. Eigenartige Vorwahl. Frankie seufzte. Nur wenige kannten seine Geheimnummer, deshalb ging er ran.

»Hallo?«

»Hallo. Ich bin es.«

Er richtete sich im Stuhl auf. Die Stimme … Das konnte nicht sein. Nur wenige Meter vor seinem Fenster rauschte eine S-Bahn Richtung Hauptbahnhof vorbei, der Boden in seinem billigen Appartement zitterte.

»Pierre«, fügte der Anrufer nach einer kurzen Pause hinzu.

Er war es tatsächlich. Verdammt, wie lange war das her?

»Hallo Pierre!«

»Ich habe ein Problem. Du musst mir helfen!«

»Ich überfalle keine Tankstellen mehr.«

»Ich weiß. Ich plane keinen Raubüberfall.«

Frankie schniefte. Die flinken Finger seiner linken Hand friemelten eine Zigarette aus der Schachtel.

»Wann?«

»Am besten sofort.«

»Frühestens morgen. Soll ich … was mitbringen?«

Der Mann am anderen Ende lachte ratternd und nannte ihm eine Adresse, die zur eigenartigen Vorwahl passte, eine Adresse in Frankreich.

»Links neben dem Haus ist ein Parkplatz, Schotter. Fahr bis zum Ende durch! 21 Uhr.«

»Gut«, sagte Frankie, aber da hatte der Mann, mit dem er vor unendlich vielen Jahren eine kleine, muffige Gefängniszelle geteilt hatte, bereits aufgelegt.

Nachdenklich schob er die Kippe zwischen seine Lippen, steckte sie an und nahm einen tiefen Zug. Den ersten grauen Rauchkringel jagte er mit Karacho unter die Decke seines kleinen Zimmers.

Pierre. Pierre Fibarot.

Er rechnete kurz nach. Drei Jahre waren es her, fast auf den Tag genau. Hamburg-Fuhlsbüttel, Santa Fu.

Seitdem hatte sich viel getan.

Er sah auf die Uhr. Halb neun. Pierre war nicht der Typ, der seine Abende in trauter Zweisamkeit zu Hause auf der Couch bei seiner Frau oder seiner Freundin verbrachte. Frankie nahm einen weiteren Zug und gab seinem alten Knastkumpel eine halbe Stunde. Dann wählte er die Nummer, die sein Telefon vorhin automatisch abgespeichert hatte.

»Hallo?«

»Hallo Anne-Yvette.«

»Hallo Frankie!«

»Bist du allein?«

»Natürlich.«

»Dein Mann hat mich angerufen.«

»Ich weiß.«

»Er hat ein Problem und braucht meine Hilfe. Wir treffen uns morgen Abend. Neun Uhr.«

»Ich hab das Telefongespräch mitgehört. Ich habe ihm vorgeschlagen, dich anzurufen und zu fragen, ob du helfen kannst.«

»Kann ich das?«

»Sicher.«

Er nahm einen tiefen Zug auf Lunge. »Ich werde zu dir kommen.«

»Das habe ich gehofft.«

»Ich brauche deine Adresse.«

Sie diktierte ihm eine Anschrift in den Hörer. »Wenn ihr euch getroffen habt, wird er bis zum frühen Morgen wegbleiben und nicht nach Hause kommen. Komm nach eurem Treffen hier vorbei, damit ich dir Glück wünschen kann. Ich mach uns eine Kleinigkeit zu essen.«

»Gut«, sagte Frankie, zerquetschte die Kippe im Ascher, und diesmal war er es, der auflegte.

Anne-Yvette …

Im verfluchten Knast hatte Pierre sehr oft von seiner süßen, französischen Freundin mit den dunklen Haaren und dem Engelsgesicht erzählt, mit der er nach Hamburg gekommen war, um das große Geld zu machen. Was ja nicht geklappt hatte. Diese Anne-Yvette hatte er sich ansehen *müssen*, als er – vier Monate vor seinem Zellenkumpel – endlich aus dem Knast entlassen wurde. Pierre hatte mit Adjektiven nicht gegeizt. Und nicht übertrieben.

Frankie grinste. Sie hatten sich nicht nur die Zelle geteilt …

Am Abend, bevor Pierre entlassen wurde, haute er ab, zurück nach Düsseldorf. Die Affäre war heiß, aber ihm nie wirklich geheuer gewesen. Mit seinem … Eigentum war Pierre pingelig. Deshalb hatte er sich in den vergangenen Jahren und Monaten nicht mehr bei Pierre oder Anne-Yvette gemeldet.

Hm. Er klopfte eine neue Zigarette aus der Packung. Pierre hatte am Telefon gelacht. Frankie wertete das als ein gutes Zeichen.

Wambrechies hieß die Stadt in der Nähe von Lille, und Frankie hatte im Internet ergoogelt, dass der für seine historische Schnapsbrennerei berühmte Ort im Norden Frankreichs die Partnerstadt von Kempen, einer kleinen Gemeinde am Niederrhein, war. Grinsend passierte er bei Neuville-en-Ferrain die belgisch-französische Grenze. Das war sein erster Einsatz in Frankreich. Seine Mundwinkel senkten sich. Okay, er war nicht hier, um die French Open zu gewinnen …

Wenige Kilometer später überquerte er einen Fluss, erreichte die alte historische Innenstadt des Örtchens, entdeckte auf der linken Seite das beeindruckende Château de Robersart und kam nach insgesamt gut 300 Kilometern Autofahrt in der Rue Ambroise an.

Hausnummer 20.

Eine Gaststätte. Links der unbefestigte Parkplatz, den mehrere grüne Hecken als Sicht- und Windschutz in der Fläche teilten. Pierre stand am Ende des Platzes neben einem verbeulten, dunkelgrünen Renault und winkte ihm, neben seinem Wagen zu parken und auszusteigen.

»Hallo.«

»Hallo, Pierre.«

Pierres große, behaarte Hand verschlang Frankies kleinere und drückte sie mit starkem, festem Griff. Frankies Knastkumpan trug seine dunklen, an den Schläfen und den Koteletten grau melierten Haare lang nach hinten gekämmt. Zur Jeans trug er eine speckige, hellbraune Lederweste und Cowboystiefel im gleichen Farbton mit eisenbeschlagenen Spitzen. Seine dunkelbraunen Augen funkelten. Offen.

Frankie entspannte sich. Er spürte keine Feindseligkeit. Was die Emotionen anderer Leute anging, war Frankie sehr sensibel. Eine Gabe, die ihm schon mehrmals den Hals gerettet hatte.

Pierre winkte ihn auf die Beifahrerseite seines Renaults. »Steig ein!«

Frankie ließ sich in den beigefarbenen Sitz des Wagens fallen. Pierre lenkte den Renault vom Parkplatz.

»Ich habe Schwierigkeiten. Im Grunde finanzieller Art. Aber die Sache artet aus. Mein Geschäftspartner nimmt die Sache persönlich und hat gewisse Vorbereitungen getroffen. Ich muss reagieren. Ich muss schneller sein als er. Ich habe mich erkundigt. Du hast einen guten Ruf.«

Frankie schniefte. Einen Ruf? In seiner Branche war ein Ruf immer schlecht. Egal, ob gut oder mies.

»Ich werde unsere Zusammenarbeit nicht an die große Glocke hängen, das kann ich dir versprechen, mein Freund«, schien Pierre seine Gedanken zu erraten und bog nach links in einen schmalen Waldweg ab, dessen Betonpflaster sich nach wenigen Metern im Gras verlor.

»Was muss ich wissen?«, fragte Frankie.

»Der Typ ist gefährlich. Er wird bewaffnet sein. Normalerweise umkreisen ihn zwei hässliche Schmeißfliegen, aber mittwochs abends ist er alleine unterwegs und trifft sich heimlich mit einer Freundin in einem Hotel bei Bondues.«

Frankie pulte eine Kippe ans Tageslicht und öffnete das Seitenfenster. Okay. Eine Person, männlich, bewaffnet. Pierre rupfte den mehrfach gefalteten, abgegriffenen Teil einer Tageszeitung hinter der fleckigen Sonnenblende hervor und reichte ihn rüber. Der sichtbare Teil zeigte einen Mann von ungefähr 50 Jahren in einem dunklen Anzug.

»Gaston Batteux wird das Hotel gegen ein Uhr durch einen Nebenausgang verlassen. Den werde ich dir gleich zeigen. Du wartest auf ihn, legst ihn um und kehrst zurück nach Deutschland. Wenn die Luft rein ist, bringe ich dir die Kohle. Persönlich. Bar.«

»Bar ist gut. Auf wie viel Kohle darf ich mich freuen?«

»Du wirst aus dem Grinsen nicht rauskommen!«

Frankie nahm einen tiefen Zug und jagte den Qualm durch den Fensterspalt nach draußen. »Umlegen. Womit?«

Pierre stoppte den Wagen und würgte den Motor ab. Sie stiegen aus. Pierre führte ihn an den Kofferraum, öffnete ihn und den silberfarbenen Koffer, der sich unter einem Haufen schmutziger Sportwäsche versteckte. Dem Alukasten entnahm er einen Revolver.

»Eine 29er Smith & Wesson. Kurzer Lauf, 44er Magnum.«

Er reichte sie Frankie, der sie in seiner Hand drehte, musterte, über Kimme und Korn zielte, die Waffe öffnete und in die Trommel linste.

»Sechs Schuss«, erläuterte Pierre unnötigerweise.

Frankie klappte den Revolver zusammen. Einsatzklar. »Liegt gut in der Hand.«

Der Zeigefinger seiner linken Hand glitt vorsichtig über die vierstellige Nummer am Knauf des Schießeisens. »Die Waffe ist neuwertig?«

»Ich habe eine gute Quelle.«

Frankie nickte und verzog keine Miene. Innerlich schmunzelte er. Anne-Yvette … Der Bruder des dunkelhaarigen Engelchens galt in gewissen Kreisen als ein Mann mit erstklassigen Geschäftsbeziehungen. Sicher hatte der seinem Schwesterchen die Knarre aus sicherster Quelle besorgt. »Seriennummer 6500. Registriert?«

Pierre verdrehte die Augen, entnahm dem Alukoffer einen Schalldämpfer, reichte ihn Frankie und deutete stattdessen auf ein Verkehrszeichen etwa 50 Meter vor ihnen. Frankie schraubte das Teil an den Lauf, legte an und drückte ab. »Plopp.« Und ein Klack, als die Kugel das Schild mit einem metallenen Hieb durchschlug.

»Das Teil ist okay. Du bist immer noch mit Anne-Yvette zusammen?«

»Natürlich. Wir sind füreinander bestimmt. Wie Bonnie und Clyde. Fast wie ein Ehepaar«, grinste Pierre. »Ich liebe sie. Und ihren Bruder. Der kann solche kleinen Freunde relativ problemlos besorgen.«

Frankie nickte, hob die Waffe, schwenkte sie und zielte zwischen Pierres dunkelbraune Augen. Der Schalldämpfer würde den Knall schlucken. Frankie kniff ein Auge zusammen.

Pierre verzog sein Gesicht. »Lass das! Das kann ich nicht leiden!«

Frankie ließ die Knarre sinken und schraubte den Schalldämpfer vom Lauf.

»Nach dem Job wirfst du den Revolver in die Deule, das ist der Fluss, über den du gekommen bist. Da haben die Fische was zu gucken und die Bullen finden ihn nicht. Ich zeig dir jetzt das Hotel und lass dich allein. Ich verschaff mir in meiner Stammkneipe ein wasserdichtes Alibi.«

Frankie schob die Waffe samt Schalldämpfer in die linke Innentasche seines schwarzen Lederblousons.

Sie stand am Fenster, hinter der Gardine, und erwartete ihn. Sah, wie er sein Fahrzeug verließ, sich durchs Haar strich, seine Lederjacke zurechtruckelte, das eiserne Gartentürchen schwungvoll öffnete und den mit weißem Kies ausgelegten Weg zur Haustür schritt.

Frankie sah gut aus. Noch besser als damals, vor drei Jahren. Oh, wie hatte sie ihn genossen. Mitte dreißig musste er jetzt sein. Er wirkte noch sportlicher. Reifer, härter. Auf eine raue Art anziehend.

Er klingelte.

Bevor sie die Haustür öffnete, kontrollierte sie im Spiegel ihr Gesicht, strich eine lange, dunkle Strähne hinters Ohr und den schwarzen Rock über ihren Hüften gerade. Sie lächelte. Oh ja, auch er würde zufrieden sein. Sie öffnete die Tür.

»Hallo, Frankie!«

»Anne-Yvette.«

»Komm rein«, nickte sie ihn in den Flur und schloss die Tür.

»Über drei Jahre. Du siehst gut aus!«

Sie lachte, umarmte ihn, wie … Er erwiderte ihre Geste mit hartem, festen Griff, den sie seufzend genoss. Sie war so froh, dass er hier war. Ihre Hände glitten zärtlich über seine breite Brust, seinen Rücken herunter bis in den Bund seiner Jeanshose. Ihre Fingerspitzen glitten hinein und strichen von einer Seite zur anderen über seine warme, glatte Haut.

Sie löste sich. »Komm mit!«

Anne-Yvette führte Frankie in die Küche. Es duftete verführerisch und sie stellte zufrieden fest, dass ihr Gast … Appetit hatte. Wenn sie die Gänsehaut eben auf Frankies Rücken richtig gedeutet hatte, dann beschränkte sich sein Appetit nicht nur auf die raffinierte französische Köstlichkeit, die sie vorbereitet hatte.

Frankie hängte die Lederjacke über seine Stuhllehne, setzte sich und grinste. »Zuerst wird gegessen?«

»Wie damals in Hamburg«, lachte seine Gastgeberin frech.

»Und danach?«

»Wie damals in Hamburg.«

Frankie grinste und deutete auf die Jacke. »Vorher habe ich noch eine Kleinigkeit zu erledigen.«

Sie nickte. »Gesalzene Hähnchenschenkel, von beiden Seiten in Öl angebraten, mit einer selbst gemachten, sündig-süßen Mirabellenkonfitüre bestrichen.«

Frankie hatte die erste Keule bereits ergriffen und herzhaft ins klebrige Fleisch gebissen. »Ich hätte nicht gedacht, dass ihr zusammenbleibt.«

»Wir sind zusammen aufgewachsen.«

»Ich bin auch mit meiner Mutter aufgewachsen und irgendwann ausgezogen.«

Anne-Yvette lachte. »Pierre ist nicht meine Mutter.«

Frankie nickte. Er hatte das verräterische Flackern in ihrem Blick genau gesehen. Wie gesagt, er konnte sehr sensibel sein. Es gab definitiv einen anderen Mann in ihrem Leben. Kein Wunder! Sie sah toll aus. Scharf, heiß, die pure Versuchung. Er biss ins Fleisch.

Und dachte an Pierre. Das musste ein mutiger Mann sein ...

Aber für Anne-Yvette konnte man schon mal etwas riskieren. Nicht nur wegen ihrer Kochkünste. Verdammt, Anne-Yvette hatte sich prima gemacht, sah klasse aus. Für einen Moment stellte er sich vor, wie es wäre, wenn *er* der neue Mann an ihrer Seite wäre.

Vor drei Jahren, in Hamburg ... Das war ein anderer Frankie gewesen. Das war ein Frankie, der sich ängstlich aus dem Staub gemacht hatte, als Pierres Zeit im Knast um war. Zu gefährlich. Diesen Frankie hätte Pierre mit seiner großen linken Hand problemlos aus dem Leben gewürgt. Aber heute, heute hätte Pierre es mit einem anderen Kaliber zu tun, saß Anne-Yvette ein anderer Mann am

Tisch gegenüber. Vielleicht einer, der nach seinem Job wiederkommen und nicht wieder gehen würde …

Sie musterte ihn. Dachte sie dasselbe?

Er leckte sich die Finger. »Das war großartig.«

Sie trug eine weiße Bluse, unter der sich ein dunkelblauer Spitzen-BH im gleichen, dunklen Blau ihrer Augen weich und spitz abzeichnete. Frech. Dreist! Dieses scharfe Accessoire hatte Anne-Yvette nur für ihn angelegt, da war sich Frankie sicher.

»Hat es dir geschmeckt?«

»Großartig. Dein Bruder hat die Waffe besorgt?«

»Hat Pierre das erzählt?«, verfinsterte sich ihr Blick. »Er erzählt zu viel.«

Keine Servietten. Frankie spreizte seine klebrig-triefenden Finger.

»Du möchtest deine Hände waschen? Das Bad ist am Ende des Flurs.«

Frankie stand auf, wusch sich die Finger. Er sah sich um und grinste. Hatte Anne-Yvette ihn ins Bad geschickt, damit er sich zur geräumigen Dusche im Bad für später ein paar unzüchtige Gedanken machen konnte? Als sinnlichen Teil eines fantastischen, erotischen Nachtischs. Er schüttelte lachend den Kopf.

Als er in die Küche zurückkehrte, hatte Anne-Yvette den Tisch bereits abgeräumt und lehnte mit dem Rücken lasziv an der Anrichte. Er schob ein Knie zwischen ihre Beine und stützte sich mit beiden Handflächen an den Hängeschränken ab. Unter dem Stoff des Hemdes spannten sich seine Muskeln. Ihre Nasenspitzen berührten sich. Er spürte ihren Atem.

»Ich bin ein Anderer. Als damals.«

»Ich weiß. Pierre wird vor fünf Uhr nicht nach Hause kommen.«

»Ich erledige den Job und komme wieder.«

Ihre Brust berührte seinen Oberkörper. »Wenn du wüsstest, wie sehr ich mich auf den Nachtisch freue.«

»Ich beeile mich.«

»Gut. Aber sei vorsichtig!«

Frankie pflückte die Lederjacke vom Stuhl und nickte. »Auf jeden Fall.«

Zum Hintereingang, durch den Gaston Batteux jeden Moment das Hotel verlassen würde, führte ein mit grauen Gehwegplatten gepflasterter Weg, der durch eine einzelne Bogenlampe nur spärlich ausgeleuchtet wurde. Das trübe Licht würde ihn ein Stück des Weges begleiten, um sich dann auf einem unbefestigten Parkplatz zu verlieren, auf dem nur ein einziges Fahrzeug stand. Vermutlich Gastons teurer Citroen.

Optimale Bedingungen, hatte Frankie zufrieden festgestellt, sich hinter einen Mauervorsprung gedrückt und gewartet.

Er zupfte sich an der Nase. Verdammt, das war alles andere als professionell, aber immer wieder zerrten ihn seine Gedanken drei Jahre zurück nach Hamburg, zu Anne-Yvette. Dann wieder in ein kleines Häuschen in der Rue d'Ypres, nur ein paar Kilometer entfernt. So nah! Verdammt, der Engel mit den dunklen Haaren hatte ihn voll erwischt. Er schniefte. Sein nächstes Problem hatte einen Namen.

Pierre Fibarot.

So, wie er seinen ehemaligen Zimmergenossen einschätzte, würde dieser Anne-Yvette niemals freiwillig aufgeben. Er würde um sie kämpfen. Mit aller Macht, mit allen Mitteln. Klare Sache!

»Eins nach dem anderen«, murmelte Frankie.

In diesem Moment öffnete sich die weiß gerahmte Tür mit dem eisengemaserten Verbundglaseinsatz. Frankie spannte sich an. Mist, der Mann, der nun als Schatten im Hintereingang sichtbar wurde, hatte im Flur kein Licht gemacht und sich im sündigen Dunkel leise durch den Flur nach draußen geschlichen.

Frankie zog den Revolver aus der Innentasche seines Lederblousons und kniff die Augen zusammen. Im matten Lichtschein der Funzel über ihnen erkannte er den Mann im schwarzen Leinenjackett. Frankie hielt die Luft an. Kein Zweifel! Die schwarzen Locken, der Oberlippenbart: Gaston Batteux.

Relaxed, entspannt und … so gut wie tot!

Frankie warf einen letzten, prüfenden Blick nach links und rechts. Keine Menschenseele zu sehen, sie waren alleine. Jetzt nichts unnötig in die Länge ziehen! Frankie richtete sich auf. Mit einem großen Schritt betrat er das Pflaster und stellte sich seinem Opfer in den Weg. Die Revolvermündung samt Schalldämpfer richtete er auf dessen Stirn.

Der Franzose hielt erschreckt inne. »Was?«

Frankie sah keine Veranlassung, auf ein »Was« in irgendeiner Form einzugehen. Sein Zeigefinger krümmte sich, der Schlagbolzen seiner Waffe schnellte nach vorne und hämmerte auf die Patrone in der runden Trommel. Der Schalldämpfer verschluckte das metallene Klicken.

Klicken?

Frankie stutzte. Klicken? Wieso *klickte* dieses verfluchte Teil?

Fieberhaft ließ er den Schlagbolzen zwei, drei weitere Male nach vorne schnellen. Die Trommel drehte sich, aber kein Schuss löste sich, kein Knall, verdammt, nichts. Nichts verließ den kurzen, silberfarbenen Lauf, um in der Stirn gegenüber ein rundes, tödliches Loch zu machen.

Stattdessen erkannte Frankie entsetzt, wie sein Gegenüber in den schwarzen Sakko griff und blitzschnell eine Waffe ins schale Licht der Bogenlampe zerrte.

Sein Blick fiel ein letztes Mal fassungslos auf die Waffe in seiner rechten Hand. Und auf die eingestanzte Seriennummer im Eisen. 6501. Und in diesem, seinem allerletzten Moment, begriff Frankie: Die öligen Hähnchenschenkel, der blaue BH, keine Serviette, das Bad …

Dann war es *seine* Stirn, in die sich eine Kugel mit lautem Scheppern den Weg in seinen Kopf bahnte, um dort alles kaputt zu machen, was man zum Leben braucht.

Michel Jacques, Kommissar des Morddezernats in Lille und zuständig für Kapitaldelikte in Wambrechies, legte zögernd eine Hand auf den Griff der Haustür. Noch einmal drehte er sich um und blickte der hübschen Frau mit den dunklen Haaren in die blauen Augen.

»Es tut mir leid«, fügte er mit tiefer Stimme ein wenig ungelenk seiner Verabschiedung hinzu.

Sie nickte und hielt seinen Blick. Was immer er in ihren Augen suchte, er fand es nicht. Sie drehte sich langsam weg. Jacques hob kaum merklich seine Augenbrauen. Was …? Was hatte er erwartet? Was hatte er nicht gefunden? Was, verflucht noch mal, was stimmte hier nicht?

Langsam drückte er die Klinke, öffnete die Tür.

»Endlich!«, schien sein uniformierter Kollege des hiesigen Departements stumm zu stöhnen und schlüpfte eilig nach draußen, »endlich«. Michel Jacques folgte ihm, langsam, zögerlich. Er war ein erfahrener Ermittler, erfolgreich, mit viel Gespür für …

Er schüttelte den Kopf. Mit einem entschlossenen Ruck zog er die Tür zu und ließ die junge Frau in ihrem Haus alleine zurück. Nachdenklich vergrub er eine Hand im eleganten Trenchcoat, strich mit der anderen über seine sportlich-kurzen Haare und versuchte, seinem Kollegen, der unsicher vor ihm her trippelte, nicht in die ausgetretenen Hacken seiner dunklen Uniformschuhe zu treten.

Über seine Schulter warf er einen Blick zurück. Stand sie am Fenster? Hinter den Gardinen? Blickte sie ihnen hinterher?

Der Gendarm öffnete das eiserne Gartentor, hielt es dem Kommissar auf und seufzte. »Ich verstehe dich nicht, Kollege. Warum hast du die arme Frau so unter Druck gesetzt?«

»Unter Druck gesetzt? Ich habe ihr Fragen gestellt.«

»Nun ja. Sie hat ein Alibi. Sie hat von halb zwölf bis halb drei mit einem Freund telefoniert. Dem Freund ging es schlecht, seine Frau ist vor zwei Monaten nach langer Krankheit gestorben. Er rief sie an, sie stand ihm bei. Wir haben das überprüft. Bei dem Freund und bei der Telefongesellschaft. Das ist doch in Ordnung.«

»Das ist ein Alibi«, bewertete Jacques genau dieses Telefonat anders.

»Wieso sollte sie ein Alibi brauchen?«, fragte der Kollege verwirrt.

Jacques öffnete die Tür seines Dienstwagens. »Genau. Wieso braucht sie ein Alibi? Und wieso hat sie eines?«

Der uniformierte Kollege blickte ihn übers Wagendach fragend an. »Wir haben über zwanzig Zeugen, die gesehen haben, wie Gaston Batteux mit seinen beiden Spießgesellen in Fibarots Stammkneipe gestürmt ist und ihm persönlich ein ganzes Dutzend Kugeln in den Körper gejagt hat. Wütend und mit Schaum vor dem Mund. Ich mache mir vielmehr Sorgen, ob es richtig war, die Frau ohne psychologische Betreuung in ihrer Wohnung alleine zurückzulassen.«

Jacques schnaufte höhnisch und ließ sich ins Auto fallen. »Du weißt, wer ihr Bruder ist? Der größte Halunke im ganzen Departement Nord! Die Kleine ist süß, hat es aber mit Sicherheit faustdick hinter den hübschen Ohren. Ich habe eher den Eindruck, dass Pierre Fibarot, der kleine, glitschige Vorstadtgauner, nicht so ganz ihre Kragenweite gewesen ist. Wahrscheinlich hat sie längst ein heißeres Eisen im Feuer und ist froh, dass ihr jemand den schmierigen Sandkastenfreund von der Seite gepustet hat.«

Der Gendarm an seiner Seite runzelte verärgert die Stirn und startete fuchsig den Wagen. Unangemessen! Ein Streifenwagen rauschte heran und bremste mit quietschenden Reifen neben ihrem Fahrzeug. Jacques fuhr die Seitenscheibe herunter.

Ein uniformierter Kollege rief ihm zu: »Kommissar, es gibt einen zweiten Toten in Bondues. Ein Deutscher, auf einem Parkplatz. Man hat ihm direkt in die Stirn geschossen.«

Michel Jacques runzelte die Stirn. »Zwei Erschossene? In einer Nacht?«

Ganz vorsichtig schob sie die Gardine einen kleinen Spalt weit zur Seite. Der uniformierte Polizist hatte den beiden Beamten aus seinem Wagen irgendetwas zugerufen. Hastig trat sie zurück, als der Kommissar beim Losfahren noch einmal einen misstrauischen Blick in ihre Richtung warf. Der Kommissar … Sie fischte seine Visitenkarte vom Wohnzimmertisch.

»Michel Jacques«

Die Art, wie er sie gemustert hatte. Die Art und Weise, wie er seine Fragen stellte. Sein Blick. Zur Not würde sie jemanden finden müssen, der sich um ihn kümmern würde.

Das Handy summte. Sie ging ran. »Hallo?«

»Ich bin es.«

»Du schon wieder«, lächelte sie leise und strich ihre Haare nach hinten.

»Wie ist es gelaufen?«, fragte der Mann am anderen Ende der Leitung.

Sie liebte seine tiefe, ruhige Stimme. Oh ja, ihr hatte auch Frankies muskulöser Körper gefallen. Sehr angenehm hatte er sich angefühlt, als sie ihn am Abend nach einer zweiten Waffe abgetastet, ihm unter die Schultern und hinten in den Hosenbund gefasst hatte. Diesen Körper hätte sie sich gerne noch einmal gegönnt, aber der Mann, Frankie, hatte sie damals in Hamburg einfach sitzenlassen. Ohne ein Wort des Abschieds. Abgelegt, wie ein billiges Kleidungsstück. Jetzt würde man ihn ähnlich tot finden wie Pierre. Oder schon gefunden haben. Noch besser.

Sie servierte Frankie die vor Öl und glitschiger Mirabellenkonfitüre triefenden Hähnchenschenkel und … vergaß, Servietten bereitzulegen. Als er sich im Bad die Hände wusch, tauschte sie die Waffe in seiner Lederjacke gegen eine aus, deren Trommel mit manipulierten Patronen gefüllt war. Oh ja, sie hatte genau gesehen, wie ihn ihr blauer BH ablenkte, ihn unvorsichtig werden ließ. Sie hatte ihm noch ein paar unanständige Gedanken mit auf den Weg gegeben und …

»Armer Frankie!«

»Tot?«

»Er legt auf Gaston Batteux an, die Waffe versagt. Batteux erschießt ihn auf der Stelle und weiß sofort, wer hinter dem Attentat steckt und wo er Pierre finden kann. In seiner Rage fährt er dorthin und erschießt ihn. Die Polizei ist schon hinter ihm her.«

»Genau, wie du es geplant hast. Fantastisch!«, lobte er.

Sie lächelte. »Ein gutes Menü will perfekt geplant sein. Wenn du wüsstest, wie sehr ich mich auf den Nachtisch freue. Kommst du?«

Hähnchenkeulen mit Mirabellenmusglasur

Zutaten *(für 2 Personen)*:

- *6 kleine Hähnchenkeulen à ca. 150 g*
- *Salz*
- *Pfeffer*
- *Chilipulver*
- *Paprikapulver*
- *1 EL Zitronensaft*
- *2 EL Olivenöl*
- *6 EL Mirabellenmus*

Zubereitung:

Den Zitronensaft mit Salz, Pfeffer, Chilipulver und Paprika verrühren, dann das Öl untermischen. Die Hähnchenkeulen rundum damit einstreichen. Die Hähnchenkeulen in eine feuerfeste Form legen und im vorgeheizten Backofen (Mitte, Umluft, 180 Grad) ca. 40 Minuten backen, bis sie schön gebräunt sind. Kurz vor Ende der Backzeit mit dem Mirabellenmus bestreichen.
Mit Fladenbrot und Rotwein wird es komplett.

Konfitüre: Gewürztes Mirabellenmus mit Schuss

Zutaten *(für 6 Portionen)*:

- *1 kg Mirabellen*
- *500 g Gelierzucker 2:1*
- *1 Orange*
- *1 Zimtstange*
- *1 TL roter Pfeffer*
- *1 Schuss Whisky*

Zubereitung:

Die Orange auspressen, in diesem Saft die Zimtstange ca. zehn Minuten leicht köcheln lassen. Anschließend zwei Stunden ziehen lassen.
Die Mirabellen waschen und entkernen, mit dem Sud etwa acht Minuten leicht kochen lassen, dann pürieren.
Etwas abkühlen lassen und den Gelierzucker unterrühren, erhitzen, vier Minuten kochen lassen.
Am Schluss den roten Pfeffer und einen Schuss Whisky zufügen.
In Gläser füllen und sofort verschließen. Das Glas 15 Minuten auf dem Deckel stehen lassen.

Autorenportraits

Anne Chaplet

Wohnt und arbeitet abwechselnd in Oberhessen und Südfrankreich und promovierte unter ihrem Geburtsnamen Cora Stephan in Politikwissenschaften, unter dem sie auch zahlreiche Sachbücher verfasste. Unter ihrem Pseudonym Anne Chaplet veröffentlichte sie zuletzt ihren 2008 erschienenen, neunten Roman »Schrei nach Stille«. Unter anderem erhielt sie den Radio-Bremen- und den Deutschen Krimipreis.

Ina Coelen

Geboren 1958 am Niederrhein, ein Studium in Grafikdesign und die Arbeit in Agenturen und Verlagen zeichnen die heute in Krefeld arbeitende Autorin aus, die unter anderem als Karikaturistin für eine Wochenzeitung tätig ist. Bekannter ist sie jedoch als Kriminalautorin mit Krimis wie »Ehrenwerte Mörder« oder »Kaltgemacht«. Sie ist Mitglied der Autorennetzwerke »Mörderische Schwestern« und »Syndikat« und seit 2001 Organisatorin der Krefelder Krimi-Tage.

Astrid della Giustina

Trotz italienischem Nachnamen lebt und arbeitet sie als Texterin in Düsseldorf. Ihre Ideen für ihre Kurzgeschichten und Kriminalromane bekommt sie jedoch auch von Reisen durch die Normandie und Bretagne. In ihren Kurzgeschichten wie »Die Trockenpflaume« oder dem Düsseldorf-Krimi »Luzifers Entführung« befasst sie sich meist mit, für sie, alltagsfremden Ereignissen.

Alexandra Guggenheim

Arbeitet und lebt mit ihrer Familie als promovierte Romanistin und Kunsthistorikerin in Norddeutschland. Bekannt ist sie für ihre Kurzkrimis, aber auch Historienromane, die meist vom Leben, Leiden und Lieben mancher Künstler handeln. In ihrem neusten

Roman »Das Mönchsopfer« wird für die Leser schnell klar, dass es auch unter Benediktinern den ein oder anderen Sündenfall gibt.

Carsten Sebastian Henn

Baujahr 1973, lebt er nun als Autor in Köln. Mit seiner Reihe um den Ahrtaler Koch und Meisterdetektiv Julius Eichendorff verkaufte er bereits mehr als 150 000 Exemplare. Auch als Hörbuch, dem der Kabarettist Jürgen von der Lippe seine Stimme gab, kann man die Detektiv-Geschichten verfolgen. Sein Piemont-Roman »Tod & Trüffel« stand mehrere Wochen auf der Spiegel-Bestsellerliste und vom WDR wurde er als »Deutschlands König des kulinarischen Krimis« gekürt.

Ralf Kramp

Geboren 1963 in Euskirchen, lebt als Krimiautor und Veranstalter der Krimi-Erlebniswochenenden »Blutspur« in der Eifel. Für sein Debüt »Tief unterm Laub« erhielt er 1996 den Förderpreis des Eifel-Literaturfestivals. Seither verfasste er zehn weitere Kriminalromane, etwa hundert Kurzkrimis und drei Kinderkrimis. Mit seiner Frau leitet er in Hillesheim das »Kriminalhaus« mit Café Sherlock, Buchhandlung und dem »Deutschen Krimi-Archiv« (26 000 Bände). Im Jahr 2002 erhielt er den Kulturpreis des Kreises Euskirchen, 2010 die »Herzogenrather Handschelle«.

Beatrix Kramlovsky

Die Österreicherin ist als Schriftstellerin und bildende Künstlerin tätig, überzeugte Europäerin und Reisende. Zahllose Krimikurzgeschichten, in mehreren Sprachen bereits publiziert, Romane und Essays. Trägerin mehrerer Landespreise. Mit »Die Erde trägt ein Kleid aus Worten« erschien erst kürzlich im Europaverlag Zürich ihr Buch als Reisememoire mit Zeichnungen und Fotos der Autorin.

Tatjana Kruse

Die Autorin mit schweizerisch-friesischer Herkunft lebt und arbeitet trotzdem in der deutschen Stadt Schwäbisch Hall. Bekannt ist sie für Kriminalromane, unter anderem für ihre Nordseeinselkrimis bei Leda oder die»Wuchtbrumme«-Reihe bei Goldmann. Zurzeit schreibt sie an der »Kommissar Seifferheld«-Reihe für Droemer Knaur.

Ulla Lessmann

Geboren in Bremerhaven, studierte sie Volkswirtschaft und Journalismus. Heute lebt sie als freie Journalistin, Moderatorin und Schriftstellerin teils in Deutschland in Köln, teils in Italien. Der »EMMA-Journalistenpreis«, der »Satirepreis der Stadt Herne« oder das Krimi-Schreib-Stipendium »Tatort Töwerland« sind nur einige ihrer Auszeichnungen. Sie ist Mitglied im deutschen Schriftsteller-Verband »Syndikat« sowie Präsidentin des Krimiautorinnen-Netzwerks »Mörderische Schwestern«.

Susanne Mischke

Geboren in Kempten, studierte sie auch dort Betriebswirtschaftslehre. Heute widmet sie sich vorwiegend Kriminalromanen und Jugendkrimis. Mit dem Roman »Der Tote vom Maschsee« begann ihre erfolgreiche Hannover-Krimiserie um den kauzigen Kommissar Bodo Völxen und seine Schafe. Nach »Tod an der Leine« erscheint im Herbst 2010 unter dem Titel »Totenfeuer« der dritte Band dieser Serie. Ausgezeichnet wurde sie unter anderem mit dem »Georg Christoph Lichtenberg-Preis für Literatur«.

Heidi Moor-Blank

Geboren 1958, lebt und arbeitet sie heute in Landau. Sie ist Autorin einiger Kurzkrimis, wie »Herr S. im Fluss« (in: Die vielen Tode des Herrn S.) oder »MainTod« (in: »Und so ruhig fließt der Main«).
Als Mitglied in dem Autorinnen-Netzwerk »Mörderische Schwestern« fand sie Inspiration für ihre Arbeit als Schriftstellerin.

Renate Müller-Piper

Die in Hannover ansässige ehemalige Lehrerin für Deutsch und Kunsterziehung und Journalistin des Hannoverschen »Kulturring« widmet sich heutzutage dem Schreiben von Kriminalgeschichten. Ausgezeichnet ist sie mit Preisen wie dem Kurzkrimi-Preis des »Kulturrat Göttingen«. Einige Jahre arbeitete sie unter anderem auch ehrenamtlich bei der Literaturgruppe der GEDOK Hannover und ist Mitglied in den Autorennetzwerken »Syndikat« und »Mörderische Schwestern«.

Niklaus Schmid

1942 geboren, lebt er heute als freier Schriftsteller in Duisburg und auf Formentera. Er schreibt Reisebücher, Hörspiele und Kriminalromane. Bekannt wurden vor allem seine Romane »Der Hundeknochen« und »Bienenfresser« um den Privatdetektiv Elmar Mogge. Für seine Kurzgeschichte »Müntefering singt« erhielt er den Kulturpreis Hochsauerlandkreis.

Ingrid Schmitz

Geboren 1955 in Düsseldorf, arbeitete sie einige Jahre als Speditionskauffrau in einer kanadischen Reederei und später im sowjetischen Außenhandel. Seit 2000 ist sie hauptberufliche Autorin von, bis jetzt, an die vierzig Kriminalgeschichten. Seit ein paar Jahren erlebt ihre Serienfigur Mia Magaloff ihre Abenteuer. Ihr dritter Kriminalroman »2 Leben – 1 Tod« dreht sich um die virtuelle Welt des Second Life. Die Schriftstellerin ist Mitglied in den Autorenvereinigungen »Syndikat«, »Mörderische Schwestern« und »International Association of Crimewriters«.

Bärbel Schoening

Geboren 1951, schon seit einigen Jahrzehnten im Rheinland ansässig, erlernte sie das Kreative Schreiben durch selbstständiges Arbeiten mittels Internetportal. Sie nimmt gerne an Wettbewerben verschiedener Genres teil und schreibt seit Anfang des Jahres regelmäßig Lebensgeschichten für einen Zeitschriftenverlag.

Klaus Stickelbroeck

Geboren 1963 in Anrath, lebt er in Kerken und arbeitet als Polizeibeamter in Düsseldorf. Seinem Beruf angepasst, ist er Autor mehrerer Kriminalromane, wie »Fieses Foul« und »Fischfutter« um den Privatdetektiv Hartmann. Als einer der sechs »Krimi-Cops«, sechs Polizisten aus Düsseldorf, die gemeinsam Kriminalromane schreiben, erschienen unter anderem die Krimis »Stückwerk« und »Teufelshaken«. Er ist Mitglied in dem Krimi-Autorennetzwerk »Syndikat«.

Verzeichnis der Rezepte

Weitere Kriminelle Delikatessen

298 Seiten, ISBN 978-3-941657-87-8, 12,90 €

Seit Sherlock Holmes, Miss Marple und Jack the Ripper haben wir eine recht genaue Vorstellung davon, wie Verbrechen in Großbritannien vonstattengehen. Kostverächter der britischen Küche können sich genauso unschwer vorstellen, welche mörderischen Qualitäten solche fragwürdigen Speisen besitzen wie Lamm mit Minzsoße, Bangers and Mash, Bubble and Squeak, Haggis, oder Blue Stilton, ein Käse, der praktisch nur aus blauem Schimmel besteht. Oder erinnern Sie sich an Ihr letztes English Breakfast (wenn Sie es überlebt haben)! Und über Getränke haben wir noch gar nicht geredet.

Mit dem Erfolgsrezept des Frankreichbandes *Muscheln, Mousse und Messer* hat Ingrid Schmitz die besten Kurzkrimis zusammengetragen, die außer »suspense« und »thrill« tiefe Einblicke in das kulinarische Britannien geben und Rezepte zum Selbstversuch bieten. Lassen Sie sich nicht verängstigen – wir haben sie ausprobiert und leben noch.

Weitere Kriminelle Delikatessen

252 Seiten, ISBN 978-3-95602-013-1, 12,90 €

Stierkampf, Sangria und Sandstrand – Spanien ist Sehnsuchtsland und Urlaubsziel. Aber auch unter der heißen Sonne der iberischen Halbinsel ist es nicht sicher. Zwischen Murcia und Santander, Barcelona und Santiago und selbst auf den Kanaren werden üble Pläne geschmiedet und unliebsame Zeitgenossen beseitigt. Gut, dass die landestypischen Rezepte die zittrigen Nerven beruhigen können.

Nach dem großen Erfolg von *Muscheln, Mousse und Messer* und *Porridge, Pies and Pistols* folgt nun die dritte kulinarische Kurzkrimisammlung unter der Federführung der Herausgeberin Ingrid Schmitz. Erneut hat sie 16 namhafte AutorInnen und Newcomer um einen Krimi mit Rezept gebeten, diesmal rund um das schöne Spanien und seine lukullischen Genüsse.

Die Krimireihe des Conte Verlages

Jean Amila ***Mond über Omaha***
Reihe Amila 1, 214 Seiten, ISBN 978-3-936950-33-5, 10,00 €

Jean Amila ***Mitleid mit den Ratten***
Reihe Amila 2, 212 Seiten, ISBN 978-3-936950-43-4, 10,00 €

Jean Amila ***Bis nichts mehr geht***
Reihe Amila 3, 220 Seiten, ISBN 978-3-936950-53-3, 10,00 €

Jean Amila ***Motus!***
Reihe Amila 4, 180 Seiten, ISBN 978-3-936950-79-3, 10,00 €

Jean Amila ***Die Abreibung***
Reihe Amila 5, 190 Seiten, ISBN 978-3-936950-96-0, 10,00 €

Jean Amila ***Auf Godot wartet keiner***
Reihe Amila 6, 200 Seiten, ISBN 978-3-941657-11-3, 10,00 €

Isabella Archan ***Helende geht baden***
320 Seiten, ISBN 978-3-95602-028-5, 10,00 €

Lilo Beil ***Gottes Mühlen***
Kommissar Gontards erster Fall
184 Seiten, ISBN 978-3-936950-49-6, 9,90 €

Lilo Beil ***Das Licht unterm Scheffel***
Kommissar Gontards zweiter Fall
178 Seiten, ISBN 978-3-936950-72-4, 9,90 €

Lilo Beil ***Die schlafenden Hunde***
Kommissar Gontards dritter Fall
188 Seiten, ISBN 978-3-936950-87-8, 9,90 €

Lilo Beil ***Die Kinder im Brunnen***
204 Seiten, ISBN 978-3-941657-10-6, 11,90 €

Lilo Beil ***Die Nacht der grauen Katzen***
Kommissar Gontards vierter Fall
202 Seiten, ISBN 978-3-941657-28-1, 11,90 €

Die Krimireihe des Conte Verlages

Lilo Beil ***Die Mauern des Schweigens***

Kommissar Gontards fünfter Fall

192 Seiten, ISBN 978-3-941657-60-1, 11,90 €

Lilo Beil ***Das gläserne Glück***

Kommissar Gontards sechster Fall

252 Seiten, ISBN 978-3-95602-012-4, 11,90 €

Lilo Beil ***Mord auf vier Pfoten***

22 tierische Krimigeschichten

218 Seiten, ISBN 978-3-941657-88-5, 11,90 €

Gunter Gerlach ***Frauen von Brücken werfen***

Händels Münchner Fall

184 Seiten, ISBN 978-3-941657-62-5, 11,90 €

Gunter Gerlach ***Mohnblumen wie Blutflecke***

Händel in Stein

184 Seiten, ISBN 978-3-941657-99-1, 11,90 €

Andrea Habeney ***Arsen und Apfelwein***

304 Seiten, ISBN 978-3-941657-93-9, 11,90 €

Andrea Habeney ***Verschollen in Mainhattan***

230 Seiten, ISBN 978-3-95602-018-6, 11,90 €

Stefan Hüfner ***Der Tote von Dresden***

184 Seiten, ISBN 978-3-936950-13-7, 9,90 €

Peter J. Kraus ***Joint Adventure***

228 Seiten, ISBN 978-3-941657-16-8, 12,90 €

Peter J. Kraus ***Cattolini erbt***

232 Seiten, ISBN 978-3-941657-65-6, 13,90 €

Gaston Leroux ***Die Hölle an der Ruhr***

Rouletabille bei Krupp

180 Seiten, ISBN 978-3-941657-21-2, 11,90 €

Die Krimireihe des Conte Verlages

Jens Luckwaldt ***Puder und Blei***
218 Seiten, ISBN 978-3-941657-26-7, 12,90 €

Barbara Mansion ***Mörderische Wallfahrt***
204 Seiten, ISBN 978-3-936950-59-5, 9,90 €

Barbara Mansion ***Das Geheimnis der Burgkapelle***
198 Seiten, ISBN 978-3-941657-09-0, 12,90 €

Kerstin Rech ***Schenselo***
188 Seiten, ISBN 978-3-936950-60-1, 9,90 €

Kerstin Rech ***Hotel Excelsior***
232 Seiten, ISBN 978-3-936950-77-9, 11,90 €

Carolin Römer ***Die irische Meerjungfrau***
Ein Fin O'Malley Krimi
306 Seiten, ISBN 978-3-941657-25-0, 13,90 €

Carolin Römer ***Greed Castle***
Ein Fin O'Malley Krimi
294 Seiten, ISBN 978-3-941657-86-1, 13,90 €

Guido Rohm ***Untat***
140 Seiten, ISBN 978-3-941657-78-6, 10,90 €

Dieter Paul Rudolph ***Arme Leute***
210 Seiten, ISBN 978-3-941657-06-9, 12,90 €

Dieter Paul Rudolph ***Pixity***
Stadt der Unsichtbaren
292 Seiten, ISBN 978-3-941657-29-8, 13,90 €

Dieter Paul Rudolph ***Der Bote***
Ein Science-Fiction-Krimi
176 Seiten, ISBN 978-3-941657-61-8, 11,90 €

Elke Schwab ***Kullmanns letzter Fall***
270 Seiten, ISBN 978-3-936950-71-7, 11,90 €

Die Krimireihe des Conte Verlages

Elke Schwab ***Tod am Litermont***

278 Seiten, ISBN 978-3-936950-74-8, 12,90 €

Elke Schwab ***Hetzjagd am Grünen See***

302 Seiten, ISBN 978-3-936950-95-3, 12,90 €

Elke Schwab ***Das Skelett vom Bliesgau***

282 Seiten, ISBN 978-3-941657-14-4, 12,90 €

Elke Schwab ***Galgentod auf der Teufelsburg***

330 Seiten, ISBN 978-3-941657-39-7, 12,90 €

Elke Schwab ***Blutige Seilfahrt im Warndt***

320 Seiten, ISBN 978-3-941657-66-3, 13,90 €

JuttaStina Strauss ***Koks und Kosakenkaffee***

Guzzos erster Fall

286 Seiten, ISBN 978-3-936950-54-0, 13,90 €

JuttaStina Strauss ***Mis en Vosges***

Guzzo in Lothringen

290 Seiten, ISBN 978-3-936950-80-9, 13,90 €

Markus Walther (Hrsg.) ***Letzte Grüße von der Saar***

Krimi-Anthologie, 244 Seiten, ISBN 978-3-936950-68-7, 12,90 €

Lisa Huth, Karin Mayer (Hrsg.) ***Mord vor Ort***

Das Krimibuch zum Treffpunkt Ü-Wagen

230 Seiten, ISBN 978-3-941657-02-1, 12,90 €

Lisa Huth, Karin Mayer (Hrsg.) ***Mord vor Ort 2***

Das zweite Krimibuch zum Treffpunkt Ü-Wagen

236 Seiten, ISBN 978-3-941657-41-0, 12,90 €

Ingrid Schmitz (Hrsg.) ***Muscheln, Mousse und Messer***

Eine kulinarische Krimi-Anthologie

220 Seiten, ISBN 978-3-941657-22-9, 12,90 €

Die Krimireihe des Conte Verlages

Ingrid Schmitz (Hrsg.) ***Porridge, Pies and Pistols***

Eine kulinarische Krimi-Anthologie

298 Seiten, ISBN 978-3-941657-87-8, 12,90 €

Ingrid Schmitz (Hrsg.) ***Tortillas, Tapas und Toxine***

Eine kulinarische Krimi-Anthologie

252 Seiten, ISBN 978-3-95602-013-1, 12,90 €